4817

LA
FRANCE LITTÉRAIRE
XVᵉ SIÈCLE

PARIS, IMPRIMERIE DE JOUAUST.
RUE SAINT-HONORÉ, 338.

*Tiré à 300 exemplaires papier vergé, 10 vélin,
10 chamois, 2 Chine.*

LA FRANCE LITTÉRAIRE

AU XVᵉ SIÈCLE

OU

CATALOGUE RAISONNÉ

DES OUVRAGES EN TOUT GENRE

IMPRIMÉS EN LANGUE FRANÇAISE
JUSQU'A L'AN 1500

PAR

GUSTAVE BRUNET

PARIS
LIBRAIRIE A. FRANCK
RUE DE RICHELIEU, 67
—
1865

AVANT-PROPOS

La littérature française au XVᵉ siècle, c'est-à-dire les ouvrages imprimés en langue française jusqu'à l'année 1500 inclusivement, tel est le but de cette étude.

Ce sujet nous a semblé digne de quelque attention, et nous ne croyons pas qu'il ait encore été traité à part et avec les développements qu'il réclame.

Divers ouvrages de bibliographie, les *Annales typographici* de Maittaire (1719, 9 vol. in-4°) et celles de Panzer (1793, 11 vol. in-4°), le *Repertorium bibliographicum*, d'Hain (1826-38, 4 vol. in-8ⁿ), l'admirable *Manuel du Libraire* de M. J.-Ch. Brunet, l'oracle et le doyen de la science des livres en Europe, renferment sans doute bien des indications sur les livres qui vont nous occuper, mais elles sont noyées, perdues au milieu d'une multitude de renseignements relatifs à des ouvrages d'un autre genre. On peut en dire autant du précieux et très-exact *Catalogue des livres imprimés sur vélin* rédigé par M. Van-Praët. Nous le citons souvent; il offre des descriptions minutieuses d'un assez grand nombre des ouvrages qui nous occupent (1).

---

1. Ce catalogue se compose de deux parties : l'une comprend les livres sur vélin que possédait la Bibliothèque du Roi, 6 tom. en 5 vol.; l'autre, en 4 vol., a rapport aux livres qui se trouvent dans d'autres bibliothèques publiques ou particulières. Le tout a été publié de 1822 à 1828 et tiré à 200 exemplaires.

Les bibliographes que nous venons de nommer (et nous pourrions ajouter La Serna Santander (1) et bien d'autres encore) ne sont d'ailleurs point sortis du cadre de la bibliographie pure, et leur plan les obligeait à s'y renfermer.

Nous avons voulu suivre une autre voie.

Nous nous sommes proposé d'énumérer toutes les impressions en langue française mises au jour au XVe siècle, mais sans copier nos prédécesseurs.

C'est ce qui nous engage à ne pas donner des descriptions minutieuses qui ont déjà été publiées. Nous indiquons chaque ouvrage, nous mentionnons ses diverses éditions, nous signalons les bibliothèques publiques qui en conservent des exemplaires, nous indiquons les catalogues des ventes particulières où ces précieux bouquins ont parfois, grâce à l'émulation des enchères, atteint (surtout dans ces derniers temps) des prix excessifs ; nous entrons enfin dans quelques détails littéraires et bibliographiques sur l'ouvrage lui-même et sur son auteur. Chemin faisant, lorsque l'occasion se présente de placer quelque notice sur divers points de la science des livres, nous ne la laissons pas échapper.

Notre plan offre, on le voit, matière à un travail curieux et instructif. Nous ne nous flattons point d'avoir réussi, mais nous croyons qu'on apprendra quelque chose dans notre livre, résultat de longues et patientes recherches. Nous n'avons voulu y mettre que des faits.

Nous avons dû nous rencontrer souvent sur le même terrain que l'auteur du *Manuel*, mais nous renvoyons à ce qu'il dit. Nous ne le transcrivons pas, et nous avons cherché à le compléter en

---

1. *Dictionnaire bibliographique choisi du quinzième siècle*. Bruxelles, an XIII. 3 vol. in-8°. Ouvrage qu'on peut encore consulter, mais qui est bien arriéré et fort incomplet.

entrant dans des développements que lui interdisaient les limites qu'il s'était posées.

L'ordre alphabétique est celui que nous avons adopté. C'est le moins scientifique sans doute, mais c'est celui qui facilite le mieux les recherches. Nous donnons d'ailleurs deux tables. L'une, chronologique, montre quels volumes se sont produits chaque année; l'autre, méthodique, fait voir à quelle branche des connaissances humaines se rapportent les livres offerts au public français avant le XVIe siècle.

La théologie et la jurisprudence occupent une part assez restreinte dans l'inventaire que nous dressons; les ouvrages de ce genre étaient alors fort nombreux, mais ils étaient écrits en latin. Le rôle des sciences naturelles et médicales est presque nul. La littérature ancienne n'est représentée que par des traductions fort imparfaites de Virgile et de Térence, par des transformations où Lucain et Ovide perdent complétement leur caractère primitif.

Les poëtes français sont assez nombreux, surtout ceux dont le nom est resté ignoré et qui ont écrit ces opuscules composés de quelques feuillets qu'on paye aujourd'hui au poids de l'or. Les romans de chevalerie ne sont pas bien rares, mais ce sont des rédactions, en prose et en style du XVe siècle, des grandes épopées des trouvères, des chansons de geste mutilées, abrégées, défigurées dans ces remaniements.

Quelques livres d'histoire, mais en petit nombre; si l'on en distrait Froissart et quelques chroniques, on ne trouve guère que de pesantes compilations sans valeur historique. Diverses vies de saints.

Presque toute l'activité typographique est concentrée à Paris et à Lyon; les autres villes ne prennent qu'une part insignifiante à ce mouvement.

Nous croyons, d'ailleurs, que ces volumes mis au jour par Verard, par Pierre Le Caron, par Jean Trepperel, par Matthieu Husz, par Mareschal et Chaussard et par leurs émules; que ces éditions successives et rapides de divers ouvrages de longue haleine, attestent de la part du public une avidité de s'instruire, un goût pour la lecture, dont il est juste de lui tenir compte, et que le XIXe siècle n'éprouve pas au même degré. Que de difficultés rencontrait alors le commerce de la librairie ! Pas de journaux, pas d'affiches, pas de catalogues, presque aucune communication avec l'étranger, relations bien lentes et bien restreintes avec l'intérieur. Nos vieux typographes travaillaient cependant avec ardeur; ils surmontaient tous les obstacles, et le public paraît les avoir encouragés.

Nous ne retraçons pas une histoire de la typographie en France au XVe siècle; il faudrait, dans ce but, enregistrer les impressions latines, bien plus nombreuses que les françaises, et nous les écartons de notre travail. On sait que le premier livre imprimé en France est le volume des *Epistolæ* de Gasparinus Pergamensis, (Gasparino Berzeza), in-4°, qui a paru vers 1470.

On trouve des fac-simile des caractères qui s'y montrent dans Falkenstein, *Geschichte der Buchdruckerkunst*, p. 238, et dans A. Bernard, *Origine de l'imprimerie*, pl. XIII.

Un grand nombre des premiers imprimeurs établis à Paris n'ont mis sous presse que des livres latins.

C'est également un ouvrage en cette langue qui ouvre la très-longue liste des impressions lyonnaises : *Lotharii diaconi Compendium*, 1473. A Angers, le *Manipulus curatorum* fut mis sous presse en 1477, et le *Breviarium historiale ex Landulpho de Columna excriptum*, à Poitiers, en 1479. Les *Epistolæ* d'Horace parurent à Caen en 1480; un *Breviarium* ouvre, en 1483, la série des éditions faites à Troyes; un *Liber de pestilentia* inaugure, en 1487, celle qui concerne Besançon. Un typographe qui n'a point dit son nom publie à Angoulême, en 1491, *Auctores VIII, Cato*, etc. En 1492, un autre imprimeur mit au jour à Dole le traité de J. Heberling, *Super epidemiæ morbo*. Il serait inutile de prolonger cette étude; elle montre que presque partout c'est un livre latin qui revendique l'honneur d'être le premier produit de la typographie locale.

Nous signalons les collections d'un assez grand nombre de bibliophiles mises en vente, et nous fournissant des prix d'adjudication dignes d'être notés.

A. Bertin (1854), 1868 articles. Produit de la vente : 138,750 fr.

Cailhava. Il existe deux catalogues sous le nom de ce bibliophile lyonnais : le premier, 1846, 1234 articles; le second, 1862, 975 articles.

Coste, 1854, 2584 articles. La collection de cet amateur comprenait bon nombre d'anciennes éditions lyonnaises.

De Bure, 1853, 1853 articles. Cabinet d'un choix exquis. Le produit a été de 143,473 fr. Le prix d'achat n'était guère que le tiers de cette somme. Est-il besoin de rappeler aux amateurs un article charmant que cette vente inspira à un critique du goût le plus délicat et le plus pur, et qui fut inséré au *Journal des Débats*? On le retrouve dans les *Variétés littéraires*, de M. de Sacy, tome I, p. 240.

Double (Léopold), 1863, 395 articles. Collection peu nombreuse, mais livres du plus grand prix.

Essling (Prince d'), 1847, 413 articles, qui ont produit 103,200 fr. Réunion dont il n'y a pas en ce siècle, en France, d'autre exemple en fait de romans de chevalerie.

Giraud, 1855, 3304 articles.

La Vallière, 1783, 5668 articles. Ils donnèrent un total de

464,677 livres ; ils produiraient aujourd'hui vingt fois plus. C'est la plus belle collection d'ouvrages anciens et précieux qu'un particulier ait jamais formée en France. Il serait maintenant impossible de la refaire, même en y consacrant plusieurs millions. Le produit fut de près de 465,000 livres, et il est curieux de comparer les prix avec ceux qu'on paye aujourd'hui. Les différences sont presque toujours énormes.

Mac-Carthy, 1815, 6817 articles. Cet amateur, qui résidait à Toulouse, avait réuni des raretés de premier ordre, et surtout une quantité étonnante de livres imprimés sur vélin. Sa vente produisit 404,746 fr. (1).

Nodier, 1844, 1254 articles. Une autre édition de ce catalogue avait été imprimée grand in-8º, la même année, sous le titre de *Description d'une jolie collection de livres*, avec des notes de Nodier, qui ne put terminer ce travail ; il fut achevé par M. G. Duplessis.

Solar, 1860, 3148 articles. Collection des plus riches. Prix qui ont dépassé ce qu'on avait vu jusqu'alors, mais, depuis, la hausse a fait de nouveaux progrès.

Un catalogue fort riche en impressions du XVe siècle est celui de la bibliothèque de M. Armand Cigongne, qui n'a pas été livrée aux enchères, Mgr le duc d'Aumale en ayant fait l'acquisition en bloc pour la somme de 300,000 fr., dit-on. C'est un beau volume grand in-8º (Paris, Potier, 1861, XLII, et 553 pages indiquant 2910 articles). En tête se trouve une notice fort intéressante de M. Le Roux de Lincy sur le bibliophile qui avait formé cette précieuse collection. Elle avait été, bien avant la mort de son

---

1. Dibdin a parlé dans plusieurs de ses ouvrages du comte de Mac-Carthy, qui avait fait venir à Toulouse des relieurs anglais afin d'habiller ses volumes. Renouard remarque avec raison que cette réunion extraordinaire de raretés n'était pas une bibliothèque. Il n'y avait guère que des livres qu'on ne lit pas ; il aurait allu y mêler des ouvrages usuels, de bons auteurs modernes.

propriétaire, l'objet d'un article dans le *Bulletin du Bibliophile*, 5ᵉ série, p. 210.

Nous faisons aussi parfois quelques excursions sur le terrain des *auctions* de Londres. Les ventes du duc de Roxburghe (1812), de White Knight (le chevalier blanc, c'est-à-dire le marquis de Blandford, en 1815), d'Hibbert (en 1829), d'Hanrott (en 1834), nous offrent des incunables français du XVᵉ siècle. Il y en avait un grand nombre dans l'immense collection formée par Richard Heber, le plus ardent des bibliophiles qui se soient encore montrés, et qui avait réuni plus de 250,000 volumes (1). La vente, entreprise en 1834, a duré deux ans, et le catalogue, qui ne se rencontre pas souvent complet en France, forme 13 parties. (Voir le *Manuel du Libraire*, au mot *Bibliotheca Heberiana*.)

La *Bibliotheca Grenvilliana* nous a fourni diverses indications. Formée par un ancien homme d'État, sir Richard Grenville, mort en 1846, à l'âge avancé de 92 ans, elle a été réunie au Musée britannique, auquel elle a été léguée. Le catalogue, rédigé par d'habiles libraires de Londres, MM. Payne et Foss, remplit deux volumes in-8°, publiés en 1842 et en 1848. Voir le *Manuel du Libraire*, 5ᵉ édit., t. IV, col. 458. Renouard a pu dire avec raison que cette bibliothèque, peu nombreuse (c'était vrai en 1818),

---

1. Le *Manuel* signale dans la *Bibliotheca Heberiana* plus de 51,000 articles, « ce qui donne un total de 100,000 à 120,000 volumes. » Nous croyons qu'on peut hardiment doubler ce chiffre : une foule d'articles se composent d'ouvrages volumineux; dans beaucoup d'autres plusieurs ouvrages sont réunis et signalés; il en est enfin un assez grand nombre qui indiquent 12, 20, 30 volumes, sans donner de titres. Peut-être un relevé total (mais personne ne perdra son temps à le faire) donnerait-il 300,000 volumes tout au moins. La vente produisit près de 52,000 liv. st., somme bien inférieure à ce qu'avait dépensé le propriétaire, puisque, au rapport de Dibdin, il était convenu dès 1820 qu'il avait employé 92,000 liv. st. à ses achats. Du reste, il se trouvait dans cette immense réunion beaucoup de livres d'une condition médiocre.

était une des plus riches et des plus élégamment choisies qu'il y eût en Angleterre (1).

N'oublions pas les catalogues des diverses ventes faites par M. Libri à Londres. Celle qui a eu lieu en 1859 offre surtout une réunion extraordinaire de livres rares, parmi lesquels figurent quelques incunables français.

Avant de terminer, disons que, mieux que personne, nous savons combien notre travail est loin d'être parfait. Peut-être y relèvera-t-on des omissions ou des méprises, mais tous les travailleurs sérieux, qui savent à quel point il est difficile de ne pas errer dans le domaine de la bibliographie, nous jugeront, nous en avons l'espoir, avec quelque indulgence.

---

1. Consulter, à l'égard de cette bibliothèque, des articles insérés dans le *Bulletin du Bibliophile belge*, t. 3, p. 207, dans le *Bulletin de l'Alliance des Arts*, t. 1, p. 189, et la notice de M. Masson dans le *Bulletin du Bibliophile*, 1859, p. 102 et 279.

LA
FRANCE LITTÉRAIRE
AU QUINZIÈME SIÈCLE

CATALOGUE RAISONNÉ DES OUVRAGES IMPRIMÉS EN LANGUE
FRANÇAISE JUSQU'EN L'AN 1500

ABUZÉ (L') EN COURT (attribué à René d'Anjou, roi de Sicile).

S. l. n. d., in-4, 45 ff., caractères de Colard Mansion, de Bruges (avant 1480).

> L'exemplaire que décrit de Bure dans sa *Bibliographie instructive* a été adjugé à 45 fr., vente Gaignat, en 1764; à 445 fr. à celle de Mac-Carthy, en 1816, n° 2844. S'il s'en présentait un en bon état, il dépasserait peut-être aujourd'hui 2,000 fr. Il appartient maintenant à la Bibliothèque impériale, et c'est le seul connu. Au dernier feuillet on lit quatre vers que l'auteur du *Manuel du Libraire* transcrit et qui semblent présenter un sens très-équivoque, mais il est fort éloigné de la pensée de l'auteur.

Colard Mansion, auteur français et imprimeur à Bruges, commença à imprimer vers 1473, et après avoir publié quelques volumes devenus des raretés typographiques du premier ordre, il mourut en 1484. Van-Praët, également né à Bruges, se sentit attiré vers lui par une sympathie naturelle; il eut le bonheur de réunir, à une époque de bouleversement favorable aux bibliophiles, quelques-unes de ces introuvables productions, et, dès 1780, il publiait dans *l'Esprit des journaux*, des *Recherches* sur la vie et les travaux de Colard Mansion; elles ont été réimprimées dans l'ouvrage de Lambinet sur l'origine de l'imprimerie. Longtemps après, Van-Praët reprit, compléta ce travail et en fit l'objet d'une *Notice sur Colard Mansion*, Paris, 1829, gr. in-8, 130 p. avec fac-simile.

— S. l. n. d., pet. in-fol., 61 ff., mêmes caractères que ceux du *Doctrinal du temps*, de Michault, imprimé à Lyon vers 1480.

> Il ne paraît pas que depuis l'exemplaire La Vallière, payé 24 fr. en 1784, on en ait vu paraître dans les ventes.

— S. l. n. d., in-4, 51 ff.

> 50 fr. en 1815; 6 l. 10 Heber.

— Vienne, Pierre Schenck, 1484, in-fol., 29 ff.

> Une seule adjudication est citée, celle de 21 fr. à la vente de La Vallière; il faudrait aujourd'hui multiplier ce chiffre par 30 ou 40. Un exemplaire se trouve dans la *Bibliotheca Spenceriana*, t. 4, p. 448. Un autre est porté au catalogue in-folio de la Bibliothèque du roi.

On peut consulter, sur cet ouvrage assez singulier, Goujet, *Bibliothèque françoise*, t. 9, p. 366-372; la *Bibliothèque des Romans*, mars 1778; Bodin, *Recherches historiques sur l'Anjou*, t. 2, p. 17; l'*Histoire de René d'Anjou*, par Villeneuve-Bargemont, t. 2, p. 446-458; Colomb de Batines et J. Olivier, *Mélanges historiques et littéraires*, t. 1, p. 108.

Le manuscrit original, provenant de la vente La Vallière, est à la Bibliothèque impériale. Il s'en trouve trois autres dans ce vaste dépôt.

L'*Abuzé* a été reproduit avec des vignettes gravées au trait d'après les miniatures des manuscrits dans l'édition des *Œuvres* du roi René (t. 4), publiée par M. de Quatrebarbes, 1845-46, 4 vol. in-4. En voici le sujet :

Abus et *Fol-cuider* conduisent l'auteur auprès d'une belle dame, la *Cour*. Il a d'abord des espérances de fortune; il obtient un emploi dans la fauconnerie; il s'endette ensuite; on l'amuse par des promesses; il se ruine, tombe malade; *Pauvreté* et sa sœur *Maladie* le conduisent à l'hôpital.

L'ouvrage commence ainsi :

« Aristote, le très saige et prudent philozophe nous a pour doctrine laissie que aucun bon commencement ou moyen est a encore resprouvé et non digne de louange, si, par semblable continuacion nest la fin de ce labeur a ce correspondant. Car supposé que le commencement daucun œuvre soit bon et raisonnable, et la fin mauvaise et désordonnée, a peine pourra estre de nulle valeur, et peult ainsi estre entendu entre toutes les entreprises de quelque estat quilz soient, du plus grand jusqu'au moindre. »

Après avoir exposé toutes les déceptions qu'éprouve le courtisan, l'auteur conclut en ces termes :

« Si veillez toy et les aultres qui a lire vous esbattez, mieulx penser et de meilleure heure a vostre faict que ie ne fis, et de ceste dangereuse attente vous asseure de laquelle vont peu de saiges personnes au dangier. »

ADVINEAUX (LES) AMOUREUX.

S. l. n. d., in-fol., 26 ff., caractères de Colard Mansion, à Bruges.

> L'exemplaire légué par M. Van-Praët à la Bibliothèque impériale est le seul connu ; il est décrit au *Manuel* ; il provient de la vente du baron d'Heiss, vente peu nombreuse, mais dont Van-Praët, fort jeune encore, sut profiter pour se mettre en possession de quelques volumes qu'il n'aurait pas retrouvé l'occasion de se procurer (1).

— In-fol., 27 ff., également imprimé par Colard Mansion.

> On n'en connaît aussi qu'un seul exemplaire, et c'est encore M. Van-Praët qui l'avait découvert. Il a figuré successivement aux ventes du Fay, n° 2544, 22 livres seulement ; Gaignat, n° 1749, 39 livres, et Mac-Carthy, n° 2843, 445 fr. Il appartient aujourd'hui à la Bibliothèque impériale.

— Lyon, in-4.

> Le texte a déjà subi quelques changements qui nuisent à la naïveté primitive.
>
> L'ouvrage a reparu sous le titre de *Demandes d'amour*. (Voyez ce mot.)

Dans une note insérée au *Bulletin du Bibliophile*, 1837, p. 410, M. Aimé-Martin parlait des *Advineaux* et signalait « ces questions éton-
« nantes et si bien résolues ; ces images libres et facétieuses qui se ter-
« minent par une surprise ; ces quolibets, ces bons mots, ce gros sel qui
« faisait pâmer de rire nos bons aïeux, il y a quatre cents ans, et qui
« nous réjouissent encore, nous autres lecteurs lamentables du dix-neu-
« vième siècle. »

C'est d'après une note d'une écriture ancienne qu'on a donné le nom des *Advineaux amoureux* à ce recueil de demandes énigmatiques et de réponses destinées à amuser une société choisie. Plus tard, la chose fut perfectionnée ; elle reçut diverses combinaisons à l'égard desquelles on trouve d'amples détails dans la préface qui précède la seconde édition du livre de François d'Hervé : *le Panthéon et Temple des oracles* (Paris, Jannet, 1858).

Les *Advineaux* ont été réimprimés dans le tome 11 de la jolie collection publiée de 1829 à 1834 par le libraire Techener, sous le titre de *Joyeusetez, facecies et folastres imaginations*, 16 vol. in-16 (2).

---

1. Le baron d'Heiss avait eu la bonne fortune de mettre la main sur quelques livres fort curieux qu'il n'y a plus moyen de rencontrer. Nous nous bornerons à signaler le *Procès* (en vers) *des femmes et des puces, composé par un frère mineur Pélerin, retournant des Hirlandes*, in-8, 4 feuillets.

2. Le *Manuel du Libraire* ne signale dans sa 5ᵉ édition que trois adjudications de la collection des *Joyeusetez*. En voici plusieurs autres que nous avons rencon-

il est question des *Advineaux* dans la *Notice* déjà citée *sur Colard Mansion*, p. 47-60. Van-Praët avait voué, dès sa jeunesse, un véritable culte au vieux typographe brugeois; il profita d'occasions qu'on ne retrouverait plus pour réunir presque toutes ses productions; il parvint même à obtenir des doubles qu'il donna généreusement à la ville de Bruges.

Le plan des *Advineaux* est fort simple: une *damoiselle* adresse à un chevalier des demandes sur des questions d'amour, il y répond. Voici un échantillon de ces problèmes :

« La damoiselle :

« Sire chevalier, ilz sont deux hommes qui tous deux aiment une damoiselle et chacun deux lui requiert avoir guerredon de son service. La damoiselle veuillant vser de courtoisie ottroye à lun quil prengne delle ung seul baisier; et de lautre elle sueffre quil laccole tant seulement. Or vous demande auquel elle monstre plus grand signe damour.

« Le chevalier :

« Damoiselle, sachiez que cest a cellui auquel elle ottroye le baisier, car cent mille accolers nattainderoient pas a un baisier ottroye dune dame en amours.»

AILLY (PIERRE DE). *Lexposicion des sept psaumes en françoys. Censuiuent les sept degres de leschelle de penitance figures et exposes au vray sur les sept Pseaulmes penitensielz.*

S. l. n. d., vers 1490, in-4.

> Un exemplaire, veau, tr. dor., est offert à 60 fr., catalogue Potier, 1856, n° 26.

Pierre d'Ailly, mort en 1420 ou 1425, fut évêque de Cambray; il fut surnommé l'*Aigle des docteurs de France*, et il joua un rôle important au concile de Constance. Ses nombreux ouvrages sont aujourd'hui oubliés. Il existe une *Notice historique et littéraire* de M. A. Dinaux *sur Pierre d'Ailly*, Cambray, 1824, in-8.

ALAIN (*Les Paraboles de*).

Paris, pour Antoine Verard (1), 1492, pet. in-fol., 99 ff.

---

trées sur divers catalogues : 201 fr., broché, vente Essling; 231 fr. Barrois; 450 fr., papier vélin fort, mar. rouge, Aimé-Martin, en 1847, n° 474, revendu 430 fr. H. de Ch. en 1863; 455 fr. de C., mar., en 1847, n° 338; 400 fr., exemplaire en papier de Chine, mar., A. Chenest, en mai 1853, n° 116; 246 fr., cartonné, Duplessis, n° 816; 450 fr., dem.-rel., Labédoyère, en 1862, n° 566.

1. Le nom de cet infatigable éditeur est celui qui reviendra le plus souvent dans

260 fr. vente du prince d'Essling (1), n° 77 (relié en maroquin vert par Bauzonnet), revendu 300 fr. Giraud, n° 1208, et 545 fr. Solar, n° 1068.

Ce volume contient les *Paraboles* (au nombre de 132) d'Alain de Lille, mort en 1294, à Cîteaux, la traduction en vers qu'en fit un anonyme pour Charles VIII et le commentaire de ce même anonyme. L'ouvrage latin, imprimé plusieurs fois au XVe siècle sous le titre de *Doctrinale altum, seu liber parabolarum*, n'est nullement recherché, mais il en existe une édition, faite à Londres en 1508, qui a de la valeur, et nous avons vu une édition s. l. n. d., in-4, 30 ff., imprimée en Allemagne, où le texte latin est accompagné d'une version en vers allemands placée au-dessous.

La Bibliothèque impériale possède un très-bel exemplaire sur vélin; les gravures sont habilement coloriées; Van-Praët le décrit t. 4, p. 174; elle en conserve un second, presque rogné à la lettre.

---

notre travail. Le premier livre avec date qu'il ait publié (le *Decameron* de Boccace) est de 1485. Il travailla avec ardeur jusqu'en 1512, époque après laquelle son nom disparaît. Un acte judiciaire constate qu'il ne vivait plus en 1514 (Voir le *Manuel*, t. 5, col. 1599). Un littérateur laborieux, M. Francisque-Michel, a entrepris depuis longtemps un travail étendu sur ce typographe, mais la publication n'a pas encore eu lieu. L'enseigne de Verard était : *A Saint Jean-Baptiste*. A cette époque, où le numérotage des maisons était inconnu, chaque industriel avait son enseigne. Nous nous sommes amusé à en relever plus de trois cents pour divers libraires des XVe et XVIe siècles; cette liste est trop longue pour être insérée ici, nous nous bornerons à un court spécimen :

Bonfond (Nicolas), *à Saint Nicolas*.
Calvarin (Simon), *à la Rose blanche couronnée*.
Eustace (Guillaume), *aux Deux Sagittaires*.
Girault (François), *au Bœuf couronné*.
Le Noir (Philippe), *à la Rose blanche*.
Lotrian (Alain), *à l'Escu de France*.
Marnef (Jean), *au Pélican*. C'était aussi l'enseigne de H. Mareschal, à Rouen.
Paquot (Henri), *à la Rose rouge*.
Petit (Jean), *à la Fleur de lys dorée*.
Philippe (Gaspard), *aux Trois Pigeons*.
Regnault (François), *à l'Eléphant*. (On le trouve aussi à *Saint-Claude*.)

Il arrive assez souvent que de vieux livres portent au frontispice qu'ils se vendent à telle enseigne, sans indication de nom de libraire; mais la découverte est facile.

1. Cette vente, que nous aurons souvent occasion de signaler, est remarquable; elle eut lieu au mois de février 1846, et elle se composait surtout d'ouvrages français imprimés en caractères gothiques; les anciens poëtes, et notamment les romans de chevalerie, y dominaient. Presque tous les livres étaient reliés avec luxe par d'habiles artistes. Le catalogue comprend 413 articles, qui produisirent 111,809 fr.

Un troisième, adjugé à 400 fr. La Vallière, et 530 fr. Mac-Carthy, avait passé en Angleterre; mais après avoir été payé 45 l. st. 3 sh. à la vente Hibbert, il est revenu en France et il figure au catalogue Cigongne, n° 574.

Un exempl. sur papier, 102 fr. vente Revoil; 70 fr. Morel-Vindé en 1823; il serait plus cher aujourd'hui.

On peut consulter au sujet d'Alain de Lille, mort vers 1203, l'*Histoire littéraire de la France*, tom. 16, et la *Bibliothèque des auteurs ecclésiastiques* de Dupin.

ALBERT (LE GRAND). *Des Secretz des vertus des herbes, des pierres, bestes, et aultre liure des merueilles du monde.*

S. l. n. d. (vers 1500), pet. in-8.

Les éditions de ce tissu d'absurdités sont assez nombreuses au commencement du XVIe siècle, et l'ouvrage, remanié de diverses façons, n'a pas encore perdu toute sa vogue. Des éditions anciennes contiennent aussi *les Secretz des femmes et hommes*.

ALDEBRANDIN. *Le Livre pour la santé du corps garder.*

S. l. n. d., in-fol.

Le *Manuel*, t. 1, col. 154, parle avec quelques détails de ce volume, qu'on croit imprimé à Lyon, vers 1480.

L'exemplaire de la Bibliothèque impériale est imparfait.

L'auteur, Aldobrandino, professa la médecine en Italie, et mourut en 1327.

Voici le début de cet ouvrage :

« Cy apres demonstre quest phisique :

« Pource que nous auons dit dessus que nous voulons dire d'aulcune partie de phisique pour entendre mieulx ce que dirons. Si dirons premierement quest phisique. Phisique est vne science par quoy lon congnoist toutes les manieres du corps de lomme et par laquelle lon garde la sante du corps et remue les maladies. Et pouons dire que ceste science a deux parties. L'une partie est appellee theorique par laquelle nous scauons congnoistre et iugier tous les commandemens de phisique. C'est congnoistre et scauoir quilz sont jjj manieres de fieures. Lune magniere de fieure si aduient quant les humeurs sont corrompues et ceste maniere appellent les phisiciens febris putrida. Lautre si aduient es membres laquelle sappelle ethique. La tierce si aduient des esperis laquelle appellent affinicra et ces commandemens et aultres qui sappartienne a phisique scauons par theorique. »

ALEXIS (Guillaume). *Le Grand Blason des faulses amours.*

Paris, Pierre Le Caron, s. d., in-4, 15 ff. (1).

575 fr. vente de Bure, en 1853, n° 603 (exemplaire relié avec deux autres opuscules). Un exemplaire au cat. de la Bibliothèque du roi, n° 4404.

— Pierre Levet, 1489, in-4, 15 ff., 28 lignes à la page.

Un exemplaire indiqué comme le seul connu, 600 fr. Solar, n⁰ 1074 (riche reliure de Duru, en maroq. rouge).

— Paris, Jehan Lambert, 1493, in-4.

6 fr. La Vallière; 1 l. st. 3 sh. Heber; 92 fr. Bertin, n° 390, exemplaire relié en maroquin par Kœhler. Il est offert au prix de 120 fr. sur le catalogue du libraire Téchener, 1858, n° 8976.

— Lyon, P. Maréchal et Barnabé Chaussard, 1497, in-4.

2 l. st. 6 sh. Lang; 11 l. st. 11 sh. Heber; 326 fr. Crozet, en 1842.— Les mêmes imprimeurs ont donné de ce livret une édition s. d., in-4, 28 ff.; un exemplaire s'est trouvé dans l'immense collection d'Heber, et s'est payée 6 l. st.

Il existe diverses éditions du commencement du XVIe siècle; elles ont une grande valeur lorsque les exemplaires sont beaux. Cet opuscule si goûté du public depuis 1490 jusqu'à 1520 est un dialogue en 46 stances de douze vers. Les huit premiers sont de 4 syllabes et les quatre derniers vers de huit syllabes. Chaque couplet est sur deux rimes. Le sujet est un dialogue entre un moine qui est l'adversaire de l'amour et un gentilhomme qui prend le parti de cette passion. La question reste indécise. Cet opuscule provoqua le *Contre-Blason des faulces amours*, Paris, s. d., in-8, 28 ff. (vers 1501), livret très-rare, où il s'agit de l'amour divin. Voir le *Manuel*, t. 2, col. 250.

——— *Le Debat de l'homme et de la femme.*

Paris, Jehan Trepperel, 1493, in-4, 6 ff.

3 l. st. 3 sh. Heber.
Une autre édition, faite par J. Trepperel, s. d., in-4, 4 ff., 80 fr. (exemplaire relié en maroquin) vente L., en décembre 1848.

Cet opuscule a été réimprimé dans le 3e volume de la collection des

---

1. Il serait curieux de savoir à quel prix se vendaient chez les libraires de Paris et de Lyon, à l'époque de Louis XI et de Charles VIII, ces livres qu'on paye maintenant quelquefois au poids de l'or. Nous aborderons une autre fois cette question. Notons seulement aujourd'hui qu'en 1501 un renchérissement s'était déjà prononcé; le Parlement de Paris fixait à 3 sols tournois, et 4 sols relié, le prix des *Coutumes du bailliage de Chaumont*, volume in-8 de 162 pages.

Joyeusetez éditée par M. Téchener et dans le recueil des *Poésies françaises des XVe et XVIe siècles* publié par M. A. de Montaiglon (*Bibliothèque Elzévirienne*), t. 1, p. 1-10. L'homme adresse des reproches à la femme, qui se justifie, et cette discussion remplit 44 strophes de 4 vers, suivies d'une longue tirade que débite la femme.

> Dieu voulut oncques femme estre,
> Ne quelque femme faire prestre,
> Pour chanter le *Per omnia*;
> Bien en sens est qui rien n'y a.
>
> Premier de femme voulust naistre,
> Le Seigneur de tous et le maistre,
> Qui les prestres sanctifia;
> Malheureux est qui rien n'y a.

—— *Le Passe temps de tout homme et de toute femme.*

Paris, A. Verard, S. d., in-4, 126 ff.

9 l. st. 18 sh. Libri, en 1859, nº 69 (exemplaire relié en maroq. par Bauzonnet, acheté par M. Yemeniz, de Lyon) (1).

Un exemplaire, sur vélin, à la Bibliothèque impériale; Van-Praët le décrit, t. 4, p. 190; un autre au Musée britannique.

— Paris, Jehan Sainct-Denys, s. d., 29 ff., v. Duriez, 2245.

C'est un sermon en vers fort monotone et fastidieux; il a cependant été réimprimé plusieurs fois.

—— *Déclamacion faicte sur le uangile* (sic) *missus est Gabriel.*

Paris, P. Levet et J. Alissot, 1485, in-4.

Plusieurs autres ouvrages de ce fécond écrivain ont été publiés au commencement du XVIe siècle. Voir, au sujet de ce poëte, Goujet, *Bibliothèque françoise*, t. 10.

AMANT (L') RENDU CORDELIER A L'OBSERUANCE DAMOURS.

Paris, Germain Bineaux, 1490, in-4, 39 ff.

Edition très-rare, qui ne paraît point avoir passé en vente. Un exemplaire est à la Bibliothèque impériale.

---

1. Ce bibliophile, des plus distingués, a formé une réunion admirable de livres rares dans la plus belle condition : romans de chevalerie, anciennes poésies, auteurs classiques, impressions lyonnaises; il possède en ce genre d'admirables trésors obtenus, souvent à des prix élevés, aux ventes les plus célèbres. Une notice, rédigée par un libraire qui fut un bibliographe instruit, Colomb de Batines, a été insérée en 1842 dans le *Moniteur de la Librairie;* elle donne une idée de ce qu'é-ait alors ce cabinet, qui s'est bien enrichi depuis.

— Paris, P. Le Caron (s. d., vers 1493), in-4, 32 ff.

2 l. 12 sh. Lang, en 1828, n° 166 (1) ; 6 l. st. Heber; 180 fr. Bertin, n° 393 (belle reliure de Niédrée).

— S. l. n. d. (Lyon, P. Mareschal et B. Chaussard), in 4, 36 ff.

Un exemplaire est inscrit au catalogue Cigongne, n° 638.

On attribue ce petit poëme à Martial d'Auvergne. Il est divisé en 234 octaves. Il est réimprimé dans l'édition des *Arrêts d'amour* de Martial (Paris, 1731, 2 vol. in-12). M. Viollet-Leduc en a donné une longue analyse dans sa *Bibliothèque poétique*, t. 1, p. 135-143 ; il en fait un grand éloge ; il y trouve « un petit roman parfait, où les caractères sont tracés de main de maître ; un modèle de discrétion, de goût et de sentiment. »

ANTECHRIST (TRAITÉ DE L'AVENEMENT DE L'). *Des quinze signes* (2) *précedens le jugement géneral de Dieu.*

Paris, A. Verard, 1492, in-fol.

---

1. La vente de Robert Lang (membre du *Roxburghe Club*), faite à Londres en 1828, fut remarquable par le grand nombre d'ouvrages appartenant à la vieille littérature française qui se trouvèrent chez ce bibliophile anglais. Ils furent adjugés à des prix qui passèrent alors pour élevés, mais qui aujourd'hui nous paraissent bien modiques. Quelques-uns de ces livres précieux furent acquis par des libraires de Paris et revinrent en France. Le catalogue comprend 2365 numéros ; ils produisirent 2837 livres sterling. Dibdin a parlé dans plusieurs de ses ouvrages de la bibliothèque de Lang, lequel avait formé le projet, resté sans exécution, de publier un catalogue raisonné de son cabinet. (Voir le *Bibliographical Decameron*, t. 3, p. 35, et le *Library Companion*, p. 774.)

2. Un livret populaire nous fait connaître, d'après un texte latin plusieurs fois réimprimé, quels seront ces signes :

    Auant que Dieu juger voudra,
    Comme temoigne d'Ecriture,
    Quinze signes demontrera
    A toute humaine créature.
    Premier, la mer outre mesure
    S'élevera sous les meurs,
    Comme un mur haut droiture
    Se tiendra comme nous lisons ;
    Après ce signe second,
    La mer se laissera trebucher
    En abime si tres profond,
    Comme s'elle se vousit musser,
    Et pour le vray réciter,
    Dedans la terre entrera
    Si fort la voudra détourner
    Qu'à peine voir on la pourra.

Ce traité forme la seconde partie de l'*Art de bien vivre et de bien mourir*.

Van-Praët, t. 1, p. 332, décrit un exemplaire sur vélin qui est à la Bibliothèque impériale.

ANTECHRIST (LA VIE DU MAUVAIS).

Verard, 1499, in-fol.

Il ne faut pas s'étonner de voir Verard publier successivement en sept ans deux ouvrages sur l'Antechrist : ce personnage mystérieux occupait beaucoup l'imagination de nos ancêtres, il pourrait donner lieu à une bibliographie assez curieuse. En première ligne se placerait l'in-folio du dominicain espagnol Thomas Malvenda (Rome, 1603; Valence, 1621; Lyon, 1647), livre très-savant, mais auquel on ne doit demander aucune idée critique.

Les manuscrits sont nombreux : un du XIIIe siècle, *De tempore Antechristi*, est mentionné dans le catalogue des manuscrits de la bibliothèque de Vienne par Endlicher. Hugues de Bercy composa, sous le règne de

---

Cette citation est déjà plus que suffisante. L'incorrection du texte vient de ce que les fautes s'accumulent à chaque réimpression.

La *Manifestation de l'Antechrist en la personne de Mazarin*, Paris, 1649, in-4, n'est qu'une plaisanterie; mais un docteur hollandais, C. Uythagius, a voulu faire un ouvrage fort sérieux dans son *Antichristus Mahometus* (Amsterdam, 1666, in-4), où il a cherché à prouver que le fondateur de l'islamisme était l'Antechrist.

Grotius, dans une dissertation insérée dans les *Critici sacri*, 1697, t. 5, s'était flatté de démontrer qu'il s'agissait de Caligula. Un écrivain connu par ses travaux sur la Bible, Rondet, prétendait que l'Antechrist serait détruit en 1860.

On peut d'ailleurs, sur les légendes relatives à l'Antechrist, consulter Corrodi, *Geschichte des Chiliasmus*, t. 2, p. 400-444, et Grimm, Introduction au *Vridank*, p. 71. Il est aussi question de l'Antechrist dans un ouvrage anglais savant, mais singulier : *Nimrod, a Discourse on certain passages of history and fable* (Londres, 1828, 4 vol. in-8), t. 3, p. 313. Nous ne connaissons que de titre le livre d'Ethon Smith : *Dissertation on the prophecies relating to Antichrist* (Charlestown, 1811, in-8).

Un livret populaire, qui circule encore dans nos campagnes, raconte la *Vie du mauvais Antechrist*.

En Babylone la cité,
Un paillard juif abominable,
De luxure lors incité,
Connaîtra comme juif damnable
Charnellement sa propre fille,
D'où naîtra le faux miserable
Antechrist, selon l'Evangile...,
En deuz cités nourri sera;
Maudit est le fils de p-n,
Bethsaïda se nommera.

saint Louis, un poëme, *le Tournoiement d'Antechrist*. Une pièce de vers latins, jusqu'alors inédite, a été publiée par M. Edélestand du Méril (*Poésies populaires latines*, t. 2, p. 374). Un traité de l'Antechrist figure dans les œuvres d'Alcuin et dans celles de Raban-Maur, et les *Opuscula inedita* de saint Thomas d'Aquin, publiés à Rome en 1840, 2 vol. in-8, nous offrent un *Tractatus de statu, adventu et vita Antichristi*. Le livre allemand xylographique *Der Entkrist* est un des plus précieux monuments de la typographie.

Falkenstein (*Geschichte der Buchdruckerkunst*, Leipzig, 1820, p. 23-25) énumère toutes les gravures qui forment ce singulier ouvrage, et il donne un fac-simile de l'une d'elles.

El libro de Antecristo compuesto por Martin Martines Dampier, Zaragoza, 1496, in-fol.

La Vie de Antechrist bien utile et contemplative, pièce rimée qui se trouve à la suite de diverses *Heures* imprimées à Paris.

Farce de l'Antechrist et de trois femmes. L'Antechrist, d'ailleurs, n'y joue aucun rôle sérieux.

Vrai Discours du règne de l'Antechrist. Paris, 1579.

La Venue de l'Antechrist, comment et en quel temps il viendra (par Cayet), 1602.

Advertissement à tous chrestiens sur le grand et espouvantable advenement de l'Antechrist et la fin du monde, (par Varin). Paris, 1618. Cet opuscule fut reproduit en 1662, sans autre changement que celui de la date.

La Naissance de l'Antechrist en Babylone, envoyée par l'ambassadeur de France en Turquie, 1623.

Histoire véritable de ce qui s'est passé en l'exorcisme de trois jeunes filles possédées ès pays de Flandre, où il est aussi traité de l'Antechrist et de la fin du monde, (par Lenormant de Chiremont). Paris, 1623.

Attestation de la naissance de l'Antechrist par les chevaliers de Saint Jean, 1623.

Citons encore : *Dialogus de nativitate et moribus Antichristi*, Daventriæ, 1491, in-4.

APPOLLYN, ROY DE T'HIRE (*Cronicque et hystoire d'*).

Genesve, Louys Garbin, in-4, 25 ff.

Le seul exemplaire connu de ce livret s'est trouvé à la vente des livres ayant appartenu au roi Louis-Philippe ; il était relié avec une autre édition non moins rare de l'*Histoire du roy Ponthus*. Les deux ouvrages avaient fait partie de la bibliothèque Du Fay, vendue en 1732 ; ils furent alors payés 20 livres 10 sous, ils entrèrent dans la Bibliothèque du château de Rambouillet, appartenant au comte de Toulouse, et qui devint, par voie d'héritage, propriété de la maison d'Orléans. Le volume qui réunissait ces deux opuscules a été acheté au prix de 1765 fr. par un amateur lyonnais, M. Yemeniz.

L'histoire du roi Apollonius est curieuse à plus d'un titre. Guillaume de Tyr atteste qu'elle était célèbre dès le XIVe siècle. « Ex Tyro urbe fuit et Apollonius gesta cujus celebrem et late vulgatam habent historiam. » Cette narration paraît avoir été écrite en grec vers le XIIIe siècle, mais ce texte n'a pas été retrouvé, et il faut se contenter d'une traduction latine qui fut imprimée vers 1470 (in-8, sans lieu ni date); Velser la publia d'une façon bien peu satisfaisante en 1595 à Augsbourg, comme extraite *ex membranis vetustis*, et elle a reparu dans les ouvrages de ce savant. (Nuremberg, 1682, in-fol., p. 681-704.) D'ailleurs cette histoire se retrouve dans les *Gesta Romanorum*, ch. 153 de l'édition latine de M. A. Keller (chap. 125 du *Violier des Histoires romaines*), (Paris, 1858, p. 324-363), et p. 232-302 de la traduction anglaise de Swan (1824, 2 vol. in-12).

Une autre traduction latine, plus développée que celle qui fut imprimée au XVe siècle, a été insérée dans les *Erotici græci* (1846, gr. in-8), qui font partie de la *Bibliotheca græca* publiée par la maison Didot; elle est précédée d'une judicieuse préface de M. J. Lapaume.

En Espagne, cette légende fut connue de bonne heure; un poëte resté anonyme en fit le sujet d'une petite épopée en 656 *coplas* qui débute ainsi : « Estudiar queria, componer un romance de nueva maestra del buen rey Apolonio è de sua cortesia », et qui (après que Castro en eut fait mention dans sa *Bibliotheca espanola*, t. 2, p. 504), a été insérée par Sanchez dans sa *Coleccion de poesias castellanas* (édition de Paris, 1841, p. 531-561). Timoneda, dans ses *Patranas*, signale aussi cette histoire, mais on voit que c'est dans les *Gesta* qu'il a puisé ce qu'il en dit. Une rédaction anglo-saxonne remonte à une époque fort reculée; Hickes l'avait indiquée dans son *Thesaurus septentrionalis*, t. 2, p. 146; elle a été publiée en 1834, in-8, d'après un manuscrit conservé à Cambridge, avec une traduction littérale par B. Thorpe. Plus tard, Gower reprit ce sujet dans le livre VIII de son poëme *Confessio amantis*. Ce qui a surtout contribué à appeler sur ce point l'attention des critiques anglais, c'est que l'histoire d'Apollonius forme le sujet d'une des pièces de Shakespeare, *Pericles*.

Le savant Francis Douce en parle dans son curieux ouvrage : *Illustrations of Shakespeare*, t. 2, p. 135. Dès 1510, on avait publié à Londres, *The most pytefull history of the noble Appolonys, King of Thyre*, translated from the french by R. Copland.

Belleforest, dans ses *Histoires tragiques*, 1604, t. 7, p. 113, a raconté cette histoire. Voir aussi les *Mélanges d'une grande bibliothèque*, t. 14, p. 265, et la *Nouvelle Bibliothèque des Romans*, an II, t. 1, p. 1. Nous trouvons dans le *Catalogue des manuscrits de la bibliothèque de Chartres*, 1840, in-8, n° 411, *Lystoire de Apollonius, qui après les pestilences et fortunes quil ot en mer et ailleurs, fust roy de Antioche*.

Une rédaction flamande parut à Delft en 1493; une en langue italienne et en vers vit le jour à Venise en 1486 (réimprimée en 1489), et en 1492 on publiait à Milan l'*Historia* (en prose) *di Apolonio di Tiro, riformata per Paulo de Taegia a contemplazione della magnifica madona S. da Ferrara e poi per piacer del popolo*. Plusieurs rédactions en vers allemands, qu'il serait superflu d'énumérer, furent écrites au moyen âge (voir Graesse, *Lehrbuch einer allgemeinen Literärgeschichte*, t. 2, 3e section (Dresde, 1842), p. 459, mais elles n'ont pas été publiées. Une rédaction en prose, publiée en 1476 à Augsbourg, a été souvent réimprimée, notamment dans le curieux et savant ouvrage de Simrock: *Quellen des Shakespeare* (Berlin, 1831, 3 vol. in-12), t. 2, p. 152-258. On retrouve aussi des livres populaires en danois et en bohémien sur le même sujet.

Circonstance assez curieuse ! après avoir passé du grec au latin, ce récit a été remis en grec (mais cette fois en vers politiques) par un certain Constantin ou plutôt Gabriel Contianus, qui écrivait vers 1500. (Voir Lambecius, *Bibliotheca Vindobonensis*, t. 5, p. 261 ; Coray, Ατακτα, t. II. Προλεγ. p. 13 ; Henrichsen, *Des vers politiques* (en allemand): son travail a été du goût de ses compatriotes, car il a été imprimé à diverses reprises à Venise, en 1534, en 1553, en 1603, en 1696. Voir Chardon de la Rochette, *Mélanges*, t. 3, p. 286, et un savant mémoire de M. Ferdinand Wolf dans les *Annales de Vienne*, 1831, t. 56. L'érudit et infatigable bibliographe allemand M. Graesse, de Dresde, donne des détails étendus sur les éditions en diverses langues de l'histoire d'Apollonius dans son *Lehrbuch einer allgem. Literärgeschichte*, vol. 2, p. 3, 457-460, et dans le *Trésor des livres rares*, t. 1, p. 165.

ARBOLAYRE, *contenant la qualitey et vertus, propriety des herbes, arbres, gomes et semences, extrait de pluseurs tratiere de medecine, coment dauicene, de rasis, de constantin, de ysaac et plateaire.*

S. l. n. d., in-fol. goth., 212 ff.

> Livre peu connu, imprimé vers 1490. Il ne paraît pas qu'il se trouve sur aucun catalogue particulier. Un exemplaire est à la Bibliothèque impériale. L'ouvrage se termine pieusement par ces mots : « Louhe et begnit soit le souverain createur qui a tout creer par sa infinie puissance. » Il fut très-bien accueilli du public, car le *Manuel* en signale huit éditions du commencement du XVIe siècle.

ARCHEUESCHEZ (LES), EUESCHEZ, DUCHEZ ET COMTEZ DU ROYAUME DE FRANCE.

Paris, J. Trepperel, s. d. (vers 1496), in-8, 4 ff.

> Un exemplaire de cet opuscule fort rare, 95 fr. Solar, n° 2598 (relié en maroq. par Bauzonnet).

ARETIN (LÉONARD). *Traicté très plaisant de l'amour parfaite de Guisgardus et Sigismunde, fille de Tancredus.*

Paris, A. Verard, 1493, in-fol., 20 ff.

> Il ne paraît pas qu'on connaisse d'adjudication de ce volume. Un exemplaire relié en maroquin vert, et dont le premier feuillet est manuscrit, figure à la *Bibliotheca Grenvilliana*, 2ᵉ partie, p. 21. Un exemplaire sur vélin, au Musée britannique ; Van-Praët le décrit (2ᵃ catalogue, t. 2, p 197).

— Paris, Pierre Le Caron, 1493, in-4, 20 ff. (texte latin en marge).

> 15 fr. La Vallière.

Ce *traité* est la 4ᵉ nouvelle de la première journée du *Décaméron*, traduit en vers français par Jean Floretus ou Fleury, d'après la traduction latine de Léonard Aretin (d'Arezzo); Philippe Beroalde avait de son côté mis ce récit en vers latins élégiaques.

ARISTOTE. *Le Livre de Politique et de Yconomiques* (traduit par Nicolas Oresme).

Paris, A. Verard, 1489, in-fol., 379 ff. à 2 col., 36 lignes.

> Malgré sa rareté, ce volume n'est pas cher ; 36 fr., relié en maroquin, La Vallière ; 21 fr. à une des ventes de livres du fonds de Bure.

Un exemplaire à la bibliothèque de la Haye (cat., p. 428).

Des manuscrits de cette traduction à la Bibliothèque impériale (Voir Paulin Pâris, *Manuscrits français*, t. 1, p. 221 ; t. 2, p. 195).

Oresme, né vers 1320, mort en 1382, fut précepteur de Charles V. Voir l'*Essai* sur sa vie et ses écrits, par M. François Menesier, 1857, in-8, 207 pages.

—— *Le Secret des secretz qui enseigne à cognoistre la complexion des hommes et des fames.*

Brehant Lodeac, Robin Foucquet et Jehan Cres. S. d., in-4, 6 ff. (vers 1484).

Opuscule d'une rareté extrême. A la fin, on lit que « ce livre est faict pour la cognoissance du monde. » C'est une traduction fort abrégée d u *Liber de secretis secretorum Aristotelis philosophi excellentissimi*, production remplie d'impertinences et plusieurs fois imprimée à la fin du XVᵉ et au commencement du XVIᵉ siècle.

La Bibliothèque impériale possède deux manuscrits des *Secrets* d'Aristote, nᵒˢ 7062 et 7068.

ART DE BIEN MOURIR.

In-fol., 22 feuillets, imprimé par Colard Mansion, à Bruges.

> On n'en connaît que quatre exemplaires : celui de la Bibliothèque im-

périale; celui appartenant à Van-Praët, et qui fut acquis à la vente Heiss en 1785; celui qui est dans la Bibliothèque publique de Bruges : il fut donné par Van-Praët; celui qui est conservé aux Archives de Lille.

« Combien que le phylosophe diye en son tiers liures dethiques que de toutes terribilites la mort du corps est la plus terrible, mais la mort de lame nest nullement a comparer à icelle. »

Van-Praët, *Notice sur Colard Mansion*, p. 56, dit quelques mots de ce livret qui présente une traduction de l'*Ars moriendi* attribué au cardinal Mathieu, de Cracovie, et dont il existe plusieurs éditions xylographiques qui ne doivent pas nous occuper en ce moment.

ART DE BIEN VIVRE ET DE BIEN MOURIR.

Paris, Verard, 1492, in-fol., 72 ff.

Le *Manuel* décrit en détail ce livre précieux. Il se compose de diverses parties : l'Art de bien vivre; l'Art de bien mourir; l'Esguillon de crainte divine pour bien mourir; le Traictée des peines denfer et de purgatoire; le traictée de ladvenement de l'Antechrist (nous avons déjà parlé de ce dernier écrit).

> Un bel exemplaire complet en quatre parties, et relié en maroquin par Trautz-Bauzonnet, 805 fr. Solar, n° 263 : il avait été payé 730 fr. Giraud, n° 245; 900 fr. Aimé-Martin, en 1847, n° 26.

— Paris, Verard, 1493.

> Le *Manuel* ne fait qu'indiquer cette édition, qui n'a sans doute jamais passé sous les yeux de M. Brunet.

— Paris, Verard, 1496, in-fol., 192 ff. Voir de longs détails au *Manuel*.

> Un exemplaire sur vélin est à la Bibliothèque impériale; Van-Praët le décrit, t. 1, p. 334. Un autre exemplaire, ayant appartenu au roi Henri VII, est au Musée britannique. Dibdin, *Voyage bibliographique*, t. 3, p. 300, de la traduction française, signale l'exemplaire qui est à Paris comme étant sur un vélin un peu brun, mais bien conservé et de grande dimension. Il ajoute : « On y voit les deux planches de démons qui jettent des hommes dans une chaudière, telles que je les ai reproduites dans le second volume de mes *Typographical Antiquities*, p. 599. » Il est possible que ces gravures aient été prises à leur tour dans quelque ancien livre en planches de bois.

— Paris, Verard, 1498. Un exempl. à la Bibliothèque impériale.

> Un manuscrit de la Bibliothèque impériale, n° 7303, renferme un traité intitulé *la Science de bien mourir*.

ART ET SCIENCE DE RHÉTORIQUE. Voir Croy (Henry de).

ARTUS (*Le Livre du vaillant et preux chevalier*).

 1494, in-fol., s. l. n. d., 142 ff.
  La seule adjudication citée est celle de 34 fr. La Vallière.
 — Lyon, 1496, in-4.
  Le *Manuel* indique cette édition d'après les bibliographes Denis et Panzer; il ne la décrit point, ce qui prouve que M. Brunet n'en a jamais rencontré d'exemplaire; on ne connaît aucune adjudication.
  Il existe plusieurs éditions du XVIe siècle; celle de Michel Le Noir, 1502, est également d'une rareté excessive.

 Ce roman de chevalerie, plusieurs fois réimprimé au XVIe siècle, a été l'objet d'une analyse de Tressan, dans la *Bibliothèque des Romans*, novembre 1776. La rédaction en prose remonte très-probablement au règne de Charles VI. L'origine de cette production est étrangère à notre sujet.

 Cher aux Anglais, qui y voient le germe de leurs légendes nationales, le roman d'Arthur a donné lieu à un long travail de Thomas Mallory, *The lyf and acts of the king Arthur*, qui a été imprimé par Caxton en 1485, et qui a obtenu de nombreuses éditions. Le style est rajeuni dans celles du XVIIe siècle, mais le texte de 1485 est reproduit dans les deux volumes in-4 publiés avec une introduction et des notes par un poëte célèbre, Robert Southey.

 La Bibliothèque impériale possède deux manuscrits du roman d'Artus e Bretagne, nos 6970 et 6975; elle a aussi, no 6953, la *Mort d'Artus*, en vers.

AUENTURIER (L') *rendu a dangier conduit par aduis, traictans des guerres de Bourgongne et la Journée de Nanci*.

 Paris (s. d., vers 1500), in-4, 31 ff.
  Le *Manuel* parle avec détail de ce volume peu connu; il est en vers de 8 syllabes, à l'exception d'un morceau intitulé *Doctrinal saulvaige*, qui est en vers de 12 syllabes, et qui occupe six pages et demie. Un exemplaire a été adjugé 300 fr., à Paris, vente B. D. G., en 1824.

AUFRET (Quoatqueveran). *Le Catholicon en trois langues*.

 Lantreguier, Jean Calvez, 1499, in-fol.
  Voir le *Manuel*, t. 1, col. 554, pour une description de ce volume précieux. M. Brunet signale deux autres éditions abrégées, l'une in-8, datée de 1501; l'autre, peut-être antérieure, est un in-8, mais la souscription manquait à l'exemplaire qu'a vu le savant bibliographe.

 Un exemplaire de ce livre très-rare se trouve dans la *Bibliotheca Spenceriana*; il est décrit en détail, t. 3, no 532. Un autre, mais imparfait, figure au catalogue Falconet, no 9975; les ouvrages de cette vaste collection ont passé à la Bibliothèque du Roi, lorsqu'elle n'en contenait pas déjà d'autres exemplaires. La bibliothèque de Quimper possède aussi un exemplaire du *Catholicon* (Mérimée, *Notes d'un voyage*). Les *Mélanges d'une grande bibliothèque*, t. 19, p. 250, se bornent à donner le titre et à y joindre quelques indications insignifiantes sur la langue bretonne.

Au mot *Montrolues* (Morlaix), l'auteur dit qu'il était originaire de cette ville. Il commence par donner un mot breton et il le fait suivre de la signification en français et en latin. En voici un exemple :

Marchbran : *ga*., coruin ; *l*. hic coruus, ui.

Marhec pe marhegues : *ga*., chevalier ou chevaliere ; *l*. hic et hec miles, tis. Item hec militia. *Ga*., chevalerie ; *b*., marheguiez.

Marchurit : *g*., Marguerite ; *l*., hec Margarita, *e. sz*. Margarita, pierre précieuse.

Margin : *ga*., Margine de liubre ; *l*., hic et hec margo, ginis. *Item*, cest ourile de robe ou riuage.

AUGUSTIN (Saint). *De la Cité de Dieu*, traduit par Raoul de Presles.

>Abbeville, Jean Dupré et Pierre Giraud, 1486, 2 vol. in-fol., 339 et 328 ff.

>>Un exemplaire sur vélin à la Bibliothèque d'Amiens ; Van-Praët le décrit, 2ᵉ cat., t. 1, p. 171.
>>Cette traduction fut faite par ordre de Charles V.
>>100 fr., maroq. rouge, La Vallière, nº 457.
>>74 fr., relié en maroq., Soubise, nº 911 (1).
>>112 fr. Lamy, en 1807.
>>400 fr. Saint-Mauris, en 1840.
>>On trouve à la Bibliothèque impériale une douzaine de copies manuscrites de cette traduction.

—— *Les Lamentations sur les sept pseaulmes penitenciales*, translatées en francoys par Jehan de Bory, euesque de Meaulx.

>Paris, Verard, in-8.

>>Un exemplaire sur vélin au Musée britannique.

BADE (Josse). *La Nef des folles* (traduit par Jean Droyn).

>Paris, Petit Laurents (vers 1500), in-4, 4 et 72 ff.

---

1. La vente de la bibliothèque du maréchal de Soubise (8302 articles) faite en 1788 est l'objet de détails intéressants dans la 5ᵉ édition du *Manuel du Libraire*, t. 5, col. 842. On sait que cette bibliothèque comprenait les livres du président de Thou, aujourd'hui si recherchés.

Un exemplaire sur vélin a été successivement vendu 151 livres La Vallière, 400 fr. Mac-Carthy, 30 l. st. 9 sh. Hibbert.

Le titre annonce que cette nef est « selon les cinq sens de nature composés selon leuvangille de monseigneur saint Mathieu des cinq vierges qui prindrent point duylle auecques elles pour mectre en leurs lampes. »

Nous ne rencontrons pas d'adjudication d'exemplaires de ce volume sur papier, et la seconde édition, datée de 1501, ne semble pas s'être montrée dans les enchères françaises depuis la vente La Vallière. Un exemplaire figure au catalogue Cigongne, n° 470.

Le livre de Bade fut inspiré par la *Nef des fols* de Sébastien Brandt. La première édition est de Paris, 1500, in-4, 20 ff. Il est en prose et en vers élégiaques, excepté la septième section, qui est écrite en hexamètres. Il en existe une réimpression avec une courte préface de Wimphelen et avec le titre suivant : *Stultiferæ naviculæ seu scaphæ fatuarum mulierum* (1). Droyn a fait une imitation, une traduction fort libre.

L'auteur réunit un grand nombre de femmes et il les embarque sur une petite escadre formée de onze navires ; autant de nefs, autant d'exhortations, autant d'invitations. Les vers de Droyn sont de dix, de huit, quelquefois de quatre et de trois syllabes. Transcrivons le début de son invitation aux *Folles qui aiment éperduement les odeurs*.

> Venez folles hastivement,
> Qui odorez bonnes saveurs,
> Et portez en habillement
> Robes de diverses couleurs ;
> Venez, apportez vos odeurs,
> Et vos poudres de violettes ;
> Venez, venez, mes bonnes sœurs,
> Sortez toutes de vos chambrettes.

BANQUET DU BOYS (LE).

S. l. n. d. (vers 1500), in-4, 6 ff.

Ce « petit traittie ioyeux », composé de 53 strophes de 7 vers, est d'une rareté extrême ; nous ne le trouvons sur aucun catalogue ; il en a été fait à Chartres, en 1838, une réimpression à 25 exemplaires seulement. La dernière strophe donnera une idée de cette composition :

> Or ca mon liure si vis baptisari
> Si dy volo : et on te nommera.
> Quo nomine vis ergo vocari.

---

1. Voir Prosper Marchand, *Dictionnaire historique*, art. Droyn, t. I, p. 219, et Hummel, *Neue Bibliothek von seltenen Büchern*, cah. VI, p. 173-181.

Il est muet et mot ne sonnera.
Au fort aller qui le demandera
Sans tant tenir les chiens aux abois,
Vela son nom, c'est le bancquet du bois.

BAUDOUYN, COMTE DE FLANDRES (*Le Livre de*).

Lyon (Barthélemy Buyer), 1478, in-fol. 4 et 91 ff. (1).

Le *Manuel* ne cite que deux adjudications (179 fr. La Vallière ; 102 fr., exemplaire défectueux, Scherer), et il ajoute : « On le payerait de 1,500 à 2,000 fr. aujourd'hui. » De fait on l'a payé bien plus cher, car un exemplaire, relié en veau, s'est élevé à 4,300 fr. à la vente Solar, n° 1882. Le duc de La Vallière avait obtenu un double de la Bibliothèque impériale (t. 2, 195, au catalogue imprimé in-folio). On ne connaît en France que ces deux exemplaires. Un relié en maroquin est porté à la *Bibliotheca Duboisiana*, t. 3, n° 4171.

— Chambery, Anthoine Neyret, 1484, in-fol., 69 ff. à 30 et 31 lignes.

C'est le premier livre connu imprimé en cette ville. Un exemplaire payé 72 fr. La Vallière, 20 l. st. 10 sh. White Knight. (A. Neyret était un Lyonnais; une des rues de la ville porte ce nom.)

---

1. Barthélemy Buyer, le plus ancien personnage dont le nom se trouve sur des livres imprimés à Lyon, ville où la typographie offrit tant d'activité au XVe et au XVIe siècle, mérite quelques détails.

Quelques bibliographes ont pensé que, membre d'une famille consulaire dont le nom figure, dès le XIIIe siècle, dans l'administration lyonnaise, Buyer avait été imprimeur. Plusieurs éditions du XVe siècle lui donnent ce titre, mais en ajoutant que l'ouvrage a été imprimé *à sa requeste*. M. Auguste Bernard (*Origine de l'imprimerie*, t. 2, p. 342) regarde comme certain que Buyer ne fut jamais typographe, et que c'est Guillaume Le Roy qui a imprimé tous les livres souscrits du nom de son patron ; Buyer n'a point pratiqué par lui-même ; il a été seulement l'associé, le bailleur de fonds de Guillaume Le Roy. Il mourut sans doute en 1483, car son nom ne figure plus nulle part après cette date. Son jeune frère, Jacques Buyer, hérita de ses goûts littéraires et typographiques, peut-être de son imprimerie. En 1487, il publia le *Grant Vita Christi* de Ludolphe, à la fin duquel on lit : *Imprimé en la cité de Lyon, par maistre Jaques Buyer, bachelier en chacun droyt citoyen et Mathieu Hus de la maison dallemaigne imprimeur.* C'était d'ailleurs un personnage considérable, qui de 1491 à 1509 fut plusieurs fois conseiller de ville, et son imprimerie était habilement dirigée, ainsi qu'on peut s'en convaincre en regardant le *Tractatus corporis Christi*, mis au jour vers 1495, et qui offre trois caractères gothiques de différentes grosseurs et parfaitement combinés.

Notons en passant que le premier livre imprimé à Lyon avec date certaine est le *Compendium* de Lothaire, diacre (depuis pape sous le nom d'Innocent III). C'est un petit in-4 de 82 feuillets.

— Chambery, 1485, A. Neyret, 66 ff. à 32 lignes.

Le *Manuel* décrit cette édition, qui est très-réelle et qui démontre quel succès s'attacha à ce roman, publié deux fois en deux ans.

Un exemplaire incomplet de 2 ff., 16 l. st. 5 sh. Heber; avec un feuillet refait, 540 fr. Essling, n° 285 (relié en maroq. vert par Bauzonnet); 700 fr. Giraud (riche reliure de Kœhler), n° 1901; 1250 fr. Solar, n° 1883 (exempl. Giraud).

La Bibliothèque impériale possède des exemplaires des deux éditions de Chambéry (on lit de Genève dans le *Manuel*, par suite d'une faute d'impression).

— Lyon, 1484, in-fol., 98 ff.

Un exemplaire à la Bibliothèque de Bruxelles. On ne cite aucune adjudication.

Voir les *Mélanges d'une grande bibliothèque*, t. 5, p. 102-126; la *Bibliothèque des Romans*, février 1781, p. 88; Dunlop, *History of fiction*, t. 1, p. 388.

Cette narration avait d'ailleurs tout ce qu'il fallait pour charmer les lecteurs du XVe siècle; ils respiraient à peine en apprenant que le comte de Flandres avait douze ans cohabité avec un démon transformé en femme; le pape lui avait enjoint de faire, en expiation, le pèlerinage de la terre sainte, expédition qui amène de grandes vicissitudes dans l'existence de Baudouin; il devient empereur de Constantinople, mais il tombe ensuite au pouvoir des Sarrasins et passe vingt-cinq ans dans une dure captivité. MM. Serrure et Voisin ont publié à Bruxelles, en 1836, une édition nouvelle (mais dépourvue de notes) de ce roman, qu'il ne faut pas confondre avec *Li Romans de Baudouin de Seboure*, poème du XIVe siècle resté inédit jusqu'en 1841, où il fut imprimé à Valenciennes. Voir le *Bulletin du Bibliophile*, 1845, p. 396.

Le *roman* de Baudouyn vient d'être l'objet d'une appréciation intéressante de la part de M. Saint-Marc Girardin dans la *Revue des Deux-Mondes*, 1er octobre 1864, p. 714-719.

BEAUNAY (JEAN DE). *Doctrinal des prudes femmes en rimes.*

Lyon, Olivier Arnoullet, s. d., in-8.

Nous mentionnons cet ouvrage parce qu'il figure dans le *Repertorium* des éditions du XVe siècle d'Haïn, mais le *Manuel* fait observer avec raison que ce livre, qu'on ne retrouve plus et dont l'existence n'est constatée que par la mention qu'en fait Du Verdier dans sa *Bibliothèque françoise*, a dû paraître plus tard.

BELLE DAME (LA) QUI EUT MERCY.

S. l. n. d. (Lyon, caractères de P. Mareschal et B. Chaussard vers 1500), in-4, 8 ff.

Opuscule en vers, contre-partie de la *Belle Dame sans mercy*, d'Alain

Chartier. M. Paulin Pâris (*Manuscrits français*) en signale une copie à la Bibliothèque impériale.

> Un exemplaire, le seul à notre connaissance qui figure sur un catalogue particulier, se trouve sur celui de M. Cigongne, n° 551. Une autre édition, s. l. n. d., in-4, 10 ff., est au catalogue de la Bibliothèque impériale.

BENOIST (*La Règle de saint*), traduit par Guy Juvénal.

S. l., 1500, Paris, Geoffroy Marnef, in-4, 62 et 3 ff.

> Un exemplaire sur vélin, acquis en 1816, est à la Bibliothèque impériale; Van-Praët le décrit, t. 2, p. 32. Un exemplaire sur papier, relié en maroq., 86 fr. Bergeret, en 1859.

Le traducteur, né au Mans en 1460, élu abbé de Saint-Sulpice à Bourges en 1497, est mort en 1503.

Le catalogue La Vallière présente, n° 1114, un manuscrit sur vélin d'une traduction plus ancienne, faite au XIVe siècle. Elle commence ainsi : « Escoute, fille, les commandemens de ton maistre et incline loreille de ton cuer. » Le mot *fille* montre que ce travail était destiné à une abbaye de femmes.

BERNARD (Saint). *Belle Doctrine et enseignement envoyé à Ramon, cheualier, seigneur du chasteau Ambroise.*

S. l. n. d. (vers 1495), in-4, 4 ff.

Nous mentionnons cet opuscule d'après le *Manuel*, lequel y signale ces deux dictons.

> Fame ioenne et putain mettra a nient toute richesse ;
> Fame vielle et putain on la desvroit enseuelir toute viue.

Le mot regardé aujourd'hui comme grossier et qui revient en ces adages se maintint sans choquer personne jusque vers le règne de Louis XIV. On le rencontre dans des pièces de théâtre et même dans des sermons imprimés de 1610 à 1640.

—— *Sermon de la misere et cecité humaine.*

Genesue, s. d. (fin du XVe siècle), in-4, 4 ff.

> Opuscule que n'ont pas cité les bibliographes genevois. On y trouve une grande lettre ornée et les caractères du *Fasciculus temporum*, imprimé par Louis Cruce, dit Garbin. Un exemplaire relié en maroquin est porté au prix de 150 fr., cat. Potier, 1863, n° 200.

BESTIAIRE DAMOURS, *moralisé sur les bestes et Oyseaulx, le tout par figure et hystoyre.*

Paris (marque de Trepperel, s. d., vers 1500), in-4, 28 ff.

C'est une imitation en vers du *Bestiaire* en prose, composé vers le milieu du XIIIe siècle, par Richard de Fournival. Voir les *Notices et extraits des manuscrits*, t. 5, p. 276.

M. Paulin Pâris décrit un manuscrit de l'œuvre de Fournival, que possède la Bibliothèque impériale, n° 7019-3.

Une notice curieuse de M. C. Hippeau sur les *Bestiaires, volucraires et lapidaires du moyen âge*, se trouve en tête du *Bestiaire divin* de Guillaume, clerc de Normandie, publié en 1852 par ce savant dans les *Mémoires de la Société des antiquaires de Normandie*; il y en a des exemplaires tirés à part.

Un autre Bestiaire en vers par Guillaume le Normant a été analysé par l'abbé de la Rue, *Bardes, Jongleurs et Trouvères*, t. 3, p. 17. Voir aussi Paulin Pâris, t. 7, p. 207.

BEUFVES DE HANTOUNE.

Paris, Verard, s. d., in-fol., 4 et 126 ff.

> Haïn range parmi les éditions du XVe siècle cette édition, que le *Manuel* signale comme étant du commencement du XVIe. Nous ne la voyons citée sur aucun catalogue de vente. Une édition de Michel Le Noir, 1502, est aussi extrêmement rare. On en trouve un exemplaire au catalogue Cigongne, n° 1844.

Ce roman a pour base une chanson de geste en 18515 vers, composée par Pierre du Riez (voir de la Rue, *Bardes et Jongleurs*, t. 3, p. 172); elle subit quelques remaniements; un manuscrit provenant de la reine Christine est à la bibliothèque du Vatican. Voir la *Bibliothèque des Romans*, janvier 1777, les *Mélanges tirés d'une grande bibliothèque*, t. 12, p. 359; Reiffenberg, dans son édition de Philippe Mouskes, t. 2, p. CLXXXIII; l'*Histoire littéraire de la France*, t. 18, p. 730.

M. du Roure (*Analecta-biblion*, t. 1, p. 117-119) donne une analyse des aventures de Beufves de Hantone, fils d'un vieux seigneur empoisonné par une jeune épouse; après de nombreux exploits en Orient, et après avoir vengé son père, il finit par se faire ermite.

Dès 1480, on imprima à Bologne un poëme de *Buovo d'Antona*, qui n'avait alors que 940 octaves, mais qui s'éleva bientôt à 1365 et qui obtint de nombreuses éditions (voir Melzi, *Storia degli romanzi*, p. 10-17). Les Anglais eurent de leur côté, dès le commencement du XVIe siècle, *Syr Bevis of Hampton*, qui fut plusieurs fois réimprimé.

BIBLE. *Les Livres de l'Ancien Testament*, historiés en françois par frère Julien Macho et Pierre Forget (1).

---

1. Il serait à désirer qu'il parût sur les traductions complètes ou partielles de l'Ecriture sainte en français un travail analogue à celui que le docteur Cotton a

In-folio à deux colonnes, mêmes caractères que ceux dont Barthélemy Buyer, de Lyon, a fait usage pour l'impression du Nouveau Testament. (Sans lieu ni date.)

C'est plutôt un abrégé de l'Écriture sainte qu'une traduction littérale.

<blockquote>Un exemplaire relié en maroq., 80 fr. Gaignat, et 100 fr. La Vallière. Depuis, il ne s'en est plus montré dans les ventes.</blockquote>

— S. d., caractères de Verard, à Paris, 168 ff.

<blockquote>Le *Manuel* n'indique aucune adjudication.</blockquote>

— S. d., Paris, J. Trepperel, in-4.

<blockquote>Un exemplaire richement relié par Duru, 8 l. st. 10 sh. Libri, en 1859, n° 321. L'édition est signalée comme inconnue aux bibliographes.</blockquote>

BIEN AVISÉ, MAL AVISÉ.

Paris, Pierre Le Caron, pour Antoine Verard, vers 1498, in-fol.

<blockquote>Un exemplaire sur papier fut adjugé à 695 fr. à la vente Soleinne, n° 595 : c'est celui de la vente La Vallière. Il est entré dans la bibliothèque Cigongne (n° 1433). Un autre exemplaire, après avoir été payé 401 fr. vente Mac-Carthy, est entré dans la bibliothèque de M. de Bure, et à sa vente, faite en 1857 (n° 756), il a été adjugé à 1,405 fr. Un troisième, quoique piqué et raccommodé, s'est élevé à 1,000 fr. à la vente A. Bertin, n° 665. Un exemplaire sur vélin, provenant de la bibliothèque de Chastre de Cangé, est à la Bibliothèque impériale (laquelle possède aussi un des quatre exemplaires connus sur papier). Van-Praët en donne la description, t. 4, p. 220.</blockquote>

C'est une production dramatique. L'*Histoire du théâtre françois*, par les frères Parfaict, t. 2, p. 102, en donne une analyse assez étendue.

La *Bibliothèque du Théâtre françois*, 1756, t. 1, p. 3, dit fort peu de chose de cette production, où figurent 57 personnages parmi lesquels on distingue Oisiveté, Humilité, Contrition, Rébellion, Sans-trône, etc.

On trouvera dans le *Dictionnaire des Mystères*, rédigé par le comte de Douhet (Migne, 1854, gr. in-8, col. 201 et suiv.), des détails sur ce mystère, empruntés surtout au travail des frères Parfaict.

---

effectué pour l'Angleterre : *List of the editions of the Bible*. Oxford, 1852. C'est une lacune à combler dans la science des livres. Observons en passant que M. Reuss a inséré dans la *Nouvelle Revue théologique* (publiée à Strasbourg) une étude sur les versions françaises de la Bible. Il les regarde comme fort défectueuses, les catholiques aussi bien que les protestantes ; sur seize il n'y en a que sept qui aient été faites d'après les textes originaux, et elles fourmillent d'inexactitudes.

BLASON (LE) *de toutes armes et ecutz tres necessaire utile et prouf-fitable a tous nobles seigneurs.*

  Paris, Pierre Le Caron, 1495, in-8, 40 ff. Il y a une autre édition s. l. n. d. également de 40 ff. et qui porte la marque de Le Caron.

  Ni l'une ni l'autre ne paraît avoir passé en vente publique. L'auteur se désigne sous le nom de « Sicille, hérault à tres puissant roy Alphonce Daragon. » Il a composé un autre Traité du même genre. M. J. Guignard, dans sa *Bibliothèque héraldique* (Paris, 1862, in-8), signale neuf éditions différentes du *Blason des armes*.

BOCASSE (sic). *Le Livre de la louenge et vertu des nobles et cleres dames.*

  Paris, Verard, 1493, in-fol., 144 ff.

  Le *Manuel* ne signale qu'une seule adjudication de ce livre rare ; 3 liv. st. 6 sh. Hibbert. Un très-bel exemplaire sur vélin, qui a été offert à Charles VIII, est conservé à la Bibliothèque impériale ; Van-Praët le décrit, t. 5, p. 160.
  Deux autres exemplaires se trouvent, l'un au Musée britannique, l'autre chez lord Spencer.
  Cette traduction, due à un écrivain anonyme, fut faite d'après l'ordre d'Anne de Bretagne.
  Notons en passant qu'un exemplaire de l'édition de Paris, 1538, fut payé 78 fr. (mar. rouge) Solar, n° 3114.
  La Bibliothèque impériale possède trois manuscrits d'une traduction anonyme de cet ouvrage, n°s 6801, 7082 (un des plus beaux qu'il y ait dans cet établissement) et 7083. Voir l'ouvrage de M. Paulin Pâris, t. 1, p. 268 ; t. 5, p. 120.

BOCCACE. *Les Cent Nouvelles*, traduit par Laurens du Premierfait.

  Paris, Verard, 1485, in-folio.

  C'est le plus ancien livre publié chez Verard avec une date certaine. Le *Manuel* le décrit d'après un exemplaire imparfait du titre, et il n'en cite qu'une seule adjudication, 79 fr. en juillet 1832, vente Poncelet, n° 2216 ; une note du libraire Merlin dit que c'est le seul exemplaire qu'il ait jamais vu. Un bel exemplaire irait peut-être en vente publique à un millier de francs. On en rencontre un au catalogue de la Bibliothèque du roi, n° 2999.

  Verard a réimprimé cet ouvrage vers 1504 ; la Bibliothèque impériale possède un exemplaire sur vélin (voir Van-Praët, t. 4, p. 283) de cette édition, dont nous n'avons pas à nous occuper.
  La traduction n'est pas exacte ; elle a été faite sur une version latine, œuvre, circonstance assez singulière, d'un cordelier nommé Antoine

d'Aresche, et parfois aux récits de Boccace on en a substitué d'autres. Le travail de Laurent du Premierfait a cependant été réimprimé en 1521, 1534, 1537 et 1541, et jusqu'à la publication en 1545 de la version d'Antoine Le Maçon, elle a seule fait connaître au public français les ingénieuses fictions du conteur florentin.

Un manuscrit sur vélin de cette traduction est indiqué au catalogue Du Fuy, n° 2245, comme portant la date de 1414 et étant orné de très-belles miniatures ; adjugé à 100 livres.

La Bibliothèque impériale possède trois manuscrits de cette traduction, n°s 6798-3, 6887 et 6887-2.

BOCCACE. *De la Ruyne des nobles hommes et femmes.*

Bruges, Colard Mansion, 1476, in-fol.

> Premier livre imprimé à Bruges avec date. On en connaît huit ou neuf exemplaires : 1° 24 fr. Gaignat, n° 3492 ; acquis en 1756, à la vente du prince d'Isenghien, au prix de 60 livres, n° 1973 (1) ; il est resté dans la bibliothèque du roi George III, donnée par George IV au Musée britannique ; 2° 141 fr. La Vallière, n° 5607 ; il a passé dans la Bibliothèque impériale de Vienne ; 3° 244 fr. Deys, n° 25, à Bruges en 1829, acquis par la Bibliothèque municipale ; 4° 5 liv. st. 18 sh., exemplaire incomplet, Heber (cet exemplaire, circonstance étrange, avait été trouvé à Calcutta par le frère d'Heber (2) ; 5° 1,858 fr., avec 4 feuillets refaits à la plume, Borluut ; 6° l'exemplaire de Van-Praët, ayant appartenu

---

1. Consulter au sujet de cette vente une notice curieuse dans le *Bulletin du Bibliophile*, 3ᵉ série, p. 722.

2. M. J. Ch. Brunet, dans son travail *sur les éditions originales de Rabelais* (1852, p. 53), mentionne la trouvaille faite à Philadelphie, chez un amateur américain, par un bibliophile français, d'un ouvrage imprimé à Paris en 1519, mais qui ne s'y rencontre plus : *la Généalogie du grant Turc*, 1535. Et l'exemplaire *unique* des Œuvres de Molière (Paris, 1682, 8 vol. in-12), sans cartons, ne revenait-il pas de Constantinople lorsque M. de Soleinne en fit l'acquisition ? (Voir le catalogue de cet amateur, n° 1305.) Nous ignorons ce qu'il fut alors payé, mais à la vente Soleinne il fut adjugé à 800 fr., et quelques années plus tard il était payé 1210 fr. à la vente A. Bertin, n° 838. Les Molières tiennent une grande place dans les fastes de la bibliomanie ; au mois de mai 1864, à la vente de M. Ch. Pieters, à Gand, un exemplaire en 5 vol., petit in-12, *non rogné*, du Molière imprimé à Amsterdam par Le Jeune (c'est-à-dire par D. Elzevier), s'est élevé à 5,200 fr. Quelques personnes ont pensé que c'était payer un peu cher un ou deux centimètres de marge de papier blanc. Nous ne sommes pas de leur avis. Un livre *unique* se recommandant par deux noms immortels, chacun en son genre, n'est pas cher, même à 1,000 fr. le volume. N'avons-nous pas battu des mains lorsqu'à la vente Solar nous avons vu une édition du *Pantagruel* (petit volume de 103 p.) s'adjuger à 2,220 fr., et le *Gargantua* publié par Dolet, un in-16, monter à 2,150 fr.?

successivement à Guyon de Sardière et au baron d'Heiss ; 7° celui de la Bibliothèque impériale, ayant appartenu à Louis XII.

Van-Praët (*Notice*, p. 30) signale trois autres exemplaires portés sur d'anciens catalogues et dont le sort est inconnu.

La Bibliothèque de la ville de Bruges a deux exemplaires de ce livre, et ils offrent des différences qui permettent de reconnaître l'existence de deux tirages différents. Dibdin (*Voyage bibliographique*, t. 3, p. 287) dit que les gros caractères de cette édition sont parfaitement semblables à ceux qu'il a publiés dans la *Bibliotheca Spenceriana*, t. 1, p. 281, et que l'exemplaire de la Bibliothèque du Roi (à Paris) est d'une beauté remarquable sur papier fort et collé. Il provient du château de Blois et il a appartenu à Louis XII.

Cette traduction est très-vraisemblablement celle qu'on sait avoir été faite en 1458 par Pierre Favre, curé d'Aubervilliers ; c'est un commentaire plutôt qu'une version.

— Lyon, Mathis Husz et Jean Schabeler, 1483, in-fol.

L'auteur du *Manuel* regarde comme probable que cette édition reproduit le texte de l'édition antérieure ; c'est ce qu'il serait facile de vérifier si l'on pouvait se procurer l'un et l'autre volume ; 23 fr. Heiss, en 1784 ; 260 fr. Coste, n° 2505 (belle reliure de Bauzonnet en maroquin).

Cet ouvrage fut fort goûté au XVe siècle ; la Bibliothèque impériale possède une vingtaine de manuscrits de la traduction de Laurent du Premierfait, laquelle fut imprimée à diverses reprises après 1501, avec un changement de titre.

—— *Des Cas et ruines des nobles hommes et femmes*, translaté par Laurent du Premierfait.

Paris, Jean Dupré, 1483, in-fol.

Le *Manuel* ne cite qu'une seule adjudication, celle de la vente La Vallière, en 1784 ; 33 fr. seulement.

Un très-bel exemplaire sur vélin est à la Bibliothèque d'Iéna. Celui de la Bibliothèque impériale, que décrit Van-Praët, t. 5, p. 157, ne contient que les 4 derniers livres.

Cette traduction, tout à fait différente de celle publiée par Colard Mansion, commence ainsi : « Avant je considere et pense en diuerses manieres les plourables malheurtez de noz predecesseurs. »

— Paris, A. Verard, 1493, in-fol.

Le style a été rajeuni, le prologue a été modifié, le nom du traducteur a été supprimé.

Un exemplaire sur vélin, 360 fr. La Vallière ; un autre, 43 liv. st. Pâris, en 1789 ; 1,550 fr. Mac-Carthy, acquis par la Bibliothèque impériale et décrit par Van-Praët, t. 5, p. 159 ; un autre exemplaire sur vélin à la Bibliothèque de l'Arsenal ; Van-Praët en parle, 2e catal.,

t. 3, p. 105. Un sur papier est porté à 5 guinées sur un catalogue de Payne et Foss, 1829. Le seul que l'on rencontre comme ayant passé aux enchères est celui de La Vallière, relié en maroquin et réglé, 60 fr. seulement; il vaudrait aujourd'hui dix ou quinze fois autant.

Le prologue adressé à Charles VIII débute ainsi : « Selon raison et bonnes meurs lhomme soy exercant en aucune vertu peut honestement muer son conseil de bien en mieulx attendu la mutacion des choses. »

Cet ouvrage du célèbre Italien présente sur la mythologie des aperçus puisés à des sources peu connues, et il n'est pas indigne d'attention.

—— *De la Genealogie des dieux*, translaté en françoys.

Paris, Verard, 1498, in-fol.

> 6 fr. 50 seulement La Vallière; 2 liv. st. 15 sh. Hibbert; 3 liv. 5 sh., maroquin, Heber; mis à 550 fr. sur un catalogue du libraire Potier en 1860.
>
> Un exemplaire sur vélin, orné de miniatures, s'est successivement adjugé à 31 liv. st. 10 sh. Pâris; 465 fr. Mac-Carthy; 52 liv. st. 10 sh. Hibbert; 2,300 fr. Essling, nº 137; 5,900 fr. Libri Carucci en 1855, nº 1267.

BOECE. *De Consolacion de phylosophye*.

Bruges, Colard Mansion (1477), in-fol., 279 ff.

> On n'a pas vu passer en vente d'exemplaire de ce livre rarissime.

Il y en a une description dans la *Bibliotheca Spenceriana*, t. 1, p. 271, qui en donne un fac-simile. Van-Praët en parle avec détail dans sa *Notice sur Colard Mansion* (p. 31-36); le traducteur dit qu'il a entrepris son œuvre pour consoler les personnes qui souffrent des malheurs des temps. « Leglise et les suppos dicelle sont jrreuerament traicttiez. Et les nobles pour la variation et jnstabilite aucuns sont deffoulez et vilipendez de pluseurs. Et le petit peuple ne setz ou il doit recourre a vraye fiance pour auoir ayde et ainsi se joue fortune a present. Pour laquele plus legierement soustenir jusques a ce quil plaira nostre benoit Sauueur y prouueoir par sa grande prouidence. O vous hommes de tous estas desolez lisiez et relisiez ceste translacion et vostre pensee adioustee vous y trouuerez grant repos et despriserez les jeus de fortune et ses agas. Et vous adherderez à la vraye felicite souueraine et metterez en nonchaloir les biens transittoires de ce monde qui sont soubz la dition dicelle fortune comme fist boece. »

> On connaît cinq exemplaires : celui de la Bibliothèque impériale, fort beau, acquis en 1794; celui de Van-Praët, provenant de la collection Vander Cruyce, de Lille; celui de la ville de Bruges, donné par Van-Praët; celui de lord Spencer, décrit dans la *Bibliotheca Spenceriana*, t. 1, p. 211; celui qui fait partie de la bibliothèque de Van-Hulthem, de Gand, acquise par le gouvernement belge.

— Paris, Antoine Verad (*sic*), 1494, in-fol.

170 fr. Borluut, 4 liv. st. 19 sh. Libri en 1859, n° 374 (exemplaire relié en vélin).

Un exemplaire sur vélin à la Bibliothèque impériale; il est décrit au catalogue de Van-Praët, t. 3, p. 21 ; c'est celui qui fut offert à Charles VIII ; un exemplaire sur papier se trouve à la Bibl. de La Haye (catal., p. 429).

L'édition de Verard reproduit celle publiée à Bruges. Elle ne fut pas faite sur le texte latin de Boèce, mais d'après un commentaire en la même langue de Regnier de Saint-Tradour; elle peut très-bien avoir été l'œuvre de Colard Mansion lui-même.

— En vers français, s. l. n. d., in-folio. Caractères employés à Lyon à la fin du XVe siècle.

Edition décrite au *Manuel* d'après l'exempl. de la Bibliothèque impériale.

L'auteur est peut-être Charles d'Orléans (voir Paulin Pâris, *Manuscrits françois*, t. 6, p. 275); il dit qu'il connaissait déjà une traduction en prose, mais qu'elle lui a paru trop rude, ce qui l'a engagé à entreprendre la sienne. Il existe à la Bibliothèque de Dresde un exemplaire auquel manquent les trois feuillets préliminaires.

— S. l. n. d., vers 1485, in-fol.

220 fr. Coste, n° 279 (bel exemplaire relié en mar. vert par Bauzonnet).

— S. l. n. d., vers 1490, in-fol., 47 ff. à 35 lignes.

Un exemplaire, 28 fr. La Vallière, n° 1276.

— S. l. n. d. (vers 1490), in-fol., 47 ff. à 31 et 32 lignes (à la Bibliothèque impériale).

On trouve à la Bibliothèque impériale des manuscrits de diverses traductions anonymes différentes ; il y en a aussi de celle de Jean de Meung et de celle de Reynaud de Louens, n° 7071-2 à 7072-3. Voir l'ouvrage de M. Paulin Pâris, t. 5, p. 43, et t. 6, *passim*.

BONAVENTURE (Saint). *L'Aguillon damour divine*, traduit par J. Gerson.

Paris, Pierre Le Caron, 1494, in-4, 100 ff.

Le titre nous apprend que ce livre du *docteur seraphic* a été translaté par de bonne mémoire maistre Jehan Gerson, à l'instruction de sa sœur et de sa fille de confession.

Nous indiquons la date de 1494 d'après la supposition très-vraisemblable du *Manuel;* la date indiquée sur le volume est mil CCCCXXXX et XIIII, soit 1454, ce qui est absurde; la Caille, Maittaire et autres bibliographes ont adopté la correction de 1474, d'où il résulterait que ce serait le premier livre français imprimé à Paris, ce qui n'est nullement probable.

Une autre édition, s. d. (vers 1498), avec la marque de Le Caron, in-4, 99 ff.

> La Bibliothèque impériale en possède un exemplaire sur vélin. Voir Van-Praët, t. 1, p. 318. On connaît deux autres éditions du XVe siècle ; l'une, s. l. n. d., in-4°, 126 ff.; l'autre, Paris, Michel Le Noir, 1499, in-4°, 100 ff. On trouve parmi les manuscrits de la Bibliothèque impériale des copies de la traduction de Simon de Coucy, n°s 7275 et 7275-3. Voir Paulin Paris, t. 7, p. 258. On a révoqué en doute que cet ouvrage fut réellement de saint Bonaventure ; il est compris dans le recueil imprimé de ses Œuvres.

—— *Les Temptations de lennemy auec le traitie de contemplation et les institutions monseigneur sainct Bonauenture.*

(Vers 1500), Paris, Verard, librare (*sic*), 64 ff.

> Un exemplaire sur vélin à la Bibliothèque impériale ; Van-Praët, t. 1, p. 318, le décrit.

—— *Meditacions sur le* Salve Regina, *translatées par maistre Iehan Ierson.*

S. l. n. d. (Lyon), in-4, 5 ff.

> Un amateur lyonnais, M. Gonon, avait un exemplaire de cet opuscule, à ce que nous apprend M. Péricaud (*Bibliogr. lyonn.*, p. 39) ; peut-être est-ce le même que celui que nous trouvons au catal. Coste, n° 86, 37 fr., relié en maroquin.

BONNOR (Honoré). *L'Arbre des batailles.*

S. l. n. d., in-fol., 175 ff., caractères qui paraissent ceux qu'employait Barthélemy Buyer à Lyon, vers 1480.

> Le seul exemplaire qui paraisse avoir passé dans les ventes est celui de Bergeret, en 1858 (n° 1218, relié en veau). Il a été payé 400 fr., quoique piqué et incomplet d'un feuillet.

— Lyon, 1481, in-fol., 123 ff.

> 23 fr. Brienne, en 1797 ; 12 liv. st. Roxburghe, en 1812. L'exemplaire de la Bibliothèque impériale n'a point de titre.

— Paris, Verard, 1493, in-fol., 155 ff.

> 49 fr. d'Ourches en 1811 (relié en veau), n° 1005 (1) ; 240 fr.

---

1. Le catalogue d'Ourches, rédigé en 1811 par M. Brunet, auteur du *Manuel du Libraire*, est digne de toute l'attention des connaisseurs. Il serait difficile de

Duriez en 1827 (relié en veau), n° 2787; 210 fr. Essling, n° 146 (exemplaire relié en cuir de Russie; incomplet du titre).

La Bibliothèque impériale possède deux exemplaires sur vélin; l'un est celui qui fut offert à Charles VIII ; l'autre, imparfait de deux feuillets, a été acheté 74 fr. vente Mac-Carthy, n° 3431; il avait été payé 54 fr. vente La Vallière (Voir Van-Praët, t. 3, p. 82). Dibdin en parle dans son *Voyage bibliographique*, t. 3, p. 296 : « Fort beau volume. A l'ex-
« ception d'un ou deux feuillets qui sont tachés ou froissés, cet exem-
« plaire est parfait. Les feuillets Diiij à Ej sont un modèle d'impression
« sur vélin qu'il est impossible de surpasser; les gravures sont colo-
« riées à la manière hardie et brillante de cette époque. »

— Paris, Jean Dupré, 1493, in-fol., 92 ff.

Un exemplaire, porté à 12 guinées sur un catalogue du libraire Thorpe, de Londres, en 1831, est très-probablement celui que nous retrouvons dans la *Bibliotheca Grenvilliana* (part. 1, p. 32).

Bonnor était un Provençal, religieux de l'abbaye des îles Barbe. Il écrivit son *Arbre des batailles* par ordre de Charles V, à qui il le dédia.

Une traduction en langue provençale, faite en 1429, est restée inédite.

La Bibliothèque impériale conserve plusieurs manuscrits de *l'Arbre des batailles*, n°s 7077, 7125-2 et 7125-3. Voir Paulin Pàris, t. 5, p. 101 et 307.

L'auteur nous apprend que la première bataille fut livrée au ciel entre les anges et les démons. Il entre ensuite dans de longs détails au sujet des visions des anges de l'Apocalypse; il raconte les guerres des Romains, et ce n'est qu'après tous ces préliminaires qu'il aborde son sujet. Voici les sommaires de quelques chapitres :

Comment de vrais pelerins ne peuvent par voye de guerre estre emprisonnez.

Si en temps de guerre lasne doit aussi le previlege du beuf.

Si ung roy ou ung prince crestien peut donner sauf conduit à ung aultre Sarrazin.

Quelle chose est plus expediente à faire bataille ou en ieun ou apres mangier.

Si champ de bataille se peult deuement faire deuant une dame.

Si l'eglize peut ordonner guerre contre les juifz.

Si ung aueugle en fait de guerre peut estre prisonnier.

Si ung euesque dangleterre peut estre emprisonne par ung francoys.

Le livre se termine par un traité de blason.

L'Arbre des batailles a quatre branches : l'Eglise en schisme; les rois en guerre; les grands en dissension; les peuples en révolte. Mais après avoir tracé cette division un peu arbitraire, l'auteur ne s'en occupe plus.

---

trouver une plus admirable collection de classiques et de précieuses éditions des auteurs grecs et latins. En revanche, presque rien en fait de vieux poëtes français, de facéties. Les goûts ont changé depuis un demi-siècle.

Le traité *de Re militari*, de R. de Puteo (Naples, vers 1471, in-fol.), est une imitation de *l'Arbre des batailles*; c'est également un traité des tournois et des combats singuliers.

BOOK FOR TRAVELLERS, Westmestre. In-folio (1).

Malgré son titre anglais (qui se traduit par *Livre pour les voyageurs*), ce livre, étant en grande partie en langue française, doit trouver place ici. C'est un vocabulaire français et anglais.

> Un exemplaire, qui avait été payé 100 guinées, est décrit dans la *Bibliotheca Spenceriana*, t. 4, p. 319 ; c'est le seul complet que l'on connaisse. Un autre, ayant quelques feuillets refaits à la plume, est dans la bibliothèque du duc de Devonshire. La souscription est conçue en ces termes :
>
>> Cy fine ceste doctrine
>> A Westmestre les Loundres
>> En forme impressee
>> En le quelle ung chescun
>> Pourra briefment aprendre
>> Fransoys et anglois.
>> La grace de Sainct Esperit
>> Veul enluminer les cures
>> De ceulx qui le aprendront,
>> Et nous doinst perseverance
>> En bonnes operacions.
>> Et apres ceste vie transitorie
>> La pardurable vye et glorie.

A côté de chaque mot français est l'équivalent anglais. Voici un spécimen :

Pendoyrs de soye	Pendants of silke
Soye vermeille	Reed silke
Verde gaune	Grene yelowe.

BOUTILLIER (JEHAN). *La Somme rurale.*

Bruges, Colard Mansion, 1479, in-fol.

> On ne connaît que quatre ou cinq exemplaires de ce livre. Celui de la Bibliothèque impériale a été acquis, en 1806, à Bruxelles, pour le prix très-modique de 60 fr. M. Van-Praët en avait un qu'il a légué à la Bibliothèque de la ville de Bruges, et qui avait appartenu aux jésuites de Luxembourg; un troisième se trouvait, selon Lambinet (*Origine de l'imprimerie*, t. 2, p. 231), chez M. Lecandèle, à Anvers; un quatrième, qui avait eu pour propriétaire un ancien avocat attaché au bailliage d'une petite ville

---

1. Les anciens livres en langue française exécutés dans les imprimeries britanniques pourraient fournir le sujet d'un travail curieux. L'ouvrage de Britton, recueil de lois rédigé par ordre d'Edouard Ier, vers 1275, et imprimé vers 1535, mériterait d'être examiné au point de vue grammatical, ainsi que celui de Robert Brooke : *le Livre des assises et plees del corone*, Londres, 1580 et 1605, in-fol.

du Hainaut, se trouve chez M. A. Taillandier, conseiller à la Cour de Paris, lequel a inséré à cet égard une lettre dans le *Bulletin du Bibliophile* (1re série, n° 23). Cet exemplaire est dans sa reliure primitive, en veau brun, recouvrant des ais de bois, ce qu'un amateur véritable préférera au maroquin qui habille l'exemplaire de la Bibliothèque impériale. Un exemplaire avec une belle reliure de Niedrée, 3,500 fr. Solar, n° 411, acheté par M. Boone, libraire anglais. Falkenstein (*Geschichte der Buchdruckerkunst*, Leipzig, 1840, p. 259) a donné un fac-simile du caractère semi-gothique employé à l'impression de ce volume. Voir aussi la *Notice* de Van-Praët, p. 38.

— Abbeville, P. Gérard, 1486, in-fol.

Un exemplaire à la Bibliothèque impériale; celui de La Vallière, payé 50 fr., n° 1195, a passé à la Bibliothèque de Vienne; 5 liv. st. Libri, en 1849; 6 liv. st., le même, en 1859, n° 413; 65 fr. A. Bertin, n° 149.

Un exemplaire richement relié par Niedrée est porté sans indication de prix au catalogue de M. Techener, 1855, n° 819.

— Sans nom d'imprimeur, 1488, in-fol.

35 fr. La Vallière, n° 1196, a passé dans la Bibliothèque impériale 315 fr. Garcia, en 1860, mar. bleu, n° 88.

Van-Praët (*Notice sur Colard Mansion*, p. 108 et suiv.) décrit cette édition ainsi que la précédente.

— Paris, Verard, 1491, in-fol.

Edition rare. Le *Manuel* se borne à dire qu'on la cite; nous en trouvons un exemplaire indiqué au catalogue Van Hulthem; Gand, 1836, t. 1, n° 3038 (1).

— Lyon, Jacques Maillet, 1494, in-fol.

290 fr. Coste, n° 233 (reliure de Bauzonnet en maroquin).
Une traduction hollandaise fut imprimée à Delft en 1483.

Voir, à l'égard de Boutillier, Prosper Marchand, *Dictionnaire historique*, t. 1, p. 144;

P. Pâris, *Manuscrits français*, t. 2, p. 187 (la Bibliothèque impériale conserve deux manuscrits de la *Somme*, nos 6857 et 6858);

A. Dinaux, *Trouvères, Jongleurs, etc., du nord de la France*, t. 2, p. 287;

Paillar de Saint-Aignan, *Notice sur Boutillier*, dans la *Bibliothèque de l'Ecole des Chartes*, 2e série, t. 4.

---

1. La bibliothèque de Van Hulthem, le plus intrépide peut-être des collectionneurs belges, a été achetée en bloc, pour la somme de 279,400 fr., par le gouvernement belge, et réunie à la Bibliothèque publique de Bruxelles. Le catalogue, rédigé par M. A. Voisin, forme 6 vol. in-8°, Gand, 1836.

BRANDT (SÉBASTIEN). *La Nef des folz du monde.*

Paris, Jean Philippe, 1497, in-fol.

> Des exemplaires se sont payés 40 fr. vente La Vallière; 160 fr. Cailhava (reliure mar. vert), revendu 265 fr. Giraud, n° 1160, et 190 fr. Solar, n° 1050.
>
> La Bibliothèque impériale possède deux exemplaires sur vélin ; Van-Praët les décrit, t. 4, p. 231 ; l'un est celui qui a appartenu à Louis XII ; l'autre a été acquis en 1817 ; Dibdin en fait mention (*Voyage bibliographique*, t. 3, p. 299, de la traduction française). Le premier a chacune de ses pages enrichie d'une belle miniature avec de grandes marges ; il est du très-petit nombre des anciens livres qui n'ont pas souffert des atteintes des relieurs modernes. Dans le second exemplaire, les gravures sont coloriées ; les marges paraissent avoir été un peu rognées, et le vélin est un peu jaune.

Cette traduction est l'œuvre de Pierre Rivière de Poitiers. Le début donne une idée du style :

> Hommes mortels qui desirez sçavoir
> Comment on peut en ce monde bien viure
> Et mal laisser, approchez, venez veoir
> Et visiter ce présent ioieux liure
> A tous estats bonne doctrine il liure.

L'ouvrage original a été composé en allemand par Sébastien Brandt.

—— *La Grant Nef des folz du monde.*

Lyon, G. Balsarin, 1498, in-fol.

Ouvrage différent du précédent ; il est en prose, et c'est une paraphrase des vers de Rivière.

> Le *Manuel* ne signale qu'une seule adjudication, vente Gaignat, en 1768. On payerait aujourd'hui un bel exemplaire 400 à 500 fr.
>
> Une réimpression, faite en 1499 chez le même libraire, montre avec quelle faveur l'ouvrage fut accueilli. Cette édition ne semble pas s'être présentée aux enchères.

— Paris, G. de Marnef, 1499, in-fol.

> Il existe plusieurs éditions mises au jour au commencement du seizième siècle.

Le poëme de Brandt : *Das Narren Schyff*, si goûté à la fin du XVe siècle et dans le suivant, parut pour la première fois à Bâle, en 1496, in-4. Les réimpressions, les abrégés, les imitations ne manquèrent pas (voir Graesse, *Trésor des livres rares*, t. 1, p. 520). La dernière édition est celle de M. F. Zarncke, Leipzig, 1854, in-8, volume dans lequel on trouve des extraits des deux *nefs* en français que nous venons d'indiquer.

La traduction latine de Locher, imprimée à Bâle en 1497, a elle-même été souvent réimprimée. J. Bade publia à Paris, en 1505, le livre de Brandt, mais en lui donnant une autre forme; cette *Navis stultifera*, divisée en 113 chapitres, est en vers, avec un commentaire en prose au-dessous de la poésie.

Un critique moderne apprécie ainsi cet ouvrage célèbre : « On ne peut refuser au vieux Brandt un esprit philosophique et libéral qui plane sur l'ensemble de la vie humaine et qui tient registre de toutes ses misères. Il n'a ni invention ni images brillantes, mais il abonde en réflexions morales, en sentences rendues avec énergie ; c'est précisément ce qui fit le succès immense de son livre à une époque où le public allemand était raisonneur avant tout, avide de discussion, de doctrine, et nullement de poésie. Le *Bateau des fous* fut lancé en temps opportun, et portait, aux applaudissements et à la risée des fous placés sur le rivage, une grande cargaison de sottises et de vices numérotés et étiquetés. » (*Encyclopédie des gens du monde*.)

Un ouvrage du même genre a paru à Bruxelles en 1669 : *Theatrum stultorum emblematice expressum;* il est de J. de Lenheer.

BRANDT. *Les Regnards traversant les perilleuses voyes des folles fiances du monde.*

Paris, pour Ant. Verard, vers 1500, in-fol.

Il faut observer qu'en dépit du titre, c'est Jean Bouchet qui est l'auteur de cet ouvrage.

Il réclama contre cette supercherie de Verard.

<blockquote>
30 fr. Gaignat, 39 fr. Heiss, 85 fr. Mac-Carthy, 4 liv. st. Heber, 96 fr. mar., quelques feuillets réparés, en 1839; 98 fr. Cailhava; 99 fr., mar. rouge, reliure ancienne, de C., en 1847, n° 165.

La Bibliothèque impériale possède un fort bel exemplaire sur vélin ; Van-Praët le décrit, t. 4, p. 185.
</blockquote>

Les *Renards* sont les vices qui se glissent dans tous les états de la vie. Il y a de l'amertume, surtout contre les femmes, dans ce poëme, qui commence ainsi :

<blockquote>
Emandez vous se ie faiz bone chiere ?
Pensez vous point que toute joye est chiere
Au temps qui court ? Ou auez vous les yeulx ?
</blockquote>

L'auteur s'emporte contre le clergé avec une hardiesse qui prouve que la presse jouissait alors de bien plus de liberté qu'on ne serait tenté de le supposer. Il dit, en s'adressant aux prélats : « Allez vous nus piedz comme les apostres ? vous faictes vous martirer pour soubstenir nostre foy comme eulx ? Certes, non. » Il ne ménage d'ailleurs aucune profession :

<blockquote>
Les nobles font aujourd'hui tant de maulx
A leurs subiects et très-pauvres vassaulx,
</blockquote>

Que l'air en put et le ciel en murmure.
Les juges font de trop villains deffaulx,
Les advocats sont cauteleux et faulx,
Les procureurs font pis, je vous le jure,
Et le marchant, pour bien peu, se parjure.

M. du Roure (*Analecta-biblion*, t. 1, p. 253) donne quelques échantillons des vers et de la prose de Bouchet.

BREYDENBACH (BERNARD DE). *Voyage et pelerinage doultremer au saint sepulchre*, translaté par frere Iehan de Hersin.

(Lyon) 1489, in-fol.

16 fr. La Vallière, n° 4522; 70 fr. Ourches (relié en veau), n° 1192; 7 liv. st. Hanrott; 2 liv. 3 sh. Heber, exemplaire en assez mauvais état; 241 fr. Essling (exemplaire fortement piqué), n° 365, reliure anglaise, mar. vert. Acquis par M. Techener et cédé à M. Payne

Cette édition est décrite en détail dans la *Bibliotheca Spenceriana*, t. 3, p. 216-228.

— Lyon, Michelet Topie et Jacques Heremberck, 1488, in-fol.

50 fr. (mar. bleu) La Vallière, n° 4521; même prix Soubise; 50 liv. st. Roxburghe, en 1812; 11 liv. st. Heber; 150 fr. vente K., en 1836, n° 1099; 221 fr. Cailhava; 601 fr. Essling, n° 364 (mar. puce); revendu 1,110 fr. Borluut; 205 fr. Coste, n° 1195 (exemplaire non relié et incomplet de la vue de Venise).

Le *Manuel*, t. 1, col. 1251, entre dans quelques détails qu'il serait superflu de reproduire. M. Robert-Dumesnil, dans son *Peintre-Graveur français*, t. 6, p. 4, décrit les gravures sur cuivre que renferme ce volume; ce sont des copies des bois de l'édition latine de 1486; elles laissent à désirer sous le rapport de la finesse du travail et de la correction du dessin, et elles présentent quelques différences. Voir aussi Heinecken, *Idée d'une collection d'estampes*, p. 184; Huber et Rost, *Manuel des Curieux*, t. 7, p. 4; la *Revue du Lyonnais*, t. 2, p. 415.

Trois éditions allemandes et trois éditions hollandaises de cette relation virent le jour au XVe siècle. Il en parut une traduction espagnole à Saragosse en 1498.

Nous avons consacré à Breydenbach un article dans le t. 7 de la *Nouvelle Biographie générale*, publiée par MM. Didot. Ce chanoine de Mayence, parti en 1482, débarqua à Venise en 1484, après avoir accompli une pénible et périlleuse pérégrination.

M. Léon de Laborde écrivait, en 1839, dans la *Revue française*, t. 11, p. 191, ces lignes, qui rendent justice au livre du vieux touriste :

« Voilà juste trois cent cinquante ans qu'un voyageur partit d'Europe avec un artiste pour dessiner les vues et les costumes de l'Orient d'après nature. Il est probable que Breydenbach était peu satisfait des Turcs qu'on représentait alors, puisqu'il amena un homme d'autant de talent que le peintre Revwich pour les étudier. En effet, les dessins qu'il a publiés sont aussi différents des peintures et miniatures que nous trouvons dans les tableaux et manuscrits antérieurs à cette époque qu'ils sont supérieurs à ceux qu'on a faits depuis. »

Après avoir reproduit une des gravures représentant des costumes orientaux, M. de Laborde ajoute : « Rapprochons cette gravure de toutes celles qui ont été publiées dans les nombreux voyages où s'échelonnent nos renseignements sur l'Orient depuis trois siècles, et nous verrons que les dessins de Revwich seuls ont quelque originalité, quelque couleur locale, que tous les autres sont des souvenirs arrangés par la mode de chaque époque. »

Consulter également le *Mémoire* (en allemand) de Feuerlin *sur les voyages* de Breydenbach, le *Journal of the royal geographical Society of London*, t. 9, et une notice étendue de M. Moser sur les diverses éditions de ce voyage dans le *Serapeum*, Leipzig, 1842, t. 3, p. 58-84 ; les éditions allemandes et la traduction espagnole sont l'objet de minutieux détails dans ce travail, qui ne s'occupe pas des éditions françaises.

Au milieu de bien des traces de l'ignorance et des préjugés de l'époque, il y a dans cette relation des aperçus judicieux, des détails intéressants.

Sept planches représentent les alphabets arabe, chaldéen, hébreu, etc.

CALENDRIER EN FRANÇAIS (vers 1500).

10 ff. in-12.

> On ne connaît de cette impression xylographique qu'un seul exemplaire sur vélin, qui se trouve dans la riche bibliothèque de lord Spencer ; Dibdin en a donné, dans ses *Ædes Althorpianæ*, t. 2, p. 303, une description que Falkenstein a reproduite dans son *Histoire de l'Imprimerie* (en allemand), 1840, et qu'on rencontre également dans le *Manuel du Libraire* (5ᵉ édition, t. 1, col. 1472). C'est un livret presque indéchiffrable, tant les figures et les cartes sont grossièrement tracées.

CASTEL (JEAN DE). *Le Specule des pecheurs.*

S. l. n. d., in-4, 60 ff. (paraît avoir été imprimé par Verard, à Paris, vers 1495).

> Un exemplaire sur vélin à la Bibliothèque impériale. Van-Praët le décrit, t. 4, p. 168.

L'ouvrage est d'ailleurs digne d'attention. C'est un recueil de poésies curieuses. Dans quelques-unes, le latin est mêlé au français d'une façon bizarre.

> Une autre édition in-4º de 32 ff. est indiquée au *Manuel* (qui signale aussi, d'après le catalogue La Vallière, t. 2, p. 278, une troisième édition indiquée comme imprimée en 1483 par Caillot et Martineau) ; 3 liv. st. Heber, 80 fr. en 1839, 9 liv. st. Libri en 1862.

Le *miroir* dont s'occupe Castel, c'est la mort : chacun doit s'y contempler, surtout les dames et demoiselles, qui y verront ce qu'elles seront un jour. Le poëme est le plus souvent en vers de sept pieds, quelquefois en alexandrins, chose peu commune chez les auteurs de cette époque.

Cet ouvrage est divisé en trois livres. Le premier est intitulé *Le Spécule* (ou miroir) *des pecheurs;* le second, *Lexortacion des mondains tant gens deglise comme seculiers;* le troisième, *Lexemple des dames et damoiselles et de tout le sexe femenin.* Il fut fait « à la requeste de messire Jehan du Bellay, noble homme, euesque de Poictiers. »

CATHOLICON ABBREVIATUM.

S. l. n. d., in-4.

C'est un petit vocabulaire latin-français. Ce volume, ignoré de Maittaire et de Panzer, a été imprimé vers 1500, *in urbe Rothomagensi*, à ce que nous apprend le prologue. Un exemplaire, imparfait à la fin, figure dans la *Bibliotheca Grenvilliana*, part. 2, p. 96.

CATHON, en françois.

S. l. n. d., in-fol. goth., édit. de 30 lignes à la page; caractères semblables à ceux qu'employaient les imprimeurs lyonnais vers la fin du XVe siècle. *Le Manuel*, t. 1, col. 1669, en mentionne un exempl. auquel manquait la souscription.

— Autre édit., 21 ff., 23 lignes, indiquée par Graesse, dans le *Trésor des livres rares,* d'après un exempl. que possède la Bibliothèque de Gœttingue.

— S. l. n. d., in-fol. à 2 col., 28 lignes; un exempl. incomple à l'une des ventes de Bure, en 1834.

— Lyon, 1492, in-4, 77 ff. à 29 lignes.

Le *Manuel* n'en cite aucune adjudication.

Il est peu d'ouvrages qui aient été aussi répandus au moyen âge, aussi souvent reproduits dans le premier siècle de l'imprimerie, que les *Distiques moraux* de Dionysius Cato. Ils ont été longtemps regardés comme le livre que, d'après le témoignage d'Aulu-Gelle (liv. XI, ch. 2), le censeur romain avait écrit pour l'instruction de son fils. Cette opinion ne trouve plus aujourd'hui un seul partisan, mais il n'est pas facile de découvrir l'époque où fut composée cette réunion de préceptes. L'auteur veut montrer l'action de l'enseignement des vérités chrétiennes et l'influence de la sagesse antique. Il y a lieu de supposer, après tout, que la rédaction remonte au IVe siècle. Au XIIe siècle, un moine, nommé Everard, fit de chaque distique un sixain français; plusieurs autres poëtes s'exercèrent successivement sur le même sujet, et le Caton subit toutes sortes de modifications. Les versions en prose du XVe siècle se rapprochèrent davantage de l'original ; il conserva toute sa vogue dans le siècle suivant. On vit paraître, en 1530, les *Quatre livres de Caton pour la doctrine de la jeunesse*, par F. Habert, et, en 1533, les *Mots et Sentences dorés du maître de sagesse Caton*. Consulter d'ailleurs les *Recherches historiques* mises en tête du *Livre des Proverbes français* de M. Le Roux de Lincy.

CENT (LES) NOUUEAULX PROUERBES DOREZ.

Lyon, B. Chaussard (vers 1500), in-8, 16 ff.

Opuscule que nous ne trouvons sur aucun catalogue. Il a reparu sous un autre titre, *les Nouveaulz Proverbes et deviz moralx* (sic), 100 stances de 7 vers ; on en connaît deux éditions du commencement du XVIe siècle. M. G. Duplessis (*Bibliographie parémiologique*, p. 133) ne croit pas que Gringore soit, comme on l'a dit quelquefois, l'auteur de cette compilation ; elle lui semble trop languissante, trop froide. C'est un recueil, non de proverbes comme le titre l'indique, mais de préceptes moraux fort sages, mais vulgaires et exprimés dans un style qui, à la fin du XVe siècle, était déjà vieilli. Un court échantillon suffira :

> Homme n'est pas saige discret scauant
> Qui d'aultruy fait se mesle trop auant,
> Et sans ce que le monde aye en sa garde
> Tout corrigeant veult arrière et de auant,
> Et ses faultes ne va apperceuant.

CENT NOUVELLES (LES) NOUVELLES.

Paris, A. Verard, 1486, in-fol.

Un exemplaire, catalogue de la bibliothèque du roi, t. 2, p. 594.

700 fr. Bertin, n° 1257, feuillets refaits à la plume ; 6,000 fr. Solar, n° 1987 (très-belle reliure, en maroquin rouge, de Trautz-Bauzonnet ; seul exemplaire complet connu dans les bibliothèques particulières), revendu 8,000 fr. Double, n° 212.

— A. Verard, in-fol, s. d.

Les gravures sur bois qui ornent cette édition sont à peu près les mêmes que dans l'édition précédente, mais le travail est plus grossier. Un exemplaire est à la Bibliothèque impériale.

Celui du duc de Roxburghe, payé 13 guinées en 1812, a passé chez M. de Terrebasse. Il était porté au prix de 10 guinées au catalogue Payne et Foss, 1829.

Un exemplaire in-4°, relié en maroquin, mais incomplet de 2 feuillets, 8 livres, catalogue Du Fay, n° 2249. Un autre exemplaire, catalogue Hohendorf, n° 1562, à la Bibliothèque impériale de Vienne.

Il n'entre pas dans notre plan de parler des diverses éditions des *Cent Nouvelles* publiées après 1500, nous devons cependant faire mention de celles mises au jour par M. Le Roux de Lincy (1841, 2 vol. in-12, et 1855; voir l'*Athenæum*, 16 juin 1855), et par M. Thomas Wright (1858, dans la Bibliothèque elzevirienne); l'une et l'autre offrent un bon travail critique.

D'après M. Le Roux de Lincy, les deux éditions de Verard, faites d'après un manuscrit de l'époque, sont fort exactes et contiennent seules le véritable texte de l'ouvrage. Celles qui ont eu lieu depuis le XVIe jusqu'au XVIIIe siècle sont toutes plus ou moins défectueuses. En comparant avec le texte de 1486 une édition imprimée à Paris par Michel Le Noir, on trouve des changements dans le langage et des fautes nombreuses. Dans les impressions encore plus récentes, des méprises grossières rendent souvent le sens inintelligible. Les fautes de langage sont incalculables. M. Le Roux de Lincy s'est appliqué à reproduire les deux éditions originales avec une exactitude scrupuleuse.

Quant à M. Wright, il a eu la bonne fortune de retrouver au musée Hunterien, à Glasgow, un très-bon manuscrit des *Cent Nouvelles*, celui sans doute qui est indiqué au catalogue de la bibliothèque Gaignat et qui fut adjugé au prix de 100 livres. L'examen de quelques pages seules suffit pour démontrer que le texte manuscrit est très-supérieur à celui des imprimés. Nous avons (ajoute M. Wright) « le droit de supposer que non-seulement Verard a tiré son texte d'un mauvais manuscrit, mais encore qu'il l'a laissé imprimer avec beaucoup de négligence ; qu'on a remplacé des expressions vieilles ou triviales par d'autres plus modernes ou plus en vogue; qu'on a fait des omissions assez considérables, quelquefois par accident ou négligence, mais plus souvent pour abréger le récit. Ces omissions deviennent beaucoup plus nombreuses et plus importantes à la fin de l'ouvrage qu'au commencement, et dans l'édition de Verard comparée avec le manuscrit, le dernier conte est abrégé presque d'un tiers. »

Dans une lettre adressée au *Constitutionnel* le 8 octobre 1823, Paul-Louis Courier annonçait qu'il travaillait avec M. Merlin fils à une édition des *Cent Nouvelles;* il ajoutait : « Mes notes feront un volume. » Qu'est devenu ce travail resté inédit ? Il devait offrir certainement un vif intérêt.

Nous ne parlerons pas des réimpressions faites au XVIe siècle. Disons seulement quant à l'édition de Michel Le Noir, (sans date (vers 1520), qu'un exemplaire est chez M. le baron Jérôme Pichon, et que l'exemplaire La Vallière de l'édition de la veuve Trepperel figure au catalogue Cigongne. Un exempl. de l'édition de Trepperel (vers 1510), 390 fr., mar. bleu, Solar, n° 1988.

CÉSAR (*Les Commentaires de*), mis en françois par frère Robert Gaguin.

In-fol., 1485, sans nom de ville ni d'imprimeur.

Le *Manuel* indique un exemplaire qui portait le nom de Verard et qui s'est successivement payé 73 fr. vente du prince d'Essling (exemplaire relié par Kœhler en mar. vert), n° 374, revendu 159 fr. Giraud, n° 2908; 230 fr. Solar, n° 2564.

— In-4, sans date (1500 environ), A. Verard.

160 fr. (mar. rouge) Bertin, n° 1515.
Un exemplaire sur vélin, incomplet du dernier feuillet, 21 liv. st. 10 sh., à Londres en 1817.

A la fin du volume, une pièce de vers, qui a sans doute été ajoutée par les soins de Verard :

> Lisez liseurs attrait et entendez,
> Et ne iugez a cerueau estourdy
> Soit bien, soit mal que auant regardez
> Leuure en latin dont ce livre est party.

La Bibliothèque impériale possède deux manuscrits d'une traduction anonyme des *Commentaires*, nᵒˢ 6722, 6909-2 ; elle a aussi, n° 7162, un manuscrit de la traduction de R. Gaguin.

CHAPELLET (LE) DE VIRGINITÉ.

S. l. n. d., in-4, 14 ff. à 26 lignes.

Opuscule en prose où l'on retrouve les caractères qui ont servi à imprimer à Lyon, vers 1480, une édition du roman de *Pierre de Provence*. Un exemplaire imparfait du titre et relié en maroquin, 45 fr. vente Cailhava, en 1845. Une autre édition, 20 ff., peut également être attribuée au XVᵉ siècle. Dans une édition du commencement du XVIᵉ siècle, le nom de l'auteur est indiqué : « maistre Pelerin de Vermandois. »

CHAPPELET DES VERTUS (*ou le Roman de prudence*).

Lyon, G. Leroy, s. d. (vers 1480), in-fol., 31 ff.

Edition décrite au *Manuel*, t. I, col. 1796. Un exemplaire relié en maroquin bleu a été cédé au prix peu élevé de 62 fr. à la vente Coste, n° 287.

— Lyon, P. Mareschal et Barnabé Chaussard, 1498, in-4.

M. Brunet n'a sans doute pas rencontré cette édition, qu'il ne décrit pas. Une seule adjudication est signalée : 9 fr. vente Mac-Carthy.

CHAPPELLET (LE) NOSTRE DAME.

Paris, Tipperel (pour Trepperel), s. d. (vers 1499), in-4, 10 ff.

Opuscule en vers qui reparut sous le titre de *Chapelet de Jésus et de la vierge Marie* (s. l. n. d.), in-8, 8 ff. Nous empruntons au *Manuel* le début du livre; une origine surnaturelle lui est hardiment attribuée : « En l'an de grace mil deux cens quatre vingtz, lange de Dieu sapparut à ung sainct homme nomme Jehan de Fontaine, natif de Savoie, menant vie austere en la forest dangereuse, et lui porta ung petit traicte tressingulier et contemplatif nomme le chapelet de Iesu et de la vierge Marie, compose de cinquante vers narratifz des baulx et diuins misteres. »

CHARTIER (ALAIN). *Les Faiz (dictes et ballades).*
Paris, Pierre le Caron, s. d., 2 tom. en un vol. in-fol.

481 fr. Revoil, revendu 409 fr. Essling, n° 50, avec une reliure en maroquin bleu par Bauzonnet; 11 liv. st. 17 sh. (mar.) Libri, en 1849, n° 226; 330 fr. (mar.) M., en 1850, n° 1090; 400 fr. Giraud, n° 1200, revendu 370 fr. Solar, n° 1051 (bel exemplaire, malgré quelques réparations de peu d'importance, relié en maroquin rouge par Trautz-Bauzonnet); 680 fr. Double, en mars 1863 (rel. en mar. bleu de Trautz-Bauzonnet; cet exemplaire porte sur le titre la signature d'Amadis Jamin).

Un exemplaire au catalogue Cigongne, n° 549; un autre figure au catalogue imprimé de la Bibliothèque de Rouen (*Belles-Lettres*, n° 396). Un autre est conservé à la Bibliothèque de l'Académie de Lyon; il a appartenu à Antoine Grolier, dont il porte les armes ; ne pas confondre Antoine avec Jean Grolier, le plus célèbre des bibliophiles du XVe siècle. Nous en avons parlé avec détail dans nos *Fantaisies bibliographiques*; Paris, Gay, 1864, p. 264-297.

Un exemplaire sur vélin à la Bibliothèque impériale (1). Van-Praët le décrit t. 4, p. 175. Un autre sur papier figure au catalogue imprimé Y., 4392. Un second exemplaire sur vélin, payé 1,100 fr. Mac-Carthy, a passé en Angleterre, revendu 52 liv. st. 10 sh. Hibbert et 3,605 fr. Bourdillon, en 1847.

Le début du livre, jouant sur le nom du poëte, donne une idée de cette production :

> Tous charetiers, tant parfaiz qu'imparfaiz,
> Qui charrier veullent droit sans mesprendre,
> De maistre Allain charretier les beaux faiz
> En ce liure mis au vray doyuent prendre.

Les poésies de Chartier furent si bien accueillies du public qu'une réimpression presque immédiate devint nécessaire. Elle eut lieu chez le même imprimeur, avec le même nombre de pages; mais dans l'une de ces impressions (la seconde probablement) chaque vers commence par une lettre majuscule; il n'en est pas ainsi dans l'autre.

---

1. Dibdin en parle, *Voyage bibliographique*, t. 3, p. 302. L'exemplaire est grand, mais quelques feuillets sont sales et les douze premiers sont un peu endommagés.

— P. le Caron, pour A. Verard, 1489, in-fol. (1).

—— *La Belle Dame sans mercy.*

Le *Manuel* en signale trois éditions in-4°. Une d'elles, 17 ff., figure au catalogue Cigongne, n° 551. Un exemplaire a été payé 95 fr. Solar, n° 1055 (relié en maroquin).

—— *La Belle Dame qui eust mercy.*

S. l. n. d., in-4, 8 ff.

Il est douteux que cet opuscule soit d'Alain Chartier : cependant il a été inséré dans le recueil de ses œuvres. Cette édition est exécutée avec les caractères de P. Mareschal et Barnabé Chaussard de Lyon. Le *Manuel* en signale deux autres qui paraissent antérieures à 1500.

—— *Bréviaire des Nobles.*

S. l. n. d., in-4, 12 ff.

50 fr. avec une autre pièce en 1815 ; 8 liv. st. Heber. Un exemplaire qui avait fait partie du cabinet Nodier se retrouve au catalogue Cigongne, n° 553.

Ce petit poëme est inséré dans les *Œuvres de Chartier*, mais peut-être n'en est-il pas l'auteur.

—— *La Complaincte de lamoureux contre la mort.*

S. l. n. d., in-4. 6 ff.

6 liv. st. à Londres, en 1845.

—— *Lospital damours.*

S. l. n. d., in-4, 6 ff.

Il n'est pas bien certain que Chartier soit l'auteur de cette production. Les caractères sont ceux de P. Mareschal, de Lyon.

Un exemplaire figure au catalogue Cigongne, n° 554.

—— *Le Quadrilogue.*

S. l. n. d. et sans nom d'imprimeur.

Edition décrite au *Manuel*, t. 1, col. 1815 ; on la croit exécutée par Jean Veldener.

650 fr. Revoil, 230 fr. Essling.

— Bruges, Colard Mansion, 1477, in-fol.

On n'en connaît que deux exemplaires : un très-beau à la Bibliothèque

---

1. L'édition de Paris, Galliot du Pré, 1529, petit in-8°, est fort recherchée. 440 fr. (rel. en mar. vert par Bauzonnet) vente H. de Ch., en janvier 1863, n° 240 ; 140 fr. de C., en 1847 (rel. de Niedrée, mar. rouge), n° 158.

impériale; il fut acquis en 1808, avec le *Roman de Jason*, imprimé par Caxton, auquel il se trouvait réuni dans une vieille reliure en bois; le second exemplaire, appartenant à Van-Praët, provenait du baron d'Heiss. (Voir la notice sur Colard Mansion, p. 26.)

L'auteur débute par tracer un tableau lamentable des malheurs qui frappaient alors la France « pour purgier les grans et enormes pechiez que de present y regnent. Nous voions la sainte mere eglise estre vilipendee et irreuerament traittie par les mesus daucuns des suppoz d'icelle. Nous voyons noblesse estre foulee par les grans et importables trauaulx quelle a souffert depuis aucun temps en arriere telement que a pou puet leuer la teste ensus. Et depuis voions le pauure peuple tant affaibli par longue tollerance et souffrance : quil qui deust seruir et estre discipline par les deux dessusdis : est deuenu rebours et rebelle, telement que eulx trois ensemble a bras croisiez regardent leurs ennemis entrer à portes ouuertes en leurs pays, les bruler, pillier, proyer et retrenchier sans aucune ou peu de resistence. »

Le *Livre des quatre dames* est un des écrits les plus remarquables de Chartier :

Quatre dames, par des fortunes diverses, ont perdu chacune leur *amy* à la funeste journée d'Azincourt : l'un est mort en combattant avec courage; l'autre a été fait prisonnier; le troisième a disparu, on ignore ce qu'il est devenu; le quatrième a pris la fuite. L'auteur montre que des quatre *veuves*, le plus grand deuil est pour la dernière.

Viollet Le Duc (*Bibliothèque poétique*, t. 1, p. 69) rend justice à Alain Chartier, trop dédaigné par la plupart des critiques. Il y a de l'esprit et de l'art dans le *Livre des quatre dames*, et le style, si l'on se reporte à l'époque, est plein de force, de couleur et de poésie.

Du reste, Chartier est plus connu aujourd'hui par le pudique baiser que Marguerite d'Écosse déposa sur son front que par les *Mots dorés* qui lui attirèrent cet hommage de la part d'une jeune et belle princesse. M. Géruzez (*Hist. litt. de la France*, t. 1, p. 231) donne une idée de son mérite; il signale surtout le *Quadrilogue*, « également remarquable par son importance littéraire et sa portée politique, manifeste d'honneur et de patriotisme, cri d'encouragement jeté au milieu de la détresse publique entre la déroute d'Azincourt et la délivrance d'Orléans, appel à tous les nobles sentiments dont le réveil doit procurer le salut de la France. » — A la suite de quelques citations, le critique ajoute : « Je sais bien que l'appareil extérieur de l'œuvre, que la mise en scène à la faveur d'un songe imité de Guillaume de Lorris ou de Cicéron a quelque chose de pédantesque, et que la pompe du langage n'est pas toujours exempte d'emphase; mais aussi, quelle noblesse de sentiment, quelle vue nette et profonde du mal et des moyens de le guérir ! »

N'omettons pas d'indiquer une très-bonne étude sur Alain Chartier, écrite par M. A. de Puibusque et insérée dans le *Plutarque français*,

1846, t. 2, p. 59, et signalons aussi l'écrit de M. Mancel : *Alain Chartier, étude bibliographique*, Bayeux, 1849, in-8.

Une édition nouvelle des œuvres de ce poëte serait utile ; celle publiée par André Duchesne en 1617 est incomplète, souvent inexacte, et manque de méthode. Les manuscrits des diverses productions de Chartier sont nombreux ; la Bibliothèque impériale en possède plus de quarante. (Voir l'ouvrage de M. Paulin Paris, t. 1, p. 232, et t. 7, p. 251.)

CHASTELAIN (GEORGES). *Les Chanchons georgines*.

Vallenchiennes, Jehan de Liége (vers 1500), in-4, 12 ff.

<small>Un exemplaire, le seûl connu peut-être de ces *chanchons* (qui sont des cantiques), a figuré aux ventes Lang et Heber, où il a été payé 6 liv. st. 8 sh. et 18 liv. st. 10 sh. Il se trouve à Paris, dans la bibliothèque d'un amateur des plus distingués, M. le baron Jérôme Pichon. Un manuscrit à la Bibliothèque impériale, n° 3005.</small>

—— *La Recollection de merveilleuses auenues en nostre temps*,

Anvers, s. d. (recueil de faits historiques et de contes ridicules), n'est que du commencement du XVIe siècle. Notons en passant qu'il existe de cet ouvrage une double rédaction : l'une, originale et favorable aux ducs de Bourgogne, a été publiée par M. de Reiffenberg dans le tome 10 de son édition de l'ouvrage de M. de Barante ; l'autre, arrangée dans un sens plus français, est insérée dans l'édition des *Œuvres historiques* de Chastelain donnée par Buchon, et qui fait partie du *Panthéon littéraire*.

M. Nisard (*Histoire de la littérature française*, t. 1, p. 150) signale comme inintelligibles les poésies de Chastelain. M. Vallet de Viriville a consacré à cet écrivain un article plein de recherches attentives dans le tome 10 de la *Nouvelle Biographie générale*.

CHAULIAC (GUI DE). *Guidon de la practique en cyrurgie*.

Lyon, B. Buyer, 1478, in-fol.

<small>Un exemplaire défectueux, 32 fr. de Bure, en 1834 ; un fort beau, relié en maroquin vert par Kœhler, 560 fr. Coste, n° 404.</small>

— Lyon, Johanes Fabri, 1490, in-4 ; nous n'en trouvons pas d'adjudication.

— Lyon, F. de Vingle, 1498, in-4.

On sait quelle fut au XIVe siècle la réputation de Guy de Chauliac, qui professa avec éclat à Montpellier et à Bologne et qui fut médecin de plusieurs papes. Sa *Chirurgia*, écrite en latin barbare, obtint des éditions nombreuses au XV⁰ et au XVI⁰ siècle. On réimprimait encore la traduction française à Lyon en 1639. Une version italienne voyait le jour à Venise en 1493.

CHEMIN (LE DROICT) DE LOPITAL *et de ceulx qui en sont possesseurs et heritiers.*

S. l. n. d., in-16, 8 ff. (Paris, vers 1500).

Cet opuscule en prose se termine par ces quatre vers :

> Cy finist le Chemin l'hospital
> Ou fortune maine grans et petis
> A pied par faute de cheual
> Qui est la fin des gens mal aduertis.

62 fr. mar. rouge; Nodier, en 1844.

CHRISTIENNE DE PISAN. *Le Trésor de la cité des Dames.*

Paris, A. Verard, 1497, in-fol.

1255 fr. (reliure de Bauzonnet, mar. rouge) A. Chenest, en mai 1853, n⁰ 173.

Un exemplaire imprimé sur vélin à la Bibliothèque impériale de Vienne. Il provient de la bibliothèque du comte de Hohendorf. Van-Praët le décrit, second catalogue, t. 1, p. 259.

Un manuscrit inachevé de cet ouvrage à la Bibliothèque impériale, n⁰ 6911-5.

Les chapitres du *Trésor* ont des titres dans le genre de ceux-ci : « De la manière comment il appartient que les dames ou demoiselles qui demeurent sur leurs manoirs se gouvernent en fait de mariage. Item de celles qui sont outrageuses en leurs habillements. Item parle contre l'orgueil d'aucune. Item devise des maintiens qui appartiennent aux dames. » Les conseils de Christine s'adressent aux femmes de toutes les classes, même à celles « de folle vie ».

Consulter, au sujet de Christine, une notice dans la collection de *Mémoires* publiés par MM. Michaud et Poujoulat; les articles de M. Mongin dans l'*Encyclopédie nouvelle*, de M. Desalle Régis dans la *Revue du dix-neuvième siècle* (n⁰ du 28 avril 1839), l'*Essai* de M. Thomassy *sur les Ecrits politiques de Christine de Pisan, suivi d'une notice littéraire et de pièces inédites*, Paris, 1838, in-8. Ajoutons que de longs extraits des écrits de cette femme remarquable se trouvent dans la *Collection des meilleurs ouvrages françois composés par des femmes*, publiée par Mlle de Kéralio (1787, 4 vol. in-8), et que dans une publication périodique qui a cessé de paraître, dans le *Journal des Savants de Normandie* (1846, p. 371 et suivantes), M. Guichard a fait connaître les *Cent bonnes ballades* de Christine d'après deux manuscrits de la Bibliothèque impériale (7087-2 et 7217); quelques-unes de ces ballades sont des productions d'un mérite fort distingué.

M. Géruzez a consacré, dans son *Histoire littéraire de la France*, t. 1, p. 216, quelques pages bien senties à cette femme distinguée, dont les pensées sont graves, dont les sentiments sont élevés. «On a peut-être trop vanté, même pour le temps où elle s'est produite, sa prose, qui reste bien au delà de la vraie noblesse, puisqu'elle manque de naturel et d'aisance, mais on a aussi trop dédaigné ses vers, qui n'ont point de hautes prétentions, mais qui gardent une certaine grâce. »

Voir aussi Nisard, *Histoire de la Littérature française*, t. 1, p. 85-88; Gautier aîné, dans les *Actes de l'Académie de Bordeaux*, 1845; Paulin Paris, *Manuscrits françois*, t. 5, p. 372.

Une grande partie des écrits de Christine est demeurée inédite; une édition complète et soignée des œuvres de cette Italienne devenue Française serait un service rendu à la littérature.

CHRONICQUES ABREGEES DES ROIS DE FRANCE.

Paris, P. Levet et G. Bineault, 1490, in-4.

Ce livre n'est connu que d'après une indication du catalogue La Vallière, 1767; le *Manuel* ne la croit pas exacte.

CHRONICQUES DE FRANCE (*appelées Chroniques de Saint Denys*).

Paris, Pasquier Bonhomme, 1486, 3 vol. in-fol.

Premier livre français imprimé à Paris avec date. Un exemplaire est à la Bibliothèque impériale; un autre a été successivement adjugé 300 fr. vente La Vallière (mar. rouge, n° 5018), et 500 fr. Mac-Carthy; ayant passé en Angleterre, il s'est élevé à 54 liv. st. vente Hanrott en 1834, et à 114 liv. st. en 1839. Le *Manuel* cite également un exemplaire fort rogné qui s'est payé 1,030 fr. en 1845 et 3,405 fr. en 1853; un autre, où 21 feuillets étaient remplacés par des copies manuscrites, 1,695 fr. en novembre 1857.

— Paris, Verard, 1493, 3 vol. in-fol.

L'exemplaire Talleyrand, adjugé à 16 guinées en 1816; 4,300 fr. Double, en mars 1863.

Deux exemplaires sur vélin à la Bibliothèque impériale; l'un est celui qui fut offert au roi Charles VIII; l'autre vient de la bibliothèque des frères Dupuy; tous deux sont d'une grande beauté. Van-Praët les décrit t. 5, p. 87-90. Un bel exemplaire relié en maroquin est porté au catalogue Hohendorf, n° 761, et se trouve à la Bibliothèque impériale de Vienne. Un autre très-beau est à la Bibliothèque de la ville de Lyon (*Cat.* Histoire, t. 2, p. 488); il avait appartenu à l'archevêque Camille de Neuville.

D'autres exemplaires sur vélin sont connus; celui de la vente Pâris, qui avait appartenu au cardinal de Loménie, fut acquis en 1792 au prix, très-élevé pour l'époque, de 151 liv. st. 10 sh., par M. Johnes. Il a probablement péri dans l'incendie qui, en 1811, détruisit le château d'Hafod appartenant à ce bibliophile.

Un exemplaire où manquait le tome 1er fut payé 315 fr. à la vente Mac-Carthy, n° 4504, et passa chez M. Utterson, à Londres.

Les deux premiers volumes, provenant de la collection du comte de Thott, sont à la Bibliothèque de Copenhague; la Bibliothèque de l'Institut a le tome second seulement.

Ces *Chroniques*, importantes pour l'histoire, malgré les erreurs et les fables qui y abondent, ont été réimprimées à Paris en 1514, 3 vol. in-fol. (ajoutez aux adjudications que cite le *Manuel*, celle de 1295 fr., belle reliure en maroquin, vente Cailhava, en 1862, n° 1208), et, en 1517, 4 vol. in-fol. Une édition plus récente, due à M. Paulin Paris, qui y a joint des dissertations et des notes, et qui a revu le texte sur divers manuscrits, a paru en 1836-39, 6 vol. pet. in-8. Voir, dans le *Bulletin du Bibliophile*, 4e série, n° 506, un article de M. Moreau, qui constate tout le mérite de cette édition, et qui fait ressortir les secours qu'offre à l'étude cette grande composition, qui débute, il est vrai, par une histoire fabuleuse du règne de Charlemagne et par la vision de Charles le Chauve, légende pieuse et terrible qui rappelle l'épopée de Dante. Voir les *Recherches* de M. Léon Lacabane *sur les auteurs des Chroniques de Saint-Denys*, dans la *Bibliothèque de l'Ecole des Chartes*, 1re série, t. 2, et l'*Examen de quelques questions relative à l'origine de ces Chroniques*, par M. Natalis de Wailly (*Mémoires de l'Académie des Inscriptions*, nouvelle série, tom. 17, 1re partie).

A la vente Libri, en 1862 (n° 140), un beau manuscrit du XIIIe siècle sur vélin de ces chroniques a été payé 81 liv. st.

CHRONICQUES (LES) *du tres chrestien et tres victorieux Loys de Valois, feu roy de France.*

S. l. n. d., (Lyon, Michel Topie, vers 1488), in-fol.

Cet ouvrage, connu sous le nom de *Chronique scandaleuse*, est attribué à Jean de Troyes et à Denis Hesselin. Il est réimprimé dans la partie supplémentaire des *Chroniques de Saint-Denis*, édition de 1514; il ne se trouve pas dans les éditions du XVe siècle; il a été compris dans plusieurs recueils historiques.

645 fr. Solar, n° 2651 (relié en maroquin par Bauzonnet).

CHRONIQUES (LES) *des roys, ducz et comtes de Bourgoigne, depuis lan XIIII apres la resurrection de Nostre Seigneur iusques a tres victorieux prince Charles, duc et comte dudit Bourgoigne, qui trespassa deuant Nancy.*

S. l. n. d., in-4, 6 ff.

Cet opuscule rarissime est décrit au *Manuel*, t. 1, col. 1875.

CICERO. *Ung tres noble et eloquent liure de officiis contenant troys volumes parlant de iustice et iniustice et des quatre vertuz cardinalles.*

Lyon, 1493, in-fol., 65 ff.

<small>Edition décrite au *Manuel*, qui ne cite d'autre adjudication que celle de 13 fr. vente La Vallière.</small>

Le traducteur, resté inconnu, dit avoir fait son travail *à la requête de Tanneguy du Chastel, grant escuyer de France.*

— Lyon, Claude Daygue, 1496, in-fol.

<small>Un exemplaire à la Bibliothèque de Besançon.</small>

Selon Mercier de Saint-Léger, cette traduction serait due à Laurent de Premierfait, qui a également traduit Boccace ; mais ceci est douteux. M. Péricaud pense que c'est plutôt l'œuvre de Macho ou de Farget, qui traduisaient alors avec activité et qui habitaient Lyon. Voir la *Bibliographie lyonnaise du XVe siècle*, p. 33, et la *Bibliographie cicéronienne*, t. 1, p. 474, du Cicéron in-18 de M. J. V. Le Clerc.

CLAMADES (LE LIVRE DE) *fils du roy despaigne.*

S. l. n. d., in-fol.

<small>Volume qui paraît avoir été imprimé à Lyon vers 1480. Aucune adjudication n'est signalée.</small>

— Lyon, Jean de la Fontaine, 1488, in-4, 37 ff.

<small>Un exemplaire est au catalogue de la bibliothèque du roi, t. 2, p. 211, un autre à la Bibliothèque de l'Arsenal. Le *Manuel* n'en signale qu'une seule adjudication ; 12 fr. vente Gaignat.</small>

Ce roman est une rédaction en prose du poëme d'Adenez, resté inédit, et composé de 19,000 vers de huit syllabes. Le fond est d'origine orientale ; il y est fort question d'un cheval enchanté. Voir Jubinal, *Œuvres de Rutebœuf*, t. 1, p. 352, et Reiffenberg, *Introduction à la Chronique* de Ph. Mouskes, p. clxxxviii. On le regarde comme le dernier ouvrage qu'ait écrit ce trouvère (voir Paulin Paris, dans son édition *Berte aux grans piés*, p. xlviii, et *Journal des Savants*, 1834, p. 345-347).

Une édition espagnole, Burgos, 1521, in-4 (1).

Un extrait de ce roman se trouve dans la *Bibliothèque des romans*,

---

1. Nous lisons dans un très-important ouvrage bibliographique publié à Madrid en 1863 (*Ensayo de una Bibliotheca española de libros raros y curiosos*, revu et publié par MM. Zarco del Valle y Sancho Rayon), qu'un exempl. de cette édition est chez M. R. S. Turner ; celle de 1603 se trouve dans la collection Grenville.

1777, mai, t. 1, p. 168-215, et dans le *Corps d'extraits des romans de chevalerie*, par Tressan, t. 5, p. 293, ainsi que dans les *Œuvres choisies* de cet écrivain, t. 7, p. 271-306.

Voir aussi Ferdinand Wolf, *Ueber die neuesten Heldengedichte der Franzosen*, p. 32; Kneightley, *Tales and popular fictions*, Londres, 1834, p. 41-89.

CLERIADUS (LE LIVRE DE) ET DE MELIADICE.

Paris, Verard, 1496, in-fol., 46 ff.

Edition tout à fait ignorée jusqu'à la découverte faite en octobre 1850 par M. Jannet, libraire-éditeur à Paris, d'un exemplaire sur vélin de ce roman de chevalerie. Cet exemplaire, quoique imparfait du 1er et du dernier feuillet, a été acquis par M. Yemeniz, de Lyon, au prix de 1,250 fr. Le *Manuel* en donne une description étendue.

Il existe quatre autres éditions faites dans les trente premières années du XVIe siècle. Un exemplaire de celle de Paris, Michel Le Noir, 1514, figure au catalogue Cigongne, n° 1820.

Ce roman est analysé dans la *Bibliothèque des Romans*, t. 1 de 1777, p. 26; voir aussi Dunlop, *History of fiction*, t. 1, p. 351-355. Le héros est le fils d'un roi des Asturies qui épouse la fille du roi d'Angleterre, Philippe, dernier descendant d'Arthur. Il existe un curieux poëme en écossais, *Clæriodus*, publié à Édimbourg en 1830, in-4, d'après un manuscrit du XVIe siècle appartenant à la Bibliothèque des Avocats.

COCQUILLART (Guillaume). *L'Enqueste touchant le débat entre la simple et la rusée.*

S. l. n. d., in-4, 16 ff.

—— *Le Playdoyé dentre la simple et la rusée.*

— S. l. n. d., 16 ff.

Ces deux opuscules, imprimés à Paris, sont conservés à la Bibliothèque impériale; ils n'avaient pas été signalés par les bibliographes, jusqu'à ce que M. Charles d'Héricault fût venu en donner une description étendue dans l'*Etude bibliographique* qui termine (voir p. 336-341) le second volume de l'édition des *Œuvres* de Coquillart, dont il a enrichi la *Bibliothèque elzevirienne* (Paris, 1857), édition en tête de laquelle est une *étude* fort intéressante intitulée: *Coquillart et la vie bourgeoise au XVe siècle;* elle occupe 151 pages.

Une édition des *Droitz nouveaulx* et des autres écrits de Coquillart, Paris, veuve J. Trepperel, in-4°, 88 ff., est indiquée au catalogue imprimé de la Bibliothèque du Roi comme étant de l'année 1493. De fait, elle ne porte pas de date, et M. J. Ch. Brunet fait observer que Trepperel étant mort en 1511, un volume portant l'adresse de sa veuve ne peut avoir paru qu'après cette époque.

> Les exemplaires bien conservés des éditions anciennes de Coquillart vont toujours en augmentant de valeur. Nous ajouterons aux adjudications que mentionne la 5e édition du *Manuel* les indications suivantes, relatives à des ventes récentes : l'édition de Lyon, Juste, 1535, 126 fr. Cailhava, en 1862 (exemplaire relié en veau); Lyon, Rigaud, 1579, in-16 (le *Manuel* n'en fait connaître aucune vente), 301 fr. H. de Ch., en 1863; Paris, 1723, exemplaire sur vélin, 195 fr. (relié en mar. rouge) Double, en 1863.

COLOMNA (Guido de). *Histoire de la destruction de Troye.*

S. l. n. d., in-fol.

Imprimé vers 1480. On ne peut affirmer, d'après le *Manuel*, qu'elle appartienne aux presses lyonnaises.

> 17 liv. st. 17 sh. Heber, revendu 186 fr. Essling, n° 372 (ancienne reliure en maroquin rouge).

— S. l. n. d., in-fol., vers 1480.

> Décrit au *Manuel* d'après une note de Magné de Marolles. On n'en connaît pas d'adjudication, et il paraît qu'on ne saurait signaler positivement l'existence d'un exemplaire.

Colomna ou Colonna était né à Messine au commencement du XIIIe siècle ; il accompagna en Angleterre le roi Édouard Ier, qui en 1273 traversa la Sicile en revenant de la croisade ; il retourna dans sa patrie en 1276; Oudin, Fabricius, Tiraboschi, ont parlé de lui. Voir aussi Dunlop, *History of fiction*, t. 2, p. 102, et La-Porte du Theil, *Notices et Extraits des manuscrits de la Bibliothèque du Roi*, t. 2, p. 231-255. Cette histoire, écrite en latin et partagée en 38 livres, eut plusieurs éditions au XVe siècle. Le récit commence à l'expédition des Argonautes. Diverses traductions italiennes manuscrites ou imprimées (l'une parut à Venise en 1481), des versions espagnoles, allemandes, hollandaises et bohémiennes, dont les impressions se multiplièrent, démontrent combien cet ouvrage fit plaisir aux lecteurs du XVe siècle. D'autres écrivains avaient déjà traité ce sujet au moyen âge; bornons-nous à rappeler le poëme de Florentinus Turonensis (Paris, sans date [1496], in-4), qui représente les Turcs comme les descendants des Troyens et comme se vengeant sur Constantinople du désastre infligé à Ilion.

> Des manuscrits de cette traduction sont indiqués au catalogue La Vallière, t. 3, p. 118.

COLONNA (Jean). *La Mer des histoires*, traduite en françois.

Paris, Pierre Le Rouge, 1488, 2 vol. in-fol.

> Un bel exemplaire, 6 liv. st. 10 sh. Heber; nous ne connaissons pas de ventes faites en France en ce siècle où cette édition ait paru.

La Bibliothèque impériale possède l'exemplaire sur vélin offert à Charles VIII; Van-Praët le décrit, t. 5, p. 7.

— Lyon, J. Dupré, 1491, in-fol.

30 fr. (mar. bleu) La Vallière, n° 4560; 4 liv. st. Heber; 300 fr. (mar. rouge) Coste, n° 1203.

— Paris, Verard, 2 vol. in-fol. (1500).

Un exemplaire sur vélin, avec 427 miniatures, 300 fr. La Vallière, n° 4561, et 950 fr. Mac-Carthy, acquis par la Bibliothèque impériale.

Cette *Mer des histoires*, ou *Chronique universelle*, est la traduction du *Rudimentum novitiorum*; elle fut faite, d'après l'ordre de Charles VIII, par un chanoine de Mello en Beauvoisis, qui ne s'est pas nommé, et qui a continué l'ouvrage jusqu'au règne de Louis XI. Une traduction espagnole fut mise au jour à Valence en 1531. L'auteur, qui écrivait vers l'an 1260, fut archevêque de Messine.

COMESTOR (PIERRE). *La Bible historiée*, traduite par Guyart des Moulins.

Paris, Verard, s. d. (avant la fin de 1499), 2 vol. in-fol. (t. 1 : 12, 353 ff., et 37, pour le Psautier; t. 2 : 6, et 338 ff.).

L'adresse de Verard est indiquée sur le pont Nostre-Dame, et ce pont s'écroula le 25 novembre 1499.

Un exemplaire sur vélin à la Bibliothèque impériale; Van-Praët le décrit, t. 1, p. 44; un provenant de la vente Mac-Carthy (n° 136), orné de 400 miniatures, est offert à 75 liv. st. sur un catalogue de Payne et Foss, 1829; il avait été adjugé à 1,202 fr., et il avait été payé 500 fr. chez le duc de La Vallière, n° 116; un autre exemplaire, 360 fr. Mac-Carthy (n° 135); il a également passé en Angleterre.

Est-il nécessaire de rappeler que Pierre Comestor, ou le Mangeur (mort en 1398), dut ce nom à l'avidité avec laquelle il dévorait les livres, les aliments intellectuels? Voir, sur son compte, Ceillier, *Biblioth. des Auteurs ecclésiastiques*, t. 23; Richard et Giraud, *Biblioth. Sacrée*, t. 19. Les manuscrits de la traduction française sont nombreux; la Bibliothèque impériale en possède une vingtaine.

COMMANDEMENS (LES) DE DIEU ET DU DYABLE.

S. l. n. d. (mais avec la marque de Trepperel, de Paris, vers 1499), in-4, 6 ff.

Opuscule de 20 strophes de 10 vers; 10 fr. La Vallière, n° 2912; 35 fr. Saint-Mauris, en 1841.

— S. l. n. d. (Lyon, Mareschal et Chaussard?), in-4°, 4 ff.

Une réimpression a été faite à Chartres en 1831 à 76 exemplaires, et le *Recueil des poésies françoises du XV*e *et du XVI*e *siècle*, publié par M. de Montaiglon, a reproduit cet opuscule (t. 1er).

COMPLAINTE DE FRANCE.

S. l. n. d., in-4, 6 ff.

Nous mentionnons, d'après le *Manuel*, cette pièce en vers de diverses mesures; nous ne la trouvons sur aucun catalogue.

COMPLAINTE DE NOSTRE DAME *tenant son chier fils entre ses bras descendu de la croix.*

S. l. n. d., in-4, 4 ff.

Imprimé à Lyon, vers 1500, avec les caractères de P. Mareschal et B. Chaussard. Opuscule réimprimé dans le 2e vol. du *Recueil des Anciennes poésies françoises*, édité par M. de Montaiglon.

COMPLAINTE TRES PITEUSE DE DAME CHRESTIENTÉ, *sur la mort du feu roy Charles huitiesme.*

(Vers 1498), in-4, 4 ff.

Une autre édition, augmentée de l'*Epytaphe du roy* (78 vers) et de la *Réception du corps du feu roy* (en prose), 250 fr. vente Salmon.

COMPOST ET KALENDRIER DES BERGIERS.

Paris, Guiot Marchant, 1493, in-fol., 90 ff.

140 fr. Huzard, en 1842, 2e partie, n° 362.

— Paris, Guiot Marchant, 1493, in-fol., 85 ff. Cette édition a paru trois mois, jour pour jour, après la précédente. Un exempl. est indiqué dans la *Bibliotheca Grenvilliana*, p. 161.

Un exemplaire sur vélin à la Bibliothèque impériale. Van-Praët le décrit t. 3, p. 76.

— Paris, Guiot Marchant, 1496, in-fol., 87 ff.

Un exemplaire à la Bibliothèque impériale. Une autre édition, datée de 1497, est citée par divers bibliographes; elle n'a point passé sous les yeux de l'auteur du *Manuel*, mais un exemplaire incomplet d'un feuillet s'est payé 155 fr. vente Michelin, en 1864, n° 159.

— Genève, Jean Bellot, in-fol. (vers 1497), 86 ff.

— Genève, 1500, in-fol., 89 ff.

Il paraît qu'on ne trouve à Genève aucun exemplaire de ces deux éditions, et qu'elles n'ont point passé en vente publique.

— Paris, Guy Marchant, 1500, in-fol.

3 liv. st. 10 sh. Heber; 475 fr., mar., vente A. Chenest, en 1853.

— Paris, Gaspard Philippe, 1500, in-4.

    25 fr. Huzard.

    De nombreuses éditions ont eu lieu au commencement du XVIe siècle ; elles ont encore de la valeur ; celle de la veuve Trepperel, 1516, a été adjugée 195 fr. vente Cailhava, en 1862.

Le *Compost et Calendrier des Bergers* circule encore en France ; voir le très-curieux ouvrage de M. Charles Nisard : *Histoire des livres populaires*, 2e édition, 1864, t. 1, p. 84-121.

COMPOST ET KALENDRIER DES BERGÈRES.

    Paris, 1499, in-fol.

Livre rare n'ayant pas été réimprimé. Voir le *Manuel*, t. 2, col. 207. Il renferme, circonstance remarquable, les figures sur bois qui se trouvent dans les éditions de la *Danse macabre des femmes*, publiée par Guyot Marchand.

Ces bergères arrivent à Paris des états du Prêtre Jean, après un voyage qui n'a pas duré moins de dix-huit mois ; elles enseignent aux Parisiens les principes de l'arithmétique, les avantages et les inconvénients de chaque saison, les productions de la terre, les influences des planètes, les éclipses de soleil et de lune pendant près de cent cinquante ans ; elles font aussi un long éloge de la cité où elles sont venues ; chaque bergère chante des vers dans le genre de ceux-ci :

> Excellente cité heureuse
> Paris, de tous biens plantureuse,
> Si as-tu tous les plaisans souhais,
> Belles églises, beaulx palais,
> Saint Innocent et le grant pont,
> Qui de beautés honneur te font.

    Un exemplaire de ce volume se trouve au Musée britannique ; Dibdin en fait mention (*Typographical Antiquities*, t. 2, p. 530).

CONGIE (LE) PRIS DU SIÈCLE SECULIER (par Jacques de Bugnin).

    Vienne, P. Schenck, s. d. (vers 1496), in-4, 22 ff.

    Volume fort rare. Nous n'en connaissons qu'une adjudication, celle de l'exemplaire de la vente Cailhava, en 1845, n° 299 ; il était revêtu d'une riche reliure de Duru, et il a été payé 180 fr.

    Il en existe une autre édition, imprimée à Lyon par Pierre Mareschal et Barnabé Chaussard ; mais comme elle a été imprimée en 1503, nous ne nous en occuperons que pour dire que depuis le catalogue La Vallière (où elle ne dépassa pas 5 livres 9 sols, n° 2886), elle ne paraît point s'être montrée dans les ventes.

Trois autres éditions, toutes s. l. n. d. (dont deux in-4° et une in-8°), que mentionne le *Manuel*, pourraient bien appartenir au XVe siècle.

Ce petit poëme est un recueil de maximes chrétiennes et morales disposées en ordre alphabétique. On y trouve quelque originalité dans la pensée, quelque facilité d'expression. L'auteur se désigne dans le prologue de son œuvre :

> Qui sçauoir veult dont est le personage
> De Lausane fut une foys natif
> Jacques est dit de bugnin de bon eage
> Et qua esté assez nominatif
> De saint martin de Vaulx appellatif
> Est en.cure et daultres bénéfices
> A posseder, sans estre accusatif,
> Voire aussi plusieurs dignes offices.

CONOILLES (LIVRE DES).

S. l. n. d. (Bruges, Colard Mansion, vers 1475), in-fol., 21 ff.

Volume rarissime qui ne s'est, nous le croyons, montré sur aucun catalogue particulier. On n'en connaît qu'un exemplaire, celui de la Bibliothèque impériale; il provient de la vente Mac-Carthy, et il était relié avec l'*Abuzé en cort* et avec les *Advineaux amoureux*. Nous en avons déjà parlé.

— In-4°, s. l. n. d., 27 ff., caractères analogues à ceux du typographe lyonnais Math. Husz.

On n'en cite aucune adjudication non plus que des suivantes :

— Lyon, Jean Mareschal, 1493, in-4.

Edition signalée par Du Verdier dans sa *Bibliothèque françoise*.

— S. l. n. d., in-4, 32 ff.

Edition indiquée dans le catalogue de la Bibliothèque du Roi comme imprimée à Lyon, 1463.

Il y a plusieurs autres éditions s. l. n. d , mais comme elles paraissent appartenir au XVIe siècle , nous ne nous en occuperons pas.

Voir, sur ce livre singulier, la *Notice* de Van-Praët sur Colard Mansion, p. 60-62.

Une réimpression a paru, en 1855, dans la Bibliothèque elzevirienne. L'éditeur dit avec raison, dans un court avant-propos : « Ce n'est pas seulement un livre amusant, c'est encore un livre des plus précieux pour l'histoire des mœurs, des opinions et des préjugés... Ce sont là des propos de vieilles femmes parlant de tout et d'autre chose encore, de Dieu et du diable, de la pluie et du beau temps, de sorcières et de lutins, de remèdes, de philtres, de charmes, de secrets, de tout ce qui peut tomber dans la conversation d'une assemblée de vieilles femmes. Ce que des siècles d'observations ont consacré se mêle aux préjugés les plus étranges et les plus inadmissibles, et de ce mélange résulte le répertoire le plus curieux des croyances, des erreurs et des préjugés répandus à cette époque parmi le peuple. »

L'éditeur a suivi l'édition de Colard Mansion en s'aidant d'un manuscrit de la Bibliothèque impériale (lequel lui a fourni trois chapitres entièrement inédits), et d'un autre manuscrit appartenant à M. Cigongne(1); il montre que l'ouvrage a été composé vers la même époque et à peu près dans les mêmes lieux que les *Cent Nouvelles nouvelles*, c'est-à-dire vers le milieu du XVe siècle et en Belgique. Une autre réimpression fait partie de la collection des *Joyeusetez* éditée, en 1830, par le libraire Techener.

N'omettons pas d'observer qu'une portion des idées étranges et superstitieuses énoncées dans les *Evangiles des Conoilles* se retrouve dans un ouvrage du même genre, mais fort peu connu : *Las Ordenansas et Coustumas del Libre Blanc obseruadas de tota ancianetat, compausadas per las sabias femnas de Tolosa. Et regidas en forma deguda per lor secretary.* On ne connaît, à ce qu'il paraît, qu'un seul exemplaire de ce volume fort curieux, imprimé à Toulouse en 1555, et qui est minutieusement décrit dans le *Manuel du Libraire*.

Adjugé à 221 fr. en 1845, il est, après un long séjour en Angleterre, revenu dans sa patrie; il est entré, nous le croyons, dans la collection d'un bibliophile éclairé, M. Desbarreaux-Bernard, à Toulouse.

Nous nous bornerons à citer un seul exemple de ces similitudes :

« Pour aussy vray que Euangile, je vous dy que quant un jone home pucel espouse une fille pucelle, le premier enfant qu'ilz ont est par coustume fol. » (Première journée, le XIIe chapitre.)

> « Item, disen, mect en faict
> « (Tant vertat que Dieu es al cel)
> « Que si ung homme ioune piucel
> « Espousa una filha piucella
> « Ly vendra mal à la maissella,
> « Ou bien que le premier maynatge
> « Que salhira de tal maridatge
> « Sera tant fat coma boulhan. »

CONQUESTE (LA) *du Chasteau damours conquestee par lhumilité du beau doulx.*

S. l. n. d. (vers 1500), in-4, 12 ff.

---

1. Voir au catalogue imprimé en 1861, n° 2094, p. 371, une note de M. Le Roux de Lincy. Ce manuscrit contient aussi les *Advineaux amoureux*. Il a figuré aux ventes Mac-Carthy et Crozet.

Roman allégorique et moral qui était resté inconnu aux bibliographes jusqu'à l'annonce qui en a été faite en 1859 sur un catalogue de livres précieux en vente à la librairie Potier; l'exemplaire relié par Bauzonnet est offert au prix de 500 fr.

CONTENANCES (LES) DE LA TABLE.

S. l. n. d. (Lyon, marque de P. Mareschal et B. Chaussard, vers 1498), in-4, 4 ff.

375 fr., relié en mar., vente Double, n° 89.
Une autre édition in-4°, 6 ff., a de l'analogie avec les impressions faites pour Verard. Un exemplaire relié en mar. vert, 127 fr. vente Crozet, en 1842; il figure au Cat. Cigongne, n' 647.
Deux autres éditions sont portées au catalogue de la vente La Vallière: l'une offre la marque de Jehan Trepperel, à Paris; 7 liv. st. 17 sh. 6 p. vente Heber.

Ce livret se compose de 37 quatrains suivis d'une ballade ; ce sont des conseils donnés à un enfant sur la manière dont la bienséance exige qu'on se conduise pendant les repas. Transcrivons une de ces recommandations :

« Enfant, garde bien de froter
« Ensemble tes mains et tes bras
« Ne à la nappe ne aux draps :
« A table on ne se doit grater. »

Inséré dans le Recueil de *Poésies françoises* mis au jour par M. A. de Montaiglon, t. 1.
Une réimpression a été tirée à un fort petit nombre d'exemplaires par le procédé Pilinsky.

COUSTUMES (LES) DES PAYS DANIOU ET DU MAYNE.

S. l. n. d., in-8, 155 ff.

Un exemplaire à la Bibliothèque impériale. M. J. Ch. Brunet décrit ce volume, *Manuel*, 5e édition, t. 2, col. 348 ; il pense que l'impression peut être antérieure à 1476, et il ajoute : « C'est en tout cas le plus ancien coutumier imprimé que nous connaissons. » Le *Manuel* signale aussi plusieurs autres éditions de ces coutumes, s. d. (1491?), 1496, 1498.

COUSTUMES DES PAYS DANJOU ET DU MAINE, contenant seize parties.

— Paris, Pierre Levet, 1486, in-8.

Un exemplaire en assez mauvais état, incomplet de 3 ff., est porté à 50 fr. au catalogue Potier, 1856, n° 426.
Il en existe une réimpression s. l. n. d. (vers 1500), Paris, Pierre

Le Dru pour Jean Petit. Un bel exemplaire relié en maroquin, et relié avec les *stilles et usages de procéder en court laye et pays Danjou et du Mayne*, est offert au prix de 120 fr. sur le catalogue que nous venons d'indiquer.

COUSTUMES DU PAYS DE NORMANDIE.

S. l., 1483, in-fol.

Le *Manuel* décrit en détail cette édition très-rare. On peut regarder ce volume comme le plus ancien qui ait été imprimé au sujet de la Normandie. M. Brunet établit qu'il y a lieu de regarder cette impression comme faite par Jean Dupré, qui exerçait à Paris dès 1481.

La Bibliothèque impériale possède un exemplaire sur vélin qui fut acquis en 1728, à la vente Colbert, au prix de 27 livres 10 sous. Van-Praët le décrit, tome 2, p. 101.

Un autre exemplaire est chez lord Spencer; il est décrit *Bibliotheca Spenceriana*, t. 3, p. 295. Un troisième fut acheté 50 l. st. par M. Solar à la vente Libri, en 1859, n° 1822; revendu 1,300 fr., n° 417.

La Bibliothèque Sainte-Geneviève possède un exemplaire sur papier. Un, 17 l. st. Libri, en 1859, n° 1823, d'une grande beauté, richement relié par Duru en maroquin bleu; 740 fr. Giraud, n° 371, et 985 fr. de Martainville; 360 fr. Le Prevost, en 1857, exemplaire qui était ce que les Anglais appellent *an indifferent copy*.

« Le commentaire qui accompagne ce coutumier est anonyme. On croit que Jean Auger en fut l'auteur. » Telle est l'assertion de M. Van-Praët, qui s'est trompé; peut-être a-t-il voulu parler de Jean André, célèbre légiste du XIVe siècle, mais ce jurisconsulte italien ne s'est jamais occupé du droit coutumier français. La date de 1483, placée à la fin du traité de la Consanguinité, et la seule que présente le volume, a été l'objet de diverses interprétations; on l'a envisagée comme la date de la rédaction de l'œuvre, comme celle de la transcription, ou comme celle de l'impression. Cette dernière opinion est celle qui réunit le plus de partisans.

M. Édouard Frère, dans son *Manuel du Bibliographe normand*, t. 1, p. 298, décrit en détail ce précieux volume.

COUSTUMIER DE NORMANDIE.

Rouen, Jacques Le Forestier, s. d., pet. in-4, 150 ff.

Volume fort bien imprimé, donnant le texte du *Coustumier*, sans commentaires.

L'absence du mot *parlement*, dans cette édition, donne l'assurance qu'elle a précédé la création de cette Cour en 1499.

COUSTUMIER (LE) DE POICTOU.

S. l. n. d. (vers 1484), in-4.

Décrit au *Manuel*. Une autre édition, Poitiers, 1486, in-fol., n'est guère connue que par un exemplaire incomplet du titre conservé à la Bibliothèque de la Cour de cassation. Il existe une autre édition, Paris, 1500, in-fol. 92 ff.

COUTUMES ET CONSTITUTIONS DE BRETAIGNE.

Rennes, 1484, in-8.

Un exemplaire à la Bibliothèque impériale; de longs détails au *Manuel*.

— Paris, Guillaume Le Feuvre, le vingt-troisième jour de septembre l'an mil quatre cent quatre-vingts, petit in-8, 182 ff., 27 lignes à la page.

Le volume commence par un avant-propos qui remplit un feuillet et demi et qui débute ainsi : *Aucunes foiz est aduenu en plusieurs terres.* Suivent deux tables qui vont jusqu'au 10e feuillet. Après le texte de la coutume, viennent 14 ff. remplis par : *Establissemens du duc de Bretaigne sur les pledoieurs et leurs salaires* (et autres ordonnances).

Le *Catalogue de la Bibliothèque publique de la ville de Nantes*, t. 1 (1861), p. 371, no 6942 (1), décrit ce volume d'après un exemplaire appartenant à M. H. Thibaud.

— — Brehan Lodeac, par Robin Foucquet et Jehan Cres.

1485, in-4.

En 1766, à la vente Sennicourt, un exemplaire ne dépassa pas 25 sous; Il s'en trouve un à la Bibliothèque de la Cour de cassation.

CRESCENCIES (PIERRE DE). *Le liure des prouffits champestres et ruraulx.*

Paris, Verard, 1486, in fol., 7 et 219 ff.

Édition dont nous ne connaissons aucune adjudication.

— Paris, Jehan Bonhomme, 1486, in-fol.

Un exemplaire à la Bibliothèque impériale.

---

1. Ce catalogue, rédigé par le conservateur, M. Émile Péhant, mérite d'être connu. Il est fait avec un soin minutieux et avec des développements très-utiles aux travailleurs. Les deux premiers volumes, les seuls parus jusqu'ici (nous le croyons du moins), présentent 22,400 articles pour la Théologie, la Jurisprudence et les Sciences.

Il existe plusieurs éditions publiées au commencement du XVIe siècle. L'auteur était médecin et professeur à Bologne; il écrivait vers 1302. Son ouvrage, dans lequel il a mis à contribution Palladius et Columelle, n'est pas sans quelque intérêt. (Voir Haller, *Biblioth. Botanica*, t. 1, p. 225; Sprengel, *Historia rei herbariæ*, t. 1, p. 281; Gessner, dans la préface de sa collection des *Scriptores rei rusticæ*. (Lepzig. 1773, 1 vol. in-4º.)

CRONICQUE SAINT DENYS, PASTEUR DE FRANCE.

S. l. n. d., in-4 (vers la fin du XVe siècle, et probablement à Paris (*Manuel*, I, 1865).

CRONICQUES (LES) DE NORMENDIE.

Rouen, Guillaume le Talleur, 1487, in-fol., 125 ff.

Ce volume fort précieux est décrit en détail dans le *Manuel du Libraire* de M. Brunet, et surtout dans le *Manuel du Bibliographe normand* de M. Frère, t. 1, p. 239. C'est le premier livre daté imprimé à Rouen. Un exemplaire est à la bibliothèque de cette ville ; il avait été adjugé 15 fr. en 1749, et il fut payé, en 1836, 525 fr. à la vente des livres de l'abbé Barré (1).

Un autre exemplaire faisait partie de la bibliothèque du prince Eugène de Savoie, qui a passé dans la Bibliothèque impériale de Vienne.

— Rouen, 1487, in-fol., 140 ff.

L'impression de ce volume doit être attribuée à Natalis de Harsy ; les deux éditions s'imprimèrent simultanément. En 1836, à la vente

---

1. Cet abbé, curé de Monville, est signalé par Dibdin (*Voyage bibliographique*, t. 2 et 3) comme un bibliophile aux yeux de lynx qui fit parfois d'heureuses trouvailles. Ce fut lui qui découvrit et acheta pour quelques pièces de cuivre la *Moralité des blasphémateurs*, exemplaire unique que Van-Praët s'empressa d'acquérir au prix de 900 fr. pour la Bibliothèque du Roi. Des trouvailles comme celles que faisait l'abbé Barré sont devenues bien rares. Il y en a cependant encore quelques exemples. Nous connaissons un amateur, M. T., auquel on n'a demandé que 20 centimes pour un volume revêtu de la signature de Montaigne. La *Notice* mise par M. Brunet en tête du catalogue de la vente de M. Parison signale des faits curieux en ce genre; le plus remarquable est la découverte faite par ce bibliophile d'un exemplaire des *Commentaires* de César avec une longue note autographe de Montaigne, exemplaire payé 1 fr. 50 sur un quai, et adjugé au prix de 1,550 fr. pour compte de Mgr le duc d'Aumale; l'enchère précédente avait été faite pour M. le docteur Payen. Si ce bibliophile a eu la douleur de voir ce trésor lui échapper, il a eu du moins le plaisir de pouvoir réimprimer cette note dans ses *Documents inédits sur Montaigne*, nº 3 (1855), p. 31.

de Bure, un bel exemplaire fut acquis au prix de 831 fr. pour la Bibliothèque du Roi.

CRONIQUES ABREGEES DES ROYS DE FRANCE.

Paris, 1491, in-4, 66 ff.

Il ne paraît pas qu'il se soit montré en vente d'autre exemplaire que celui de La Vallière, payé 8 fr. seulement.
D'autres éditions, peu connues, sont indiquées au *Manuel*.

CRONIQUES DES ROYS DE FRANCE.

Paris, 1491, in-4, 62 ff. Volume peu connu.

CROY (Henri de). *Lart et science de Rhetorique pour faire rimes et ballades.*

Paris, pour Ant. Verard, 1493, in-fol., 14 ff.

17 fr. La Vallière; 5 liv. st. 5 sh. Heber; 75 fr. Essling, n° 22 (exemplaire relié en veau, tranche dorée). Un exemplaire sur vélin, celui qui fut offert à Charles VIII, est à la Bibliothèque impériale. Van-Praët le décrit, t. 4, p. 159.
Un autre exemplaire est au Musée britannique.

L'auteur explique le but de son ouvrage « pour cognoistre tous les termes, formes et patrons, exemples, couleurs et figures de dictions, tailles modernes qui maintenant sont en usage. » Il apprend à faire « rigme batelée, rigme enchaînée, rigme brisée, rigme à double queue, rondeaulx jumeaux et rondeaulx doubles, fatras simple et fatras double, ballade et ballavante, ballade fratrisée, ricquerne et baguenaude. »

— Paris, J. Trepperel, 1499, in-4.

9 liv. st. 15 sh. en 1817, revendu 9 liv. st. 5 sh. Heber. Il ne paraît pas qu'on en ait vu passer en vente publique en France.
Il existe plusieurs éditions du commencement du seizième siècle; un exemplaire de celle de Trepperel, s. d. (vers 1500) in-4, 12 ff. 150 fr. vente Solar, n° 1021 (exempl. rel. en mar. bleu par Trautz-Bauzonnet); il avait été payé 125 fr. vente Bertin, n° 363.

CRY DES MONNOYES FAICT ET PUBLIÉ DANS LA CITÉ DE PARIS.

1498, in-4.

Pièce introuvable aujourd'hui. Maittaire l'indique dans ses *Annales typographiques*, d'après le témoignage de Prosper Marchand.

CUBA (Jean de). *Le Jardin de Santé.*

Paris, Verard, sans date (vers 1500), 2 vol. in-fol.

Le premier volume traite des herbes, le second « des bestes, oyseaux, poissons, pierres précieuses et ornées. »

> Le *Manuel* n'indique qu'une seule adjudication, 36 fr. vente Huzard ; prix tout à fait au-dessous de la valeur de cet ouvrage rare. C'est la traduction d'un ouvrage latin dont il existe quatre ou cinq éditions publiées au quinzième siècle. Il fut traduit en allemand et imprimé plusieurs fois. (Voir Haller, *Bibliotheca Botanica*, t. 1, p. 260 ; Sprengel, *Historia rei herbariæ*, t. 1, p. 292.)
>
> Un exemplaire sur vélin à la Bibliothèque impériale. Van-Praët le décrit, t. 3, p. 55. Un autre a été successivement adjugé à 481 fr. et à 20 liv. st. 10 sh. 6 d. aux ventes Mac-Carthy et Hibbert.
>
> C'est probablement celui qui figure au catalogue La Vallière, n° 1535.

CURCE (QUINTE). *De la Vie dalexandre le grant* (traduit par Vasquez de Lucerne, en 1468).

Paris, A. Verard (vers 1490), in-fol.

> 75 fr., mar. rouge, Cailhava, en 1845.
>
> On trouve au catalogue La Vallière, n° 4844, un très-beau manuscrit sur vélin de cette traduction (adjugé à 1,000 fr.). Voir une longue note à cet égard. Parmi les miniatures, il en est une qui représente Alexandre assiégeant la ville de Tyr avec des canons.
>
> La Bibliothèque impériale conserve divers manuscrits de cette traduction, nos 6727, 6728 et 6729, 6899, 7143 à 7146.

DANSE MACABRE (LA).

Paris, Guy Marchant, 1485, in-fol., 10 ff.

> Un exemplaire, où manque le frontispice, à la Bibliothèque publique de Grenoble. Peut-être est-ce le même que celui qui est porté comme incomplet à la *Bibliotheca Duboisiana*, t. 3, n° 16020 (1). Nous ne connaissons aucune adjudication de ce volume, probablement unique. M. Champollion-Figeac en a donné une longue description dans le *Magasin encyclopédique*, 1811, t. 6, p. 355 ; elle est reproduite dans les *Recherches* de Peignot sur les *Danses des morts*, 1826. Guy Marchant réimprima quatre fois la Danse Macabre.

— 1486, in-fol., 16 ff.

> Cette édition est plus étendue que la première.
> 24 fr. Gaignat ; 45 fr. La Vallière.

---

1. La bibliothèque réunie par le cardinal Dubois est la collection particulière la plus belle peut-être et la plus considérable qui ait été formée avant celle du duc de La Vallière. Elle fut vendue à La Haye en 1725. Le catalogue remplit quatre volumes ; il présente 29,922 numéros. Voir nos *Fantaisies bibliographiques*, Paris, Gay, 1863, p. 11-18.

L'expression des figures est très-bien sentie et très-bien rendue par la gravure.

— 1490, in-fol.

46 fr. La Vallière. On ne connaît pas d'adjudication depuis quatre-vingts ans.

— 1491, in-fol., 14 ff.

60 fr. La Vallière.

— Paris, Gilles Courtiau et Jehan Menart, 1492, in-4, 12 ff.

M. A. F. Didot possède dans son riche cabinet un exemplaire de cette édition. Il en parle dans son excellent *Essai sur l'histoire de la gravure sur bois* (col. 118).

Les figures de grande dimension occupent plus de la moitié de la page; elles sont d'un beau style et bien dessinées, et la gravure, tout en étant largement exécutée, a conservé la naïveté et la correction du dessin. Le caractère, qui est tout neuf, est le même qui a servi à la belle édition de la *Bataille hébraïque* de Josèphe, publiée par Verard la même année.

— Paris (Verard, vers 1500), pet. in-fol.

Les figures sur bois sont autres que celles qui se rencontrent dans les éditions de Guy Marchant. Nous n'avons pas connaissance d'adjudication d'exemplaire sur papier.

Un exemplaire sur vélin, payé 222 fr. La Vallière et 435 fr. Mac-Carthy, n° 2840, est à la Bibliothèque impériale; Van-Praët le décrit t. 4, p. 169, et il signale deux autres exemplaires, l'un à la Bibliothèque d'Auxerre, l'autre à celle du palais de Lambeth, près Londres.

— Paris, Verard, vers 1500, in-fol.

C'est une autre édition, quoique exécutée avec les mêmes caractères et les mêmes figures. La Bibliothèque impériale en possède également un exemplaire sur vélin. Voir Van-Praët, t. 4, p. 172.

— Lyon, 1499, in-fol., 42 ff.

20 fr. Gaignat, 200 fr. Mac-Carthy, revendu 1,205 fr. de Bure l'aîné, en 1853, n° 605 (exemplaire relié en mar. bleu, bien conservé, sauf les derniers feuillets percés par un trou).

Le *Manuel* entre dans des détails circonstanciés au sujet de ces diverses éditions, et il signale aussi celles qui ont eu lieu au commencement du XVIe siècle et qui ont toutes de la valeur. Les éditions de Guy Marchant sont l'objet d'une description attentive dans l'intéressant ouvrage de Langlois sur les *Danses des morts*, t. 1, p. 331. Nous n'avons pas à nous occuper ici d'un sujet que M. George Kastner a très-bien envisagé: *la Danse des morts, Dissertations et Recherches historiques, philosophiques, littéraires et musicales* (Paris, 1852, in-8, 300 p. de texte,

5 tableaux, 20 planches de figures, etc., 44 pl. de musique. L'auteur a comblé une lacune qui existait dans tous les écrits sur les *Danses des morts;* l'étude des instruments de musique qui figurent dans les mains des personnages avait été complétement négligée; M. Kastner, dans un travail qui lui appartient en propre, a passé en revue tout l'orchestre du branle funèbre, et il a réuni des faits intéressants et ignorés sur l'histoire de la musique instrumentale.

De toutes les notes que nous avons rassemblées sur la *Danse Macabre*, nous n'en placerons ici qu'une seule, relative à l'Espagne. Juan de Pedraza, auteur longtemps oublié, a composé une *Farsa llamada Dansa de la muerte*, 1551; M. Ferdinand Wolf, de Vienne, chercheur infatigable, sagace et souvent heureux, en a trouvé un exemplaire dans la Bibliothèque de Munich, et il a publié cette composition intéressante. (Voir un article de M. A. de Circourt, dans la *Revue contemporaine*, numéro du 31 mars 1853, p. 655-658. Un alphabet représentant une danse des morts se trouve dans le *Libro sotelissimo para deprender à escrivir y contar.* Çaragoça, 1555, in-4.

Francis Douce, dans son curieux ouvrage: *The Dance of Death*, Londres, 1833, in-8, donne des détails sur les diverses éditions de la *Danse Macabre;* il montre que le nom de Macabre n'est pas celui d'un Allemand, comme on l'a prétendu; c'est un personnage imaginaire.

Nous pourrions, à l'égard de cette *Danse* funèbre, signaler bien des circonstances que nous avons rencontrées dans une foule de livres; nous nous bornerons à un très-petit nombre d'indications.

Dibdin (*Bibliographical Decameron*, tom. 1, p. 33 et 101) reproduit plusieurs figures de la *Danse des morts*, copiées d'après les *Heures* publiées par Verard en 1498.

Consulter le chap. 8 de l'important ouvrage de M. du Sommerard: *Les Arts au moyen âge*, au sujet d'une Danse Macabre inédite.

Il existe un poëme moral anglais de W. Colman devenu extrêmement rare: *The Dance Macaber or Death's duel.* Londres, 1634.

En 1824, en réparant à Strasbourg l'église protestante dite église neuve, on découvrit, sous une croûte de chaux, une ancienne Danse des morts fort bien exécutée. (Voir *le Globe*, numéro du 24 septembre 1824.)

DEBAT DE LA DAME ET DE LESCUYER.

Paris, J. Lambert, fin du XVe siècle, in-4, 10 ff.

Un exemplaire relié en mar. rouge, avec trois autres *Débats* imprimés à la fin du quinzième siècle, 720 fr. J. de Bure, en 1853, n° 604.

— Une autre édition, Paris, J. Trepperel, 1493, in-4, 11 ff.

48 fr. en 1824; 150 fr. Bertin, n° 394 (rel. en mar. rouge par Koehler); 365 fr. Solar, n° 1082.

Cet opuscule, qui est de Henri Baude, dont le nom se trouve dans un manuscrit du XVe siècle, a été réimprimé dans le quatrième volume du *Recueil des anciennes poésies françoises*, publiées et annotées par M. de Montaiglon (dans la *Bibliothèque Elzevirienne*).

DEBAT DES DEUZ BONS SERVITEURS.

Paris, s. d. (vers 1500), in-4, 12 ff.

50 fr. vente du fonds de Bure; 111 fr. Crozet; 80 fr. Baudelocque (exempl. reliés en maroquin).

— S. l. n. d., 16 ff.

250 fr. Cailhava, n° 304, (relié en maroquin vert par Duru); cet exempl. figure au cat. Cigongne, n° 659.

DEBAT DES HERAULX DARMES DE FRANCE ET DANGLETERRE.

Rouen, Richard Auzoult, in-4, 20 ff., vers 1500.

Opuscule très-rare, que nous n'avons jamais vu passer en vente.

DEBAT DU CORPS ET DE LAME, ET LA VISION DE LERMITE.

S. l. n. d., in-4, 16 ff.

102 fr. B. D. G. en 1824, n° 3375; 5 liv. st. et 6 liv. 12 sh. Heber; 110 fr. Bertin, n° 395 (mar. rouge, Bauzonnet).

Un exemplaire au catalogue Cigongne, n° 661. On connaît des traductions allemandes, flamandes, espagnoles, etc. Voir E. Du Méril, *Poésies populaires latines*, p. 219, et Kastner, *les Danses des morts*, 1852, p. 22.

Cet opuscule édifiant est écrit en vers pitoyables. Peignot, dans ses *Recherches sur les Danses des morts*, p. 106, en transcrit 16 vers. Il existe en anglais une *Disputisoun bitven the bode and the saule*, restée manuscrite, mais dont Leyden a rapporté 8 vers dans le glossaire joint à son édition de *The Complaint of Scotland*, 1811, p. 339. Une pièce de vers, *la Diete du cors et de lame*, à la Bibl. impériale, manuscrit n° 7215, 3. (Voir Paulin Paris, t. 6, p. 392.)

DEBAT DU JEUNE ET DU VIEULX AMOUREUX.

(Lyon, vers 1500; marque de P. Mareschal et B. Chaussard.)

Un exempl. cat. Cigongne, n° 662.

L'idée de ce *Débat* est empruntée à une production latine imprimée à Anvers par Gérard Leeu, en 1491 : *Dialogus de Sene et Juvene de Amore disputantibus*.

DEBAT DU RELIGIEUX ET DE LOMME MONDAIN.

Paris, Le Petit Laurens, 1491, in-4, 12 ff.

— Une autre édition, s. l. n. d., in-4, 11 ff. (marque de Mareschal et Chaussard).

179 fr. Coste, n° 780, et 415 fr. Solar, n° 1081 (exemplaire de Bure, payé 720 fr., avec trois autres pièces du même genre, n° 604).

— Une troisième édition, in-4, 12 ff., s. d. et sans indication de lieu.

150 fr. Solar, n° 1060 (mar. rouge, Bauzonnet).

Plusieurs autres *Débats*, genre alors fort à la mode, sont décrits au *Manuel*, mais ces éditions sans date paraissent se rapporter au commencement du XVIe siècle; nous les laisserons de côté.

DEBAT DU VIN ET DE LEAU.

S. d., in-4, 8 ff. Imprimé par Mareschal et Chaussard, à Lyon.

175 fr., mar., Cailhava, n° 308. Quelques autres éditions, sans date, peuvent être attribuées au commencement du XVIe siècle.

Il existe un petit poëme, *De conflictu vini et aquæ*, que le baron d'Aretin a publié, d'après un manuscrit de la Bibliothèque de Munich, dans ses *Beitraege zur geschichte*, tom. 9, p. 1316. Signalons aussi en passant l'écrit d'Henri d'Andely : *La Bataille des crûs*; il fait connaître les vins les plus en faveur au XIIe siècle. C'est à la table de Philippe-Auguste qu'ils sont mandés et qu'ils comparaissent; un prêtre anglais les goûte, les juge et excommunie les mauvais. Méon a publié cet opuscule (*Fabliaux*, t. 1, p. 242), et il se retrouve, mis en prose, dans les *Fabliaux* recueillis par Legrand d'Aussy (t. 2, p. 142).

DEMANDES (LES) DAMOURS AUEC LES RESPONSES.

S. l. n. d., in-4 (caractères de la typographie lyonnaise), 11 ff.

Le texte commence ainsi :

La première demande.

« Ie vous demande : Se amours auoyent perdu leur nom, comment les nommeriez vous ? »

Response :

« Plaisant sagesse. »

C'est la réimpression des huit premiers feuillets des *Advineaux amoureux*. Il en existe trois ou quatre autres éditions exécutées au commencement du XVIe siècle. (Voir le *Manuel*.)

Cet opuscule est compris parmi les œuvres d'Alain Chartier.

DEMANDES (LES) JOYEUSES PAR MANIERE DE RECREATION.

Rouen, Robin Macé (vers 1500), in-4.

Nous ne voyons figurer ce livret, peu connu, sur aucun catalogue français ; il a été payé 1 liv. st. 5 sh. et 1 liv. 13 sh. aux ventes Hibbert et Heber. Nous n'avons pas eu l'occasion de vérifier si c'est le même ouvrage que les *Demandes joyeuses en forme de quolibets* dont le *Manuel* indique plusieurs éditions faites au XVIe siècle. Il en existe une rédaction anglaise imprimée à Londres en 1511 et qui est de la plus insigne rareté. Une réimpression a été mise au jour à 50 exemplaires ; elle n'a pas été destinée au commerce.

DIALOGUE DES CREATURES MORALIGIÉ.

Gouwe (Gouda), Gérard Leeu, 1482, in-fol.

D'après le *Manuel*, on n'en connaît que deux exemplaires, celui de la Bibliothèque impériale, provenant de la vente Michiels, faite en 1774 à Bruxelles, et celui de M. Yemeniz à Lyon. Cette traduction est de Colard Mansion. Van-Praët, dans sa *Notice* sur cet imprimeur, p. 20 et suiv., entre dans des détails étendus au sujet d'un manuscrit du XVe siècle, sur vélin, orné de 122 miniatures ; il ne connaissait l'existence que d'un seul exemplaire imprimé.

— Lyon, Husz et Schabeller, 1483, in-fol.

Édition portée au cat. Du Fay.
Le *Manuel* n'en cite aucune adjudication.

Le texte latin, imprimé pour la première fois à Gouda en 1480, obtint des éditions nombreuses (une à Stockholm, en 1483). Une traduction hollandaise fut imprimée à quatre reprises successives dans le XVe siècle.

Cet ouvrage en prose se compose de 122 apologues qui servent chacun à établir une vérité morale. Un manuscrit du XIVe siècle l'attribue à un personnage tout à fait inconnu, Nicolaus Pergamenus. Plusieurs manuscrits donnent pour titre : *Destructorium vitiorum*, et on a signalé comme auteur Alexandre de Hales.

M. Robert, *Fables inédites du XIIIe siècle*, t. 1. p. CVI, a dit quelques mots de cet ouvrage. Le traducteur s'exprime ainsi en son prologue : « Cestuy liure appella dyalogue des creatures plinct matieres joyeuses affin que la grauité des meurs et la conuenablete de la doctrine des autorites des sains docteurs soit aournee. » Le texte débute par ces mots : « Comme tesmoigne ysidoire en son liure du souuerain bien par le beaulte de la creature nous demonstre dieu que entendre ne comprendre ne poons une partie et porcion de la beaulte... »

Ce *Dialogue* a été qualifié de fantaisie quasi scientifique d'un moine du XIVe siècle.

Une traduction anglaise, s. d. (vers 1525), est ornée de gravures sur bois d'un travail grossier ; le *Bibliomane*, 1862, p. 35, offre le fac-simile de l'une d'elles, représentant un centaure et une centauresse se donnant la main ; l'éditeur prend sans doute ces personnages pour des satyres, puisqu'il met cette vignette en tête du chapitre : *De Satyro qui sibi accepit uxorem*.

DIALOGUE DU FOL ET DU SAGE.
Lyon, B. Chaussard.

<blockquote>Édition citée par Du Verdier dans sa *Bibliothèque françoise*. On en connaît une autre, Paris, Simon Calvarin, s. d., in-8º, 16 ff. Voir le *Manuel*, t. 2, col. 671.</blockquote>

DICT (LE) DES PAYS, AVEC LES CONDICIONS DES FEMMES.
S. l. n. d., in-8, 4 ff. (vers 1500).

<blockquote>Pièce de 92 vers de 8 syllabes. Le *Manuel* en signale deux autres éditions anciennes, et il s'en trouve un exemplaire au catal. Cigongne, nº 663. Une réimpression a été faite à 30 exemplaires vers 1830, par les soins de M. Techener, libraire, et ce *Dict* a été reproduit par M. G. Duplessis dans sa *Bibliographie parémiologique*, 1847, p. 136. On le retrouve avec des notes dans le *Recueil de poësies françoises des XVe et XVIe siècles*, publié par M. A. de Montaiglon (t. 5. p. 106) et qui fait partie de la *Bibliothèque elzevirienne*.</blockquote>

DICTZ (LES) DES BESTES.
In-4, 4 ff., vers 1500.

<blockquote>6 liv. st. 6 sh. Heber.
55 fr. Nodier, en 1844, nº 326.</blockquote>

— Une autre édition de 4 ff. faite à Lyon, vers 1499.

<blockquote>210 fr. vente Cailhava, n° 311 (mar. rouge).</blockquote>

DITS MORAULX DES PHILOSOPHES ET PREMIEREMENT DE SEDECHIAS (par Guillaume de Tignoville ou Thignoville.
Bruges, Colard Mansion, in-fol., 115 ff.

<blockquote>Volume excessivement rare; le *Manuel* n'en signale aucune adjudication. Van-Praët (*Notice*, p. 44) en indique cinq exemplaires : un à la Bibliothèque impériale (provenant de Van der Cruyce, à Lille); un dans la bibliothèque du comte de Thott (tom. 7, nº 1289 : elle est passée dans celle de Copenhague); un conservé dans les archives de Lille; deux dont on ignore le sort; l'un était chez les Dominicains de Valenciennes, l'autre est porté au catalogue de la bibliothèque Harleyenne, tom. 5, nº 2642.</blockquote>

Cet ouvrage fut fort goûté ; les manuscrits en sont nombreux, et il en existe plusieurs éditions du commencement du XVIe siècle.

Il commence ainsi :

« Sedechias fut philosophe le premier par qui de la volonté de dieu fut loy receue et sapience entendue. Et dist jcellui sedechias que vne chascune bonne creature doit auoir en soi XVI vertus. »

Après les *Ditz* du prétendu Sedechias, on trouve ceux d'Hermès, de Bac, de Aqualquin, de Rabron, de Assacon, de Longagon l'Ethiopien, de Nese, d'Ardarge, de Thesillo (personnages imaginaires, ou dont les noms sont étrangement défigurés). Nous retrouvons Solon dans Zalon; Homère, Alexandre et saint Grégoire figurent parmi les philosophes avec Pytagoras et Dyogenes. La Bibliothèque impériale possède, nº 7068, 3, un manuscrit qui diffère un peu des imprimés; M. Paulin Paris en parle avec détail (*Manuscrits françois*, t. 5, p. 1-9), et il entre en même temps dans quelques explications au sujet d'une circonstance remarquable de la vie de Guillaume de Tignoville, qui, en sa qualité de prévôt des marchands, fit pendre deux écoliers coupables d'assassinat, acte de justice sommaire qui provoqua de la part de l'Université une explosion de colère, et qui a été l'origine de fables reproduites sans critique par les historiens.

DITS DES PHILOSOPHES.

Paris, Verard, 1486, in-4, 96 ff.

Volume précieux qui n'était point signalé dans les annalistes de l'imprimerie, mais que le *Manuel* décrit d'après un exemplaire en mauvais état qui a paru aux ventes Villenave et Libri-Carucci.

Alain de Cambray a laissé un poëme de près de 3,000 vers sur le moralités des philosophes (Cat. Gaignat et Biblioth. impér., nº 7534); il paraît faire deux auteurs différents de Cicéron et de Tullius, de Virgile et de Maron.

DITZ IOYEUX DES OISEAUX.

S. l. n. d., in-4, 5 ff.

Un exemplaire a été porté à 200 fr. à la vente Cailhava, nº 312.
Ces *Ditz* sont réimprimés dans le recueil d'*Anciennes poésies françoises*, édité par M. A. de Montaiglon, 1855, t. 1, p. 256-264.

DOCTRINAL DES BONS SERVITEURS.

S. l. n. d., in-8, 4 ff.

Cet opuscule est en 28 quatrains. Il en existe plusieurs éditions : une datée de Lyon, 107 fr. Cailhava (mar. rouge), nº 305; une autre 50 fr., en 1841; 145 fr. Nodier, nº 319, revendue 90 fr. Baudelocque.

DOCTRINAL DES FEMMES MARIÉES.

S. l. n. d., in-4, 6 ff.

Un exemplaire figure au cat. Cigongne, nº 668.

DOCTRINAL DES FILLES.

Lyon, P. Mareschal, s. d. (avant 1496), in-4°, 4 ff.

66 fr. Nodier, n° 322 (rel. en mar. bleu par Koehler), revendu 89 fr. Coste, n° 781, et 165 fr. Solar, n° 1084 ; il avait été offert à 125 fr. sur un catalogue du libraire Potier en 1859.

Il en existe plusieurs autres éditions s. d., mais qui sont peut-être du commencement du XVIe siècle : une in-8°, 4 ff. à 26 lignes, 100 fr. Nodier, en 1844, n° 323 (rel. de Koehler, en mar. rouge), revendue 50 fr. Baudelocque, et 84 fr. Coste, n° 781 ; une autre édition petit in-4, 305 fr. Double, n° 88, maroquin, Bauzonnet.

Réimprimé dans le recueil de M. A. de Montaiglon, t. 2, p. 18-24. Ce bibliographe décrit six éditions, toutes de 4 ff. et sans que le texte offre des différences réelles. On compte trente-quatre strophes de quatre vers. Ce sont de sages préceptes moraux, ainsi qu'on peut en juger par les deux premiers quatrains que nous allons transcrire :

> Filles, pour faire bon trésor
> Crainte ayez devant vos yeulx,
> Car en fille crainte siet mieulx
> Que le rubis ne faict en l'or.
> Filles, ne vous vueillez mesler
> De bailler a amour avance
> Dont n'ayez apres repentance
> Ne nulz en faille en mal parler.

DOCTRINAL DES NOUVEAULX MARIÉS.

S. l. n. d., in-4, 4 ff., avec la marque de P. Mareschal et B. Chaussard, de Lyon.

Un exemplaire au *Cat. de la Bibliothèque du Roi*, in-fol.; une autre édition, in-4°, 6 ff., s. d. (vers 1499), porte la marque de Trepperel.

Ces deux opuscules ont été réimprimés à Chartres, en 1836, à 50 exemplaires. « Comme étude de mœurs, ils ont un véritable intérêt. Les conseils qu'ils contiennent sont sérieux et très-bons à suivre. » (Viollet Le Duc, *Bibliothèque poétique*, t. 1, p. 105.) Le premier se compose de vingt-cinq strophes de huit vers, et commence ainsi :

> Nouueaulz mariez, il vous fault
> Sauoir les loys de mariage.

Le second :

> Neuuellement mariee aprenez
> Du mariage les loys et retenez.

DOCTRINAL DES NOUVELLES MARIÉES.

Lantenac, Jehan Crès, 1491, in-4, 6 ff.

Opuscule très-rare ; un exemplaire relié avec trois autres pièces de vers de la même époque, 1,400 fr. J. De Bure, en 1853, n° 607.

DOCTRINE DES PRINCES ET DES SERVANS EN COUR.

S. l. n. d. (vers 1500), in-8, 4 ff.

<small>3 liv. st. 19 sh. Heber; 118 fr. Nodier, n° 320, rel. en maroquin.</small>

Cet opuscule a été inséré dans le quatrième volume du *Recueil des poésies françoises*, publié par M. A. de Montaiglon.

DU GUESCLIN (*Le Liure des faicz de messire*).

S. l. n. d., in-fol. Imprimé à Lyon vers 1480.

<small>27 liv. st. White Knight; 40 liv. st. Heber, et 850 fr. Essling, n° 247; il a passé dans la bibliothèque Cigongne (n° 1850); 800 fr. (mar. rouge, Bauzonnet) A. Chenest en mai 1853, n° 169; 785 fr. (en parchemin) Bourdillon, en 1847.</small>

Cet ouvrage, qui est plutôt un roman de chevalerie qu'un récit historique, a été réimprimé en 1521, en 1527, etc.

DUPIN (JEAN). *Liure de bonne vie qui est appellé Mandevie.*

Chambery, A. Neyret, 1485, in-fol., 125 ff.

<small>Le *Manuel* ne signale que deux très-anciennes adjudications; 14 fr. Gaignat; 60 fr. La Vallière. Un bel exemplaire vaudrait aujourd'hui 300 ou 400 francs au moins. L'édition de Michel Le Noir, s. d. (vers 1515), est tout aussi rare que celle de Neyret.</small>

Les sept premiers livres sont en prose, le huitième en vers. Le début de l'ouvrage annonce *les mélancolies sur les conditions de ce monde*. Voir Goujet, t. 9, p. 196-203; Paquot, *Mémoires*, t. 15, p. 174; A. Dinaux, *Trouvères cambraisiens*, 1837, p. 160.

Les vers de Dupin sont habituellement de la prose assez mal rimée; il passe en revue tous les états : pape, évêque, moine, etc. Les avocats ou *clercs de loix* sont assez maltraités.

> Robes ont d'envie herminées,
> Housses dhypocrisie fourrées,
> Chapeau de paresse en la teste;
> Leurs maisons sont dire parées
> Dorgueil et de gueule fondées,
> De luxure font leur digeste.

DUPUIS (MARY). *Defense de Rhodes contre les Turcs.*

S. l. n. d. (Lyon, vers 1480).

Le *Manuel* décrit cet ouvrage rarissime d'après un exemplaire conservé à la Bibliothèque impériale. Il lui donne un titre, car le volume n'a ni frontispice ni sommaire. L'auteur se désigne lui-même comme *gros et rude de sens et de entendement*. On a aujourd'hui moins de modestie.

EGUILLON DE CRAINTE DIVINE.

Verard, in-fol., 1492.

Cet écrit fait partie du volume publié par Verard sous le titre de *l'Art de bien viure et de bien mourir* (voir ce mot), et plusieurs fois réimprimé.

ENFANT (L') SAIGE A TROYS ANS, *interrogue par Adrian empereur, lequel luy rend responce de chacune chose quil luy demande.*

S. l. n. d. (vers 1499), in-4, 6 ff.

Le *Manuel* indique trois autres éditions du commencement du XVIe siècle. Le même ouvrage existe avec un titre un peu modifié et avec quelques changements.

ENSEIGNEMENS (LES) MORAUX.

Paris, A. Verard (vers 1500), in-4.

Un exemplaire sur vélin est à la Bibliothèque impériale. Van-Praët le décrit, t. 1, p. 311.

L'ouvrage débute ainsi : « Mon frère, nous sommes en ce monde cy passant nos iours comme vmbre. »

ENTRÉE DU ROY NOSTRE SIRE A ROMME.

S. l. n. d., in-4, 4 ff.

Cette pièce se trouve avec neuf autres relatives à l'expédition de Charles VIII en Italie et imprimées vers la fin du XVe siècle dans un recueil qui s'est élevé, à la vente Coste, n° 1466, au prix énorme de 2099 francs, et qui a été acquis par la Bibliothèque impériale. Le *Manuel*, t. 2, col. 990, donne une liste de ces opuscules, et il en fait connaître aussi un certain nombre concernant la même portion de l'histoire de France, lesquels se trouvent dans un recueil que possède la Bibliothèque de la ville de Nantes ; nous croyons inutile de rapporter ici cette énumération.

EPISTRES ET EVANGILES. (Voir *Postilles*.)

EPITAPHE DE DEFUNC MAISTRTE JEHAN TROTIER.

S. l. n. d., in-4, 4 ff. (Paris, marque de Pierre Le Caron, 1500).

Opuscule réimprimé dans le t. 8 du *Recueil de poésies françoises*, publié par M. de Montaiglon. Trotier était à la tête des *Enfants sans soucy*. M. Magnin, dans de judicieux articles sur l'ancien théâtre français, insérés au *Journal des Savants* (1858), a cherché à déterminer quelle était, dans les vieilles farces et compositions dramatiques, la part qui revenait à cette association.

EPITAPHES (LES) DES FEUZ ROYS LOYS ONZIESME ET CHARLES SON FILS.

S. l. n. d. (vers 1498), in-4, 6 ff.

M. de Montaiglon a inséré cet opuscule dans son *Recueil d'anciennes poésies françoises*, t. 8, p. [91. Un exempl. est à la Bibliothèque impériale. Louis XI a pour son compte 10 strophes de 4 vers; son fils peut revendiquer 80 vers. Le mérite de cette poésie est d'ailleurs nul; on en jugera par le début de l'épitaphe de Charles VIII.

> Le hault seigneur qui en tous siecles regne
> Quant il lui a plu faire faillir du regne
> Loys unziesme de qui suis filz yssu
> Apres avoir fil de vie tissu
> Par treze années me daigna en cest age
> Possesseur faire de royal heritage.

ESCLESIASTIQUE (L'), LE PSAULTIER, LES PARABOLES DE SALOMON, LE LIURE DE SAPIENCE ET LE LIURE DES ECCLESIASTES, nouuellement translate sur la Bible au plus pres du latin.

1481, in-fol.

Ce volume très-rare comprend aussi le Cantique des Cantiques, non-indiqué sur le titre.

> Un exemplaire fait partie de l'importante collection d'éditions anciennes qu'un fervent amateur hollandais, le baron de Westrenen de Tiellandt, a léguée à la Bibliothèque de La Haye.

ESOPE (LES SUBTILES FABLES DE), translatées par frère Julien (Macho).

Lyon, Mathias Husz, 1484, in-fol.

> La Bibliothèque impériale possède un exemplaire imparfait de cette édition. Elle a été reproduite en 1486 par le même imprimeur. Ni l'une ni l'autre ne semble avoir passé en vente publique.

— S. l. n. d., 72 ff. Édition indiquée dans la *Bibliotheca Grenvilliana*, p. 15.

> Il ne paraît pas qu'on en connaisse d'autres exemplaires.

— Lyon, P. Mareschal et B. Chaussard, 1499, in-fol., 77 ff.

> 175 fr. vente Coulon, exemplaire taché.

Les fables de Avian et de Alfonce et aucunes joyeuses de poge florentin, figurent aussi dans ce recueil.

—— **Apologues et Fables,** translatés du grec en latin par Laurent Valle, et du latin en françoys par Guill. Tardif.

Paris, par Ant. Verard (vers 1490), in-fol., 36 ff.

Nous ne connaissons pas d'adjudication de ce livret. Un très-bel exemplaire sur vélin, celui qui fut offert à Charles VIII, est à la Bibliothèque impériale. Van-Praët le décrit, tome 4, p. 239. Donnons un échantillon de ces apologues :

« La VIII. histoire cment Xantus voulut trôper esope.

« Xantus vouloit trouuer occasion po2 laqlle il peust batre esope, et
« pour ce q esope auoit mis les quatre piez bouillir au pot — xant9 en
« tira lung pour le trôper. et esope regardant au pot vit ql ny auoit q
« trois piez côsidera q son seigneur lauoit fait — descendit en lestable
« et coppa ung pie a ung pourceau qui la estoit et retournât le mist au
« pot et xant9 doubtât q esope ne fist qlque farce remist le pie au pot .
« Et quât les piez furent cuitz esope les vuyda dedês le plat et en
« trouua cinq piez . quât xant9 veit ceci dit . Quest cecy esope vng porc
« a il cîq piez. et esope dit a Xantus — deux pourceaux quans piez
« ont ilz — et Xantus dit huyt piez — mais icy en ya cinq voire dit
« esope — et nostre porceau qui est embas en lestable en a troys.
« Alors Xant9 dist a ses amys ne vo9 ay ie pas dit que cestuy icy me fera
« enrager. Et esope luy dit — mon maistre ne sces tu pas bien que
« toutes choses q sont faictes et dictes oultre raison ne sont pas licites.
« Adoncques Xantus voyant qui ne pouuoit trouuer cause de le battre
« se teut : et pour ce le seruiteur fut plus saige que le maistre. »

EXAMEN DE CONSCIENCE DU MAL ET DU BIEN DE LAME.

Rouen, Jean le Bourgeois, (vers 1488), in-4, 312 ff.

L'ouvrage commence ainsi :
« Dieu le pere et le fils et le saint esprit qui est un seul Dieu en trinite veuille donner son amour sa grace et misericorde aux pecheurs qui se vouldront corriger et amender et qui estudieront ce livre. »

Van-Praët, t. 1, p. 336, décrit deux exempl. sur vélin appartenant à la Bibliothèque impériale. Un d'eux a été acheté à une vente faite à Ratisbonne en 1816.

EXEMPLAIRE DE CONFESSION.

Rouen, Jacques Le Forestier, 1493, in-4, 57 ff.

Volume fort rare, mais qui n'atteindrait pas un prix élevé, si ce n'est en Normandie peut-être. Le *Manuel* indique, d'après le *Repertorium* d'Haïn, une édition sortie des mêmes presses et datée de 1488. L'existence en est douteuse.

EXIMENEZ. *Le Livre des saints anges.*

Genesue, 1478, in-fol. à 31 lignes.

> Premier livre imprimé à Genève.
> La Bibliothèque de cette ville en possède deux exemplaires dont l'un est incomplet, et l'autre a un feuillet déchiré. Elle conserve aussi un manuscrit offrant quelques différences avec l'imprimé. (Voir G. Favre, *Mélanges*, t. I, p. 316.) 36 fr. La Vallière (maroquin rouge), n° 558 (au n° 537 un beau manuscrit sur vélin) ; 40 fr. Brienne en 1797.

L'auteur, François Ximenez, cordelier, mourut en 1409 évêque d'Elne. Son livre est dédié à la Trinité et à la Vierge Marie (1).

— Lyon, Guillaume Le Roy, 1486, in-fol., 153 ff.

> 40 fr. Mac-Carthy ; 24 fr., exemplaire mal conservé, fond de Bure. L'ardeur avec laquelle on recherche les anciennes productions de la typographie lyonnaise ferait sans doute porter à un prix élevé un bel exemplaire, s'il se présentait en vente.

EXPOSICION DES EVANGILLES ET DES EPISTRES, translatées de nouveau de latin en françois.

Chambéry, Antoine Neyret, 1484, in-fol.

C'est une traduction en style rajeuni des sermons de Maurice de Sully, évêque de Paris, mort à la fin du XIIe siècle, et c'est le premier volume imprimé à Chambéry. Un exempl. est à la Bibliothèque impériale. Le *Manuel* le décrit en détail.

— S. l. n. d., in-fol. (vers 1500). Volume qu'on regarde comme imprimé à Lyon.

FAITZ MERUEILLEUX DE VIRGILLE.

— Paris, Jehan Trepperel, sans date (vers 1499), in-4, 10 ff.

> Un exemplaire relié en maroquin a successivement été adjugé 8 fr. La Vallière ; 17 liv. st. 17 sh. Roxburghe ; 4 liv. st. 4 sh. White Knight ; 11 liv. Heber ; 230 fr. Essling, n° 330 (ancienne reliure en maroquin rouge) ; 281 fr. en janvier 1847 ; 305 fr. A. Bertin, n° 330.
> Deux autres éditions de 16 ff. chaque, sans date, paraissent du com-

---

1. Il fut écrit en catalan et imprimé en cette langue à Barcelone en 1494. Voir David Clément, *Bibliothèque curieuse*, t. 1, p 332, et P. Paris, *Manuscrits françois*, t. 1, p. 31 ; t. 2, p. 92. La Bibliothèque impériale possède un manuscrit du *Livre des Angeles*, n° 6846. Voir Ochoa, *Catalogo*, p. 31.

mencement du XVIe siècle : une publiée par la veuve Barnabé Chaussard, in-8, 20 ff. à 24 lignes, adjugée à 13 liv. st. 13 sh. vente Libri, en 1862, n° 552.

Voir au sujet des récits du moyen âge, relatifs à l'auteur de l'*Enéide*, une note de M. Le Roux de Lincy dans le *Cabinet de lecture*, 29 octobre 1835; Loiseleur Deslongchamps, *Essai sur les fables indiennes*, p. 158; le *Bulletin de l'Alliance des arts*, n° 103, t. 5, p. 101; deux dissertations latines, l'une de M. Siebenhauer : *De fabulis quæ media ætate de Virgilio Marone circumferebantur*, Berolini, 1837, in-4; l'autre de M. Francisque-Michel : *Quæ vices quæque mutationes et Virgilium ipsum et ejus carmina per mediam ætatem exceperint*, 1839; elle contient, p. 15-18, un chapitre : *De Scriptoribus medii ævi qui quædam de magica Virgilii scientia retulerunt*.

Des fragments du roman de Virgile, en patois napolitain, se trouvent dans l'écrit de l'abbé Galiani : *Del dialetto napoletano*, et une vie burlesque de Virgile, écrite dans le même patois, se rencontre dans les *Opere inedite di vari autori*, Napoli, 1789, in-12. — Un savant et fécond bibliographe, M. Graesse, de Dresde, a fait connaître dans ses *Beitraege zur Literatur und Sage des Mittelalters*, 1850, in-4, p. 27, des textes délaissés jusqu'à lui; il transcrit plusieurs chapitres de la *Chronica de Napole* de G. Villani, 1688, in-4. Ce qui concerne le Virgile mythique a d'ailleurs été traité avec beaucoup d'érudition par M. Edelestand Du Méril, dans le dernier chapitre (intitulé *De Virgile l'enchanteur*) de ses *Mélanges archéologiques et littéraires*, Paris, 1850, p. 425-478. Cependant, comme il est impossible d'épuiser complétement un sujet, on pourrait encore ajouter quelques traits aux recherches de M. Du Méril.

Le premier *romance* du *Tesoro* publié par M. Ochoa (1838) est celui de Virgilio. Le poëte s'est rendu coupable d'une faute très-grave; il a *forzado una doncella;* le roi le fait mettre en prison, l'y laisse sept ans; il s'en souvient *un domingo, estando en misa ;* on appelle un archevêque, et Virgile épouse *una dueña, llamada Dona Isabel*.

Dans un manuscrit du fonds Cotton, au Musée britannique, on trouve une traduction latine de l'*Histoire des Sept Sages ;* la scène est à Carthage, le roi est Annibal, et c'est à Virgile qu'il a affaire (Wright, *Political Songs of England*, 1839, p. 388). — Un petit roman anglais du XVe siècle, relatif à Virgile, réimprimé par Utterson à fort petit nombre, est compris dans le recueil de Thoms : *Early prose romances ;* il paraît un abrégé du livre français.

FARDELET (LE PETIT) DES FAITS, traduit par Pierre Farget.

Lyon, 1483, in-fol.

Un exemplaire à la Bibliothèque Sainte-Geneviève. Un autre, relié en maroquin par Trautz-Bauzonnet, est mis au prix de 550 fr. cat. Potier, 1864, n° 3386. C'est une traduction du *Fasciculus temporum* du chartreux Werner Rolewinck, ouvrage imprimé en 1474 et dont les éditions sont nombreuses. Il reparut en français sous le titre suivant :

FARDELET HISTORIAL, *contenant en brief quasi toutes les hystoires tant de l'ancien que du nouueau Testament, et generalement tous les merueilleuz faitz dignes de memoire.*

On lit un passage relatif à l'invention de l'imprimerie au verso du feuillet M. (1).

Genesue, 1495, in-fol., 95 ff.

6 liv. 12 sols La Vallière, n° 4558; 108 fr. Cailhava; 195 fr. Solar, n° 2502, mar. rouge; 140 fr., veau, tr. d., H. de Ch., n° 784. Un exemplaire relié en maroquin mis à 220 fr. cat. Potier, n° 3387. Cette édition contient en plus un paragraphe relatif à la conquête de Naples par Charles VIII. Voir, dans les *Mélanges littéraires* de Guillaume Favre (Genève, 2 vol. in-8), un mémoire *sur les livres imprimés à Genève au XVe siècle*, p. 307-364. Ce livre parut aussi avec un titre un peu modifié : *Les fleurs et manières des temps passez et des faitz merueilleux de Dieu*, in-fol., mais c'est la même édition.

— Lyon, Mathias Husz, 1498, in-fol. Édition que nous ne rencontrons sur aucun catalogue.

FAULCETÉ DAMOURS.

La faulcete trayson et les tours
De ceulx qui suiuent le train damours.

S. l. n. d. (vers 1500), in-4°, 58 ff. En vers de 10 syllabes.

Depuis la vente La Vallière, où un exemplaire fut payé 9 fr., nous ne croyons pas que ce livre précieux se soit montré aux enchères de Paris; il fut adjugé à 8 liv. st. 8 sh. à la vente Heber. Cet exemplaire, un

---

1. « La impression des liures qui est une science tresubtile et ung art qui « iamais navoyt este veu fut trouue enuiron ce temps en la cite de Mayence. « Ceste science est art des arts, science des sciences, laquelle pour la celerite de « son exercite est ung tresor desirable de sapience, car la vertu infinie des liures « a maintenant este manifestee aux poures indigens estudians, escoliers. » Un autre passage remarquable concerne la papesse Jeanne : « Cestuy iohannes fut de « surnom appelle angloys, mais il estoit de la nation de Magonse et fut environ ce « temps combien qui fut pape, toutefoys cestoit une femme vestue d'habillemens « dhommes laquelle tellement avoyt estudie et prouffite en la sainte escripture « quon ne trouuoit son semblable pour quoy fut esleu pape mais puis apres elle « engrossa et en plainne procession publiquement enfanta et mourut. » On peut consulter sur cette légende un petit volume publié en 1862, à Paris, chez J. Gay : *La papesse Jeanne, étude historique et littéraire*, par Philomneste junior.

peu piqué, est mis au prix de 200 fr. au *Bulletin du Bibliophile* de Techener, 2ᵉ série, nº 1310.

FIER A BRAS.

Genève, 1488, in-fol., 115 ff.

38 liv. st. 17 sh. Roxburghe; 51 liv. st. 17 sh. Heber; 1,000 fr. Essling, nº 216 (reliure de Duru, maroquin rouge). Cet exemplaire figure au catalogue Cigongne, nº 1833.

— Genève, Simon du Jardin, s. d., in-fol., 112 ff. à 31 lignes.

Un exemplaire indiqué comme le seul connu et provenant de la vente Van der Velde, faite à Gand en 1832, est conservé dans la Bibliothèque Grenville, annexée au Musée britannique; il est relié en maroquin; il avait été offert à 35 liv. st. sur un catalogue du libraire Thorpe, de Londres, en 1833. Un autre est porté, sans indication de prix, au catal. Potier, 1856, nº 2326. C'est probablement le même que celui qui, revêtu d'une riche reliure de Trautz-Bauzonnet, figure au catalogue Cigongne, nº 1834. Panzer n'a point fait mention de Simon du Jardin dans ses *Annales typographici*.

— Lyon, Guillaume Le Roy, 1486, in-fol., 116 ff.

49 fr. La Vallière; 24 liv. st. 12 sh. White Knight; 43 liv. st. Heber; 900 fr. Essling, nº 217 (rel. en maroq. bleu, acheté par M. Yemeniz); 650 fr. Aimé-Martin. Un exemplaire figure au catalogue de la Bibliothèque de Lyon, rédigé par Delandine (Belles-Lettres. t. 2, p. 30, nº 5031). Guillaume Le Roy a publié deux autres éditions de *Fier à bras*; l'une 116 ff., il s'en est trouvé à la vente Coste un exemplaire relié en maroquin rouge par Bauzonnet (nº 962, adjugé à 826 francs), il est offert à 1,000 fr. sur un catalogue du libraire Potier, 1859, in-18, nº 314; l'autre, 108 ff. Un exemplaire richement relié est offert au prix de 1,350 fr. sur un catalogue du libraire Techener, 1853.

— Lyon, J. Maillet, 1489, in-fol., 86 ff.

Le seul exemplaire qui paraisse avoir passé en vente est celui du catalogue Bourdillon, en 1844 (855 fr., relié en maroquin).

— Lyon, 1496, in-fol., 65 ff.

Édition décrite par Panzer, qui la possédait. Il ne paraît pas qu'elle ait jamais passé en vente.

Un exemplaire relié en maroquin vert est porté dans la *Bibliotheca Grenvilliana*, 2ᵉ part., p. 192, sign. *a-k*, 6 ff., et *l*, 5 ff. seulement. Une grande figure sur bois au commencement du volume, une autre à la fin, et quelques petites dans le texte.

— P. Mareschal et B. Chaussard, 1497, in-4.

300 fr. Morel-Vindé; 3 liv. st. 6 sh. Heber (exemplaire sans doute peu satisfaisant); 10 liv. st. 15 sh. en mai 1848.

Ces nombreuses éditions montrent quelle sympathie ce récit trouva parmi les lecteurs de l'époque.

Une analyse du roman de Fier-à-bras se rencontre dans la *Bibliothèque des Romans*, novembre 1777, p. 39-67. Voir aussi les *Mélanges d'une grande bibliothèque*, t. 8, p. 176; Schmidt, dans les *Annales de Vienne* (en allemand), t. 31, p. 135; Dunlop, *History of fiction*, t. 1, p. 368. Il existe une traduction allemande publiée pour la première fois en 1533. Le poëme anonyme italien *El cantare di Fierabraccia et Vlivieri* est une composition différente. En espagnol on connaît l'*Historia del emperador Carlo Magno... y de la batalla que hubo Oliveros con Fierabras, rey d'Alexandria*.

C'est là que Calderon prit le sujet de son drame *La Puente de Mantible*, et Lope de Vega avait écrit sous le même titre une pièce qui est perdue (1).

Nous n'avons pas besoin de rappeler que l'ancien poëme de Fier-à-Bras, composé de 6219 vers, a été publié à Paris en 1860, in-12, par MM. Kroeber et Servois, dans la collection des anciens poëtes de la France, et qu'une rédaction provençale de 5084 vers a été mise au jour par M. Bekker, à Berlin, dans le 10e volume des *Mémoires de l'Académie*

---

1. Nous demandons la permission de placer ici une observation sur un fait assez curieux. Rabelais mentionne (*Pantagruel*, livre II, ch. 32): « une feuille de bardane qui n'estoyt moins large que l'arche du pont de Mantrible. » Maître François connaissait parfaitement les romans de chevalerie et il savait très-bien ce qu'il avait voulu dire, mais une faute d'impression se glissa dans quelque édition, fut constamment reproduite depuis, et défigura sa pensée. On imprima Monstrible. Les commentateurs, peu versés dans la vieille littérature française, découvrirent un pont de Monstrible sur la Charente, et sans examiner si cette leçon offrait la moindre vraisemblance, ils l'admirent dans leur texte et ils l'appuyèrent dans leurs notes. C'est ce qu'ont fait Le Duchat et de l'Aulnaye, Éloi Johanneau et ceux qui les ont suivis. Nous avons été le premier à signaler la véritable leçon dans notre *Notice sur une édition inconnue de Pantagruel* (Paris, 1840, p. 11); toutefois nous ne connaissons que deux éditions où se trouve le nom de Mantrible, celle qu'avait entreprise M. Jannet pour la *Bibliothèque elzevirienne* et qui malheureusement en est restée au premier volume (1858, p. 329), et celle si recommandable à tous égards publiée par MM. Burgaud des Maretz et Rathery (Paris, 2 vol. in-12). On peut consulter sur la *puente de Mentrible* une note de Clemencin dans son excellente édition de *Don Quixote* (Madrid, 1833, 7 vol. in-4, t. 3, p. 438). Les romanciers le représentent comme composé de trente arches de marbre blanc et flanqué de deux tours carrées. Il était gardé par un géant, nommé Galafro, qui avait cent Turcs sous ses ordres.

Les poëtes du Nord n'ont pas manqué, d'après les légendes carlovingiennes, de faire mention de ce pont. Nous nous bornerons à citer deux passages empruntés à des Écossais :

« The tail of the brig of the Mantribil » (*The complaynt of Scotland*, p. 98 de l'édition donnée par Leyden en 1801).

« Charlemagne... won Mantribil und passed Flagot » (Barbour's *Bruce*, chronique en vers composée vers la fin du XIVe siècle).

de cette ville ; il en a été tiré des exemplaires à part. M. Renouard rendit compte de cette publication dans le *Journal des Savants*, 1831, p. 129. Voir aussi Fauriel, dans l'*Histoire littéraire de la France*, t. 22, p. 190. D'après M. du Méril, le texte provençal, évidemment traduit du français, en a conservé trop de formes et d'expressions pour avoir une valeur grammaticale.

FIGURES DU VIEIL TESTAMENT ET DU NOUVEL.

Paris, A. Verard, in-fol , s. d. (vers 1500), 99 ff.

Le Musée britannique possède un très-bel exemplaire sur vélin provenant de la Bibliothèque de Henri VII. Van-Praët le décrit (second catalogue, t. 1, p. 42).

Un exemplaire sur papier 450 fr., maroquin rouge, Aimé-Martin, n° 5, revendu 27 liv. st. (Delessert) à Londres en 1848.

Ce livre renferme les 40 gravures de la *Biblia pauperum*, plus un texte en français dont le latin était sans doute intercalé à la main entre les gravures du livre xylographique original. Les bois qui servirent à l'impression des gravures de ce livre curieux eurent le même sort que ceux des premiers livres xylographiques. Ils furent dépecés et introduits plus tard dans d'autres publications où ils n'avaient certainement rien à faire; mais les imprimeurs de ce temps-là n'y regardaient pas de si près. Deux de ces gravures (et le *Bibliomane*, journal publié à Londres, par M. Berjeaud, en donne le fac-simile [1862, p. 75 ; elles sont de l'exécution la plus grossière] se retrouvent dans le *Grant Voyage de Jerusalem*, imprimé à Paris par François Regnault, in-4, 1522. On ne les trouve pas dans l'édition de 1527 donnée par le même libraire. — L'édition française du *Voyage de Breydenbach* a de même reproduit une des gravures du volume de Verard, mais dans ce dernier elle représente le prophète Michée annonçant au roi Achab qu'il périra dans la guerre contre les Syriens (*Rois*, l. I, ch. 22), tandis que dans le livre imprimé cette planche se trouve en tête du chapitre intitulé : « Comment le roy Garbas vint a tout grant nombre de sarrazins en la terre de grenade, et comment les roys despaigne et de portugal vindrent contre ledit Garbas et eurent victoire contre les sarrazins et y fust occis Pyzar le fils au roy de bellemarine. »

M. Didot fait observer d'ailleurs que l'exécution des gravures dans cette édition de Verard est lourde, maussade et grimacière.

FLEUR (LA) DES COMMANDEMENS DE DIEU, *avec plusieurs exemples extraicts tant des Escriptures saintes que d'autres docteurs et bons anciens pères.*

Rouen, Jehan Le Bourgeois, 1496, pet. in-fol.

Le *Manuel* décrit ce volume fort rare d'après un exemplaire qui, étant en mauvais état et privé de son premier feuillet, n'a été vendu que 13 fr. au mois de décembre 1857.

Une autre édition a été mise au jour par Verard en 1499, in-fol. Nous n'avons pas connaissance qu'elle ait passé en vente.

L'ouvrage a été plusieurs fois réimprimé au commencement du XVIe siècle. Voir le *Manuel*.

FLEURS (LES) DE LA SOMME ANGELIQUE DES BRANCHES DES SEPT PECHEZ MORTELZ, translatees en françoys.

Paris, Verard, s. d. (vers 1495), in-4º.

Volume fort rare porté au catalogue imprimé de la Bibliothèque impériale. Le titre donne lieu de croire qu'il s'agit d'une traduction d'un ouvrage de saint Thomas d'Aquin.

FLORET EN FRANZOYS.

Rennes, 1485, in-4, 40 ff.

Il ne paraît pas que depuis la vente La Vallière, où ce volume fort rare, réuni à cinq autres, fut donné pour 18 fr., on ait vu cette édition passer aux enchères. Il a été réimprimé à la fin du XVe ou au commencement du XVIe siècle; petit in-8, s. l. ni d., 64 ff.; 5 liv. st. Heber; 106 fr. Nodier (relié en maroquin rouge).

Le *Floret* est une traduction en vers d'un poëme latin composé de 1168 vers léonins : *Floretus quasi flos de sacre scripture libris*, qui a été imprimé plusieurs fois au XVe siècle; il a été attribué à tort à saint Bernard; on a désigné avec plus de vraisemblance comme auteur Jean de Garlande.

FRANC (MARTIN). *Le Champion des dames*.

S. l. n. d., in-fol., 185 ff.

Édition attribuée à Guillaume Le Roy, de Lyon.

25 fr. La Vallière, revendu 330 fr. Bergeret en 1858, nº 526; e 1,050 fr. double, nº 75; 7 liv. st. 7 sh. Libri en 1849, nº 390; 300 fr. Coste, nº 760 (relié par Bauzonnet en mar. rouge; titre refait). C'est probablement le même exemplaire que celui qui figure sans indication de prix au cat. Techener, 1855, nº 2476 *bis*. Van-Praët (2e catalogue, t. 2, p. 133), décrit ce volume; De Bure, dans sa *Bibliographie instructive*, en signale un exemplaire sur vélin dont on ignore le sort.

Un exemplaire, catalogue de la Bibliothèque du Roi, Y, 4388; un autre à la Bibliothèque de la Haye, cat. p. 429; un troisième est porté au cat. de la Bibliothèque de Lille (Belles-Lettres, nº 671).

Goujet (*Bibliothèque françoise*, t. 9, p. 187-230), parle avec détail des ouvrages de Martin Franc. Voir aussi le *Dictionnaire* de Bayle, au mot *Franc* ; Viollet le Duc, *Bibliothèque poétique*, t. 1, p. 85 ; Villeneuve Bargemont, *Hist. de René d'Anjou*, t. 2, p. 370.

L'ouvrage est dédié à Philippe, duc de Bourgogne. Il débute par raconter « comment Malebouche avec son armée assaillist le chasteaulx damours. »

> A lassault dames a lassault
> A lassault dessus la muraille.
> Cy pres est venu en sursault
> Malebouche en grosse bataille.
> A lassault dames chascune aille.

Le poëme est partagé en cinq livres et en stances de huit vers sur trois rimes croisées.

Après une attaque inutile dirigée par *Malebouche* contre le *château damours*, que défend *Franc-Vouloir*, les combattants conviennent de s'en rapporter à la *Vérité*. Cette divinité se trouve reléguée dans un coin obscur où elle *estoit sans chandelle allumée*. *Vilain-Penser* enumère tous les méfaits des femmes en remontant jusqu'à Eve. *Franc-Vouloir* lui riposte ; il expose leurs vertus, et *Vérité* le couronne. Plus de 24,000 vers sont consacrés à ce débat ; le style est prolixe, mais il a parfois de l'agrément. L'auteur finit par donner gain de cause aux femmes, et *Franc-Vouloir* reçoit pour couronne un « chapelet vert de laurier ». *Malebouche*, furieux de cette décision, meurt subitement.

Nous citerons quelques vers sur les veuves ; ils ne manquent pas de malice :

> De patenostres et de chandelles,
> De faire *requiem* chanter
> De manières assez font-elles,
> De pleurer et de lamenter ;
> Mais c'est pour le monde enchanter,
> Onc pour loyauté ce ne firent
> Et devant tous n'ose vanter
> Que pour un mort deux vifs désirent.

La récompense que réclame le poëte est fort édifiante.

> Si que vueillez moy secourir
> Dames, et en faits et en dits
> Vueillez pour Martin requerir
> Le royaume de paradis.

A la vente H. de Ch. (janvier 1863), un bel exemplaire de l'édition de Galliot du Pré, 1530, petit in-8, relié en maroquin par Kœhler, a été adjugé à 350 fr.

—— *L'Estrif de fortune.*

In-fol., 208 ff.

38 liv. st. Heber; 1,500 fr. Essling, n° 51 (rel. en mar. par Duru), acheté par M. Yémeniz. Un exemplaire à la Bibliothèque Sainte-Geneviève.

L'ouvrage, divisé en trois livres, est un dialogue entre la Fortune et les Vertus devant le tribunal de la Raison ; il est fort ennuyeux ; le goût manque totalement. Dans un prologue adressé à Philippe-le-Bon, duc de Bourgogne, l'auteur dit avoir composé son œuvre d'après le commandement de ce prince.
Voir Paulin Paris, *Manuscrits françois*, t. 5, p. 123.

Un manuscrit du XVe siècle est offert au prix de 320 fr. sur un catalogue de Potier (1859, in-18, n° 144).

FROISSART (JEAN). *Les Chroniques.*

Paris, pour Ant. Verard, 1495, 4 vol. in-fol.

Un très-bel exemplaire sur vélin, vendu seulement 520 fr. Girardot de Préfond en 1757, 920 fr. La Vallière et 4,250 fr. Mac-Carthy, n° 4519, est entré à la Bibliothèque impériale ; Van-Praët le décrit, t. 5, p. 101-103. Cette même bibliothèque a également les tomes 1 et 2 d'un autre exemplaire.

— Autre édition, Verard, 1497, 4 vol. in-fol. Elle diffère assez sensiblement de la précédente.

Van-Praët la décrit, t. 5, p. 104-106; la Bibliothèque impériale possède un volume (le 4e), sur vélin, acquis en 1811 à la vente d'Ourches n° 1296, au prix de 200 fr. (relié en veau, 24 miniatures). Elle possède également un exemplaire sur papier.

Froissart a été l'objet de tant d'appréciations et d'études qu'il serait superflu de vouloir en parler. Qu'aurions-nous, au point de vue littéraire, à ajouter à ce qu'en a dit M. Sainte-Beuve, *Causeries du lundi*, t. 9, p. 63-96 ? Nous signalerons cependant l'*Etude littéraire* par M. Kervyn de Lettenhove, 1857, 2 vol. in-8, ouvrage rempli de recherches nouvelles (voir la *Revue contemporaine*, 15 octobre 1859, p. 507), et la notice de M. de Cayrol (dans les *Mémoires de la Société des Antiquaires de Picardie*, t. 3, p. 185-236) sur un manuscrit de la bibliothèque d'Amiens présentant des variantes fort importantes.

GAGUIN (ROBERT). *Le Passetemps doisyveté.*

S. l. n. d., in-8, 8 ff.

Pas d'adjudication citée depuis celle de la vente La Vallière, 9 fr. exemplaire relié en maroquin. Opuscule réimprimé dans le *Recueil de poésies des XVe et XVIe siècles*, publié par M. A. de Montaiglon, t. 7, p. 225-276.

—— *Traité de la Conception de la Vierge Marie.*

Paris, 1480, in-4.

Indiqué au catalogue Sepher, mais le *Manuel* fait observer que la date est peut-être inexacte.

GALIEN RETHORÉ.

Paris, A. Verard, 1500, in-fol., 120 ff.

Un exemplaire richement relié par Bauzonnet figure au catalogue Cigongne, nᵒ 1837.

Un exemplaire sur vélin est au Musée britannique.

Rhetore veut dire restauré, surnom donné au héros, « à cause qu'il restaura toute la chrestienté après la mort des douze pairs de France. » L'ouvrage débute ainsi : « A l'honneur du benoist roy Iesus qui en la « saincte croix fut cloue et qui eut son digne et precieuz coste fendu « pour nous racheter des peines denfer, vous vueil racompter vne moult « belle hystoire par maniere de cronicque. » On y trouve « les batailles « faictes à Ronceuaulx par la trahison de Gannes, per de France, auec « sa miserable execution faicte de par l'empereur Charlemaigne auxprez « de saint Martin, à Laon. »

Une analyse dans la *Bibliothèque des Romans*, octobre 1778, t. 2, p. 90-114. Voir aussi Dunlop, *History of fiction*, t. 2 ; le fond des récits est emprunté à la *Chronique* de Turpin.

Un seul manuscrit à la Bibliothèque impériale, nᵒ 7548. M. Francisque Michel, dans la préface du poème anglo-normand de Charlemagne, 1836, p. xli, rapporte une partie des sommaires des chapitres. M. Bekker dans son édition de *Fier a bras* a reproduit quelques passages.

C'est dans ce roman que se trouve le singulier épisode des *Gabs* ou paris (voir *Ménagiana*, édit. de 1715, p. 110), qui a donné lieu à un conte de Chénier : *les Miracles*. Il se rencontre aussi dans l'étrange poème du voyage de Charlemagne à Jérusalem, que M. Francisque Michel a publié en 1836. M. Géruzez, dans son *Histoire de la littérature française*, t. 2, p. 55, offre une analyse de ce récit un peu hasardé.

GERSON (JEAN). *Coppie de deuz grands tablaus.*

S. l. n. d., in-fol.

Caractères de Jean Veldener ; décrit au *Manuel*, 5ᵉ édition, t. 2, col. 1556. Ces *tableaus* étaient un résumé de la doctrine chrétienne ; « attachiez au dehors du cœur d'une église de Flandre pour linstruc- « tion et doctrine de tous chrestiens et chrestiennes. » L'exemplaire de la Bibliothèque impériale est le seul connu. Il a été acquis au prix élevé de 510 florins à la vente Meermann, en 1824 (nᵒ 205) ; il n'avait été payé que 8 florins, en 1767, à la vente Major, nᵒ 6913.

—— *Opus tripartitum, contenant trois traitez, cest assauoir des commandemens de Notre Seigneur, de confession et de la science de bien morir.*

S. l. n. d. (Chambéry, Neyret, vers 1483), 40 ff.

C'est la traduction d'un traité imprimé à Cologne vers 1479. Le volume, n'ayant ni réclames ni signatures, peut être envisagé comme antérieur au roman de *Baudouin*, daté de 1484, et il doit aussi être envisagé comme le premier volume sorti des presses de Neyret. Un bel exemplaire relié en maroquin bleu par Trautz-Bauzonnet, 565 fr. Solar, n° 219.

—— *Le Donat espirituel.*

Bruges, Colard Mansion, in-fol., 18 ff.

Le seul exemplaire connu est celui de la bibliothèque publique de Lille. Il est relié avec quatre autres livrets imprimés par Mansion dans un recueil qui paraît classé, nous ignorons pourquoi, parmi les manuscrits.

On sait que le Donat était un traité élémentaire de grammaire fort répandu. Celui-ci est de même un dialogue. Il commence ainsi : Le disciple. Quantes parties doraisons sont : Le docteur, Huit. Le disciple : Qui sont-elles. Le docteur, Congnoissance de sa substance ; Congnoissance de sa qualité ; Congnoissance des commandemens (Voir la *Notice* de Van-Praët sur *Colard Mansion*, p. 65).

—— *La Doctrine de bien vivre.*

S. l. n. d., in-fol., 42 ff.

Caractères de Colard Mansion, à Bruges. On en connaît quatre exemplaires qui se sont trouvés reliés avec ceux de l'*Art de bien vivre*, dont nous avons déjà parlé.

L'ouvrage commence ainsi : « Ceste brieue doctrine est ordonne en especial pour quattre manières de personnes. Premièrement pour tous les simples cures et prestres qui se meslent doyr confession.

—— *La Confession de maistre Jean Gerson.*

(Paris, vers 1497), in-4, 4 ff.

—— *Trésor de sapience.*

S. l. n. d. (mais Lyon, vers 1480), in-fol, 24 ff.

—— *Traicté des dix commandemens.*

S. l. n. d., in-4, Paris (P. Levet, 1487).

—— *La Mendicite spirituelle.*

Paris, Michel Le Noir, 1500, in-4.

152 fr., mar. rouge, Bergeret, n° 116.

—— *Sermon fait deuant le roy Charles sixiesme touchant le fait et gouvernement du roy et son royaulme.*

S. l. n. d. (Paris, vers 1492), in-4, 36 ff.

GIROUFFLIER (LE) AUX DAMES. *Ensemble le dit des Sibilles.*

S. l. n. d. (Lyon, vers 1500), in-4, 16 ff..

La première de ces compositions est en vers de dix syllabes; la seconde est aussi en vers. On trouve à la suite « l'*Epistre* (en prose) de Seneque a Lucille, consolatoire de Liberal leur amy qui estoit triste pour ce que la cite de Lyon dont il estoit, estoit arse et brulée. Par ceste epistre on peut clèrement cognoistre quant et comment la cite de Lyon fut dernierement destruite, et en quel lieu elle estoit fondée et quelle elle estoit et les ans de sa durée. »

Volume rare. 121 fr. librairie de Bure; 155 fr. (rel. en mar. bleu) Crozet; 120 fr. Baudelocque; 307 fr. (riche reliure de Bauzonnet) Coste, n° 784.

Il existe une autre édition donnée à Paris par Michel Le Noir, sans date (vers 1515), in-4.

Ce livret a été reproduit en 1861 à 50 exemplaires, dont quelques-uns sur vélin, par le procédé Pilinski.

GLANVILLE (Barthélemy de). *Le Proprietaire des choses.*

Lyon, Mathieu Hutz (sic), 1482, in-fol.

24 fr. Brienne, en 1797.

— Lyon, Mathieu Husz, 1485, in-fol.

102 fr. Cailhava, n° 917; 6 liv. st. Libri, en 1859, n° 1135 (exempl. relié en veau).

— Lyon, Mathieu Husz, 1487, in-fol.

30 fr. Heber, 145 fr. Coste, n° 2580.

— Lyon, le même, 1491, in-fol.

— Lyon, Jean Cyber, s. d., in-fol.

125 fr. Monmerqué.

— Paris, Verard, s. d., in-fol.

— Lyon, Jean Dyamantier, 1500, in-fol. Signalé par Maittaire.

M. Paulin Paris décrit sept manuscrits déposés à la Bibliothèque impériale de cet ouvrage, tiré en grande partie du *Speculum naturale* de

Vincent de Beauvais, et qu'on range parmi les encyclopédies composées au moyen âge. Il est divisé en dix-neuf livres qui traitent de Dieu, des anges, des démons, de l'âme, du corps, des animaux, etc. Dans quelques manuscrits il se trouve un 20e livre qui roule sur les nombres, les mesures, les poids et les sons. Le livre 7 roule sur les maladies, le livre 12 sur les insectes, le livre 13 sur l'eau et les poissons, le livre 14 sur la terre et sur ses parties; le livre 15 est une sorte de dictionnaire géographique rangé par ordre alphabétique; le livre 17 traite des plantes; le 18e, des quadrupèdes, des amphibies et des serpents. Tous ces traités donnent une juste idée de ce qu'était la science au XIVe siècle. C'est Pline surtout qui sert de guide au moine anglais; l'autorité d'Aristote, qu'il ne connaissait sans doute que d'après une version latine, est parfois invoquée. Le crédit du livre *De proprietatibus* se soutint assez longtemps; on le réimprimait encore à Venise en 1571.

La traduction française est celle que Jean Corbichon, aumônier de Charles V, fit à la demande de ce prince, et que revit le moine Pierre Farget, lequel dénatura le travail de son prédécesseur en ajoutant, en retranchant et modifiant.

Une traduction espagnole, Tholosa, 1494, deux en hollandais, 1479 et 1485, une en anglais, sans lieu ni date, attestent la vogue qu'obtint l'œuvre de Glanville dans une grande partie de l'Europe.

Un beau manuscrit du XVe siècle, avec 20 miniatures, figure au catalogue La Vallière, n° 1470; une longue note reproduit une portion du prologue adressé à Charles V.

GOBIN (ROBERT). *Confession generalle en Rime. Appelle laduertissement de conscience.*

(Paris, 1500, marque de Michel Le Noir), in-4, 12 ff.

Opuscule en vers. Un exemplaire 4 fr. vente La Vallière, n° 2931.

GORDON (BERNARD DE). *La Pratique qui sappelle fleur de lys en medecine.*

Lyon, 1495, in-fol.

1 liv. st. 2 sh. Heber.

Gordon, qui était de l'ancienne famille écossaise de ce nom, vint en France et professa à Montpellier avec tant d'éclat qu'on le surnomma *monarcha medicinæ*. Il est question de lui dans Mackensie, *Lives of the scottish writers*, et dans les historiens de la médecine, Freind, Eloy, Sprengel, etc. Son livre, publié en latin en 1483, fut souvent réimprimé et même à Lyon en 1571; il fut traduit en hébreu (*Wolf, Bibl. hebr.*, t. 3, p. 166), et en espagnol, Séville, 1494.

GOUVERNEMENT (LE) DES PRINCES. — LE TRESOR DE NOBLESSE. — LES FLEURS DE VALÈRE LE GRAND.

Paris, Verard, 1497, in-fol., 75 ff.

Le premier de ces traités fut, à ce que dit la description qui accompagne la table des chapitres, fait par Aristote « pour presenter au roy Alixandre. » Le second « a été composé par ung notable et excellent docteur en theologie, pour presenter au tres chrestien roy de France Charles VII. » Le troisième est une traduction faite par « maistre Symon de Hedin, maistre en theologie. »

L'épître d'Aristote est apocryphe.

Le second traité est d'un Espagnol, Jacques de Valera; il a été traduit par Hugues de Salve, prévôt de Furnes.

> L'exemplaire présenté à Charles VIII est sur vélin; il est conservé à la Bibliothèque impériale. Van-Praët le décrit, t. 2, p. 63.
>
> Un autre exemplaire sur vélin se trouve à la bibliothèque de Genève.

GRANS (LES) ET MERUEILLEUX FAITZ DU SEIGNEUR NEMO, *auec les privileges quil a et la puissance quil peut auoir.*

S. l. n. d., in-4, 2 ff.

Opuscule facétieux en vers de 8 syllabes. On en cite trois autres éditions introuvables aujourd'hui et qui paraissent du commencement du XVIe siècle. L'auteur présumé est Jean d'Abondance.

GRINGORE (PIERRE). *Le Chasteau de labour.*

Paris, Simon Vostre, 1499, in-8, 50 ff.

> Un seul exemplaire paraît avoir passé en vente publique; celui du fond de librairie de Bure, adjugé 30 fr. en 1834.

— Paris, Simon Vostre, 1500 (le 31 mars), in-8, 60 ff.

> 12 fr. Gaignat; 7 liv. st. 10 sh. Heber; 43 fr. Crozet; 59 Baudelocque; 250 Giraud (tous ces exemplaires sont reliés en maroquin).

— Paris, Simon Vostre, 1500 (le 31 mai), 50 ff.

> 99 fr. (exemplaire non relié et incomplet du dernier feuillet) en 1844; 600 fr. (mar. vert, rel. de Trautz-Bauzonnet) Solar, n° 1103.

— Rouen, Le Forestier (5 novembre), in-4.

> 9 fr. Heiss, en 1785; 8 liv. st. 10 sh. Heber; 295 fr. (mar. rouge) Essling, n° 77 (mis à 350 fr. cat. Potier, 1859, n° 77); 13 liv. st. 15 sh. Utterson; 470 fr. Solar, n° 1104.
>
> Ces quatre éditions rapides constatent le succès de ce poëme; elles furent suivies de bien d'autres qui, faites au commencement du XVIe siècle, ne rentrent pas dans le cercle de notre travail.

—— *Lettres nouuelles de Milan, avec les regretz du seigneur Ludovic.*

S. l. n. d. (1500), in-4, 6 ff.

Opuscule inspiré par la conquête de Milan. On y trouve une lettre de Louis XII datée de Lyon, V avril (1500), le *Débat des François contre le sire Ludovic*, la *Complainte des Milannoys*, en vers de 8 syllabes. Un acrostiche fait connaître le nom de l'auteur.

—— *Faintises (Les) du monde qui regne.*

S. l. n. d., in 4, 20 ff.

> Petit poëme imprimé en gros caractères gothiques irréguliers, semblables à ceux qu'on remarque dans l'édition du *Blason des fausses amours* publiée par P. Levet, en 1486. 330 fr. (mar. vert, Duru) Solar, n° 1105.

— In-4, 15 ff. Edition lyonnaise, imprimée vers 1500.

— In-4, 16 ff., s. d. (Paris, Trepperel, vers 1500).

> 29 fr. en 1824; 2 liv. st. 10 sh. Heber; autre exemplaire 6 liv. st. 10 sh. la même vente; 140 fr. (relié en mar. vert par Kœhler) Bertin, n° 403.

> Plusieurs autres éditions sans date semblent se rapporter au commencement du XVIe siècle. Le *Manuel* indique pour celle de Lyon, B. Chaussard, les adjudications de 3 liv. st. 10 sh. Heber ; 39 fr. Coste ; ajoutons-y celle plus imposante de 370 fr. (mar. orange, reliure de Trautz-Bauzonnet), vente Double, n° 95.

Gringore est l'auteur de bien d'autres écrits, mais ils n'ont paru qu'après la fin du XVe siècle. Le *Manuel* entre à leur égard dans de longs détails. Il est à propos de consulter sur cet auteur et sur ses productions une curieuse notice de M. G. Duplessis, mise en tête d'une réimpression des *Faintises*, Douai, 1841, qui n'a malheureusement été tirée qu'à 40 exemplaires. Voir aussi Nicéron, *Mémoires*, t. 34; les *Singularités historiques*, t. 2, p. 358; les *Mélanges tirés d'une grande bibliothèque*, t. 7, p. 116; Delarue, *Essai sur les Bardes*, t. 3, p. 344; Dulaure, *Histoire de Paris*, etc.

Une édition complète des *Œuvres de Gringore*, dirigée par M. Ch. d'Héricault, devait faire partie de la *Bibliothèque elzevirienne*; malheureusement il n'en a paru qu'un volume (1858) ; il ne comprend aucun des ouvrages que nous venons de signaler. En tête une notice de 80 pages, très-digne d'être lue : *Gringore et la politique bourgeoise au XVIe siècle.*

GUÉRIN (ou GARIN). *Complainte et enseignemens envoyés à son filz pour soy regir et gouverner.*

Paris, G. Mignart, 1495, in-4, 42 ff.

L'ouvrage se compose de trois parties, les deux premières en strophes de huit vers, la dernière en vers de huit syllabes, sans distinction de strophes.

>Une autre édition, s. l. n. d., in-4, a été adjugée de 50 à 80 fr.; mais il ne paraît pas qu'elle se soit montrée dans les ventes depuis une trentaine d'années, et quant à la première, nous n'en trouvons aucune adjudication. Un exemplaire, cat. de la Biblioth. du roi, Y, 4424.

>Un bibliophile éclairé, M. Durand de Lançon, a donné, en 1832, une réimpression élégante et soignée de la *Complainte*; elle n'a été tirée qu'à cent exemplaires.

Guérin, Guarin ou Garin (car son nom est écrit de ces trois manières), était un marchand de Lyon, et un penseur assez avancé pour son époque (en avant même de la nôtre), car il demande un concile qui décrète l'abolition du célibat des prêtres, et il avance que la suppression des couvents de femmes serait chose utile.

> « Des religieuses tout conclu
> « Grand bien sera qu'il n'en soit plus. »

Les pélerinages, les nouveaux saints sont aussi l'objet de ses critiques.

> Mains miracles sont controuvez
> Qui debvroient estre reprouvez.

On voit que Guérin peut être rangé parmi les précurseurs de la réforme; il signale aussi les tours des femmes qui courent de droite et de gauche, sous prétexte d'aller à l'église.

> Entendre à leurs marys font
> Que la messe ouye ont
> Et en bonne devocion.
> O la grande decepcion.

GUIDO DE MONTEREGIO. *Manipulus curatorum.* Translaté de latin en françoys.

>Orléans, Mathieu Vivian, 1490, in-4, 244 ff.

>Le *Manuel* décrit en détail, t. 3, col. 1857, ce volume devenu rare.

C'est la traduction d'un ouvrage latin dont les éditions furent nombreuses au XVIe siècle.

GUIDON (LE) ET GOUUERNEMENT DU MONDE, *vtile et necessaire à toutes gens, auquel sont contenus plusieurs prouerbes et motz dorez des philosophes.*

>Paris (s. d. et sans nom de libraire), in-8, 20 ff. (vers 1499.)

Une pièce de seize vers à la louange du livre donne en acrostiche le nom de Gervais de la Fosse, écrivain d'ailleurs inconnu.

Il nous semble que ce livret a échappé aux recherches de M. G. Duplessis, qui n'en fait pas mention dans sa *Bibliographie parémiologique*.

GUILLEVILLE (Guillaume de). *Le roman des Trois pelerinages.* (Paris, 1499), in-fol., 2 et 84 ff.

> Un exemplaire sur vélin, le seul connu, est au Musée britannique; Van-Praët décrit cette édition (2ᵉ catalogue, t. 2, p. 131). 5 liv. st. 8 sh. Heber; 151 fr. Crozet; 110 fr. Baudelocque, n° 427; 535 fr., mar. rouge, belle reliure de Padeloup, Solar, n° 1046. Cet exemplaire avait figuré sans indication de prix au cat. Techener, 1855, n° 2497. Nous supposons que c'est le même que celui qui fut adjugé à 201 fr. vente Aimé-Martin, en 1847, n° 360.

—— *Le Pelerinage de vie humaine.*

Lyon, Math. Husz, 1485, in-4.

> 9 livres 10 sols. Du Fay, n° 5906; 14 livres Heiss, en 1785, n° 230.
> Un exemplaire imprimé sur vélin a passé successivement dans les ventes de Gaignat, 300 fr.; de la Vallière, 201 fr. ; de Mac-Carthy, 461 fr. Il fut acheté par la Bibliothèque royale. Voir Van-Praët, t. 4, p. 166. Une autre édition, publiée par Mathieu Husz, en 1499, est à la Bibliothèque impériale.

Cette édition de Paris, sans date, est la seule qui réunisse les trois pélerinages en vers. La souscription annonce cet ouvrage comme

> Traictant tout ce quest necessaire
> A chacun pour son sauuement
> Acquerir et pour a Dieu plaire.

Le texte imprimé n'offre point ce roman pieux et allégorique tel qu'il avait été composé de 1330 à 1360; un moine de Clairvaux, Pierre Virgin, en revisant le livre pour l'impression, y changea, modifia et ajouta bien des passages.

> Voir les *Mélanges tirés d'une grande bibliothèque*, t. 4, p. 56; Goujet, *Bibliothèque françoise*, t. 9, p. 72; Sennebier, *Cat. des manuscrits de la bibliothèque de Genève*, p. 438; Paulin Paris, *Manuscrits françois*, t. 3, p. 139.
> La Bibliothèque impériale a plusieurs manuscrits de cet ouvrage, 6988 et 6988-2, 7210, 7210-5, 7212, 7213, etc.
> Un manuscrit du XIVᵉ siècle, 244 ff. sur vélin, avec 173 petites miniatures et offrant un texte tout différent des imprimés, 208 fr. vente Duriez, en 1827, n° 2230.

Une traduction anglaise fut imprimée par Caxton en 1483 ; une en espagnol vit le jour en 1490.

Ce pélerinage vers la Jérusalem céleste prend, suivant une coutume fort répandue au moyen âge, la forme d'un songe. Les principaux personnages sont *Grâce de Dieu* et *Nature* qui ne s'accordent guère. L'auteur rencontre sur son chemin toutes les passions ; chacune dit son nom et retrace son propre portrait. Il entre ensuite dans un couvent, où il est soumis à de rudes épreuves pendant une période de trente-neuf ans. *Envie, Trahison, Scylla* avec ses chiens, envahissent cet asile, battent le poëte, le laissent comme mort. *Ovide* survient, le reconforte un peu ; néanmoins, la mort va le frapper, lorsque, saisi d'effroi à cet aspect, il se réveille.

Grâce de Dieu parle de Vénus de la façon suivante :

> De *Venes* Venus elle a nom
> Qui point ne faut à *Venoison*
> C'est la mauvaise *Vennesse*
> Qui jamais de *Venes* ne cesse.

On a imprimé à Londres, en 1858, in-4 à petit nombre, un volume orné de 17 gravures et contenant une portion de traduction anglaise de l'œuvre de Guilleville, dont on signale les rapprochements avec le livre de Bunyan, célèbre dans la Grande-Bretagne : *The Pylgrim's progress.*

GYRON LE COURTOIS.

Paris, A. Verard, s. d. (vers 1500), in-fol.

61 fr., mar., Du Fay, n° 2356 (exemplaire indiqué en grand papier, circonstance très-douteuse, ces exemplaires de choix n'étant pas dans les usages de la librairie à cette époque) ; 37 fr. La Vallière ; 90 fr. Méon, en 1804 ; 33 liv. st. 12 sh. Roxburghe ; 15 liv. st. 4 sh. Hibbert ; 200 fr. en mai 1824 (exemplaire sans frontispice) ; 950 fr., mar. rouge, Essling (acheté par M. Yéméniz) ; 630 fr., mar. vert (quelques feuillets raccommodés), Bertin, n° 1123.

Un exemplaire sur vélin à la Bibliothèque impériale. Il provient de l'abbaye Saint-Germain-des-Prés. Van-Praët le décrit, t. 4, p. 254. D'après Dibdin (*Voyage bibliogr.*, t. 3, p. 293), il a souffert dans les mains du relieur, ainsi que le montrent les grandes miniatures ; il faillit périr lors de l'incendie de l'abbaye ; jeté dans la rue, il y fut trouvé le lendemain par M. Van-Praët.

Un exemplaire sur papier à la Bibliothèque de Lyon (voir le catal. par Delandine, *Belles-Lettres*, t. 2, p. 32, n° 5040). Falkenstein, p. 239, donne un fac-simile du caractère employé pour cette impression.

Un exemplaire est porté au catalogue Hohendorf (Bibliothèque impériale à Vienne).

La *Bibliothèque des Romans*, octobre 1776, t. 1, p. 48-96, a donné une analyse de ce roman. Voir aussi Dunlop, *History of fiction*, t. 1, p. 107-315, et Paulin Paris, *Manuscrits françois*, t. 2 et 3, Le poëme d'Hélie de Borron (1), écrit au commencement du XIIe siècle, est encore nédit. La Bibliothèque impériale en possède plusieurs manuscrits, nos 6959 et 6976 à 6983. Rusticien de Pise donna à l'œuvre de Borron une forme nouvelle, ou plutôt il la mutila. Des copistes venus plus tard firent un choix dans ce travail. Vérard, et après lui Michel Le Noir, remanièrent ce second abrégé, coupant et modifiant en toute liberté.

HERCULE (*Les proesses et vaillances du preux*).

Paris, Michel Le Noir, l'an 1500, in-4.

Aucune adjudication n'est signalée de ce roman, qui est extrait du *Recueil des histoires troyennes* de Raoul le Fèvre; il reproduit la fin du premier livre et tout le second. Un exemplaire à la Bibliothèque du Roi, Y-2, 210.

Cette composition a d'ailleurs été réimprimée à Paris en 1508 et en 1511; à Lyon, sans date; à Troyes, en 1612. La littérature espagnole possède *El libro de los trabajos de Hercules*, par le marquis de Villena, imprimé à Zamora en 1498, in-folio.

Le catalogue Crofts indique, n° 3481, un poëme italien de J. Perillos: *Ispositione degli dodeci travagli di Ercole*, Rome, 1544, in 8; il est très-peu connu.

Le roman en prose poétique de Pietro Bassi : *Le Fatiche d'Ercole*, à Ferrare, 1475 ; il n'y a point de titre, et le récit commence par ces mots : « Ome che a memoria. » Un exemplaire, relié en mar. rouge, ayant le premier et le dernier feuillet refaits à la plume, est décrit dans la *Bibliotheca Grenvilliana*, 2e partie, p. 38 ; l'exemplaire de la vente Askew, acheté par George III, est entré au Musée britannique ; un autre est indiqué dans la *Bibliotheca Spenceriana*, t. 4.

HEURES.

Ces livres de prières, d'un débit toujours facile, se multiplièrent au XVe siècle, et les typographes parisiens surtout en donnèrent des éditions nombreuses. Nous ne croyons pas utile d'en donner la liste, ce travail ayant été fait avec beaucoup de soin et d'étendue par M. J. Ch. Brunet dans la 5e édition du *Manuel du Libraire* (t. 5, col. 1548-1863). Le savant bibliographe énumère, pour l'époque qui nous occupe, les nombreuses productions de Philippe Pigouchet, de Simon Vostre, d'Antoine Verard, de Thielman Kerver. Germain Hardouin en imprima également, mais celles de ses productions qui appartiennent au XVe siècle sont très-peu nombreuses. Le *Manuel* reproduit une figure sur bois qui décore beaucoup d'*Heures* publiées par Hardouin. Elle représente le

---

1. Voir au sujet de ce trouvère l'*Histoire littéraire de la France*, t. XV, p. 499.

centaure Nessus enlevant Déjanire, qui n'oppose pas une grande résistance; Hercule va lancer une flèche contre le ravisseur. Cette intercalation de sujets mythologiques dans des livres de piété s'offre parfois d'une façon encore plus choquante. Des éditions des *Psaumes* mis en vers par Marot (notamment celle de Lyon, Jean de Tournes, 1563) sont entourées de bordures susceptibles de blesser des yeux chastes et qu'on retrouve dans des éditions lyonnaises des *Métamorphoses* d'Ovide, où elles sont mieux à leur place. Une bible en anglais, imprimée à Londres par Richard Jugger en 1572, in-fol., reproduit bien des lettres capitales empruntées également à des éditions des *Métamorphoses*, et en tête de l'Epître aux Hébreux on trouve une vignette représentant Léda et le cygne.

M. Brunet indique aussi des *Heures* imprimées à Goupillères (village près d'Evreux) en 1498 (on ne les connaît que par un fragment trouvé à la Bibliothèque impériale) et à Lisieux en 1494.

> La valeur de ces anciennes *Heures* a augmenté dans une très-forte proportion; délaissées, il y a un demi-siècle, elles sont aujourd'hui très-recherchées; M. A. F. Didot rappelle qu'en 1810, à la vente du cabinet de son père, il vit adjuger de 10 à 50 fr. des volumes sur vélin avec miniatures; on les payerait aujourd'hui de 500 à 1,500 fr.

HEURES.

Verard (calendrier de 1488 à 1508), 112 ff.

> Un exemplaire sur vélin, richement relié, figure au catalogue de la vente Libri, juillet 1862, n° 271; il a été adjugé à 32 liv. st. Il est accompagné d'une longue note qui tend à établir que ce volume diffère des éditions des *Heures* de Verard décrites dans le *Manuel* (4e édition), et qu'il appartient à la première édition, jusqu'ici totalement inconnue, des *Heures* que le célèbre typographe parisien ait données avec bordures. L'exemplaire Libri offre également des différences avec celui que possède la Bibliothèque Mazarine, et que M. Renouvier regarde comme la première édition de Verard qui ait des bordures.

Observons, en passant, que les gravures sur bois qui ornent les romans de chevalerie, les livres d'histoire, et les diverses productions mises au jour par Verard et par les autres typographes de l'époque, n'offrent aucune finesse d'exécution; elle eût été inutile, ainsi que le remarque M. A. F. Didot dans son excellent *Essai sur l'histoire de la gravure sur bois* (Paris, 1863, in-8), puisque ces gravures étaient destinées à être coloriées au moyen de gouaches recouvrant entièrement la gravure, qui est en général un simple trait dans les plus beaux exemplaires; très-souvent ces gravures n'ont servi en rien pour guider le peintre, puisqu'il les recouvrait par des compositions tout autres.

Le style du dessin et l'exécution de la gravure laissent beaucoup à désirer dans les grandes planches qui décorent les volumes de Verard, mais le goût du public ne s'en formalisait pas ; la perspective et la proportion entre les objets représentés ne sont point observées, mais il y a là un caractère original et véritablement français ; les tailles sont parallèles et jamais croisées ; le trait est en général fortement tracé. (*Essai* précité, p. 122.)

HEURES DE NOSTRE DAME.

Paris, pour Antoine Verard, vers 1498, in-4.

La Bibliothèque impériale possède un exemplaire sur vélin. Van-Praët le décrit, t. 4, p. 178 ; un autre porté au catalogue Heiss en 1785, n° 296, fut adjugé à 42 livres.

Ces *Heures* sont en vers, le texte latin en marge.

Transcrivons les six premiers vers :

Lamour de Dieu chacun bon crestien
Doit acquerir en son commencement
En desirant perseverer en bien
Affin quil puisse acquerir sauuement
Et appliquer doit son entendement
A le servir au soir et au matin.

HOMME PECHEUR *par personnages joue en la ville de Tours*.

Paris, Verard, vers 1500, in-fol., 154 ff.

Un exemplaire sur vélin, payé 536 livres à la vente Barré, en 1743 (prix alors très-élevé), a passé dans la Bibliothèque de Dresde. Van-Praët le décrit, 2ᵉ catalogue, t. 2, p. 161.

Les bibliothèques Gaignat et La Vallière, très-riches en ouvrages de ce genre, ne possédaient pas cette édition.

Un exemplaire 400 fr. vente Mac-Carthy (ancienne reliure en mar. rouge), revendu 1,240 fr. Soleinne, n° 1296. Un autre 12 liv. st. Lang, 42 liv. st. Heber, revendu 695 fr. Essling, n° 118 (ancienne reliure en maroquin bleu) ; il figure dans la collection Cigongne, n° 695. Un troisième, relié en maroquin bleu, quelques feuillets raccommodés, 575 fr. De Bure, n° 757, et 551 Bertin, n° 669. Ajoutons que le bel exemplaire richement relié par Bauzonnet, indiqué au *Manuel* comme vendu 2,100 fr. Solar, n° 1607, a été revendu 3,750 fr. Cailhava, en 1862, n° 448.

La *Bibliothèque du Théâtre françois*, t. 1, p. 13, ne consacre que quelques lignes à cette moralité, qui ne comprend pas moins de 22,000 vers. Voir l'*Histoire du Théâtre françois*, par les frères Parfaict, t. 3, p. 88-93. Ce qu'elle contient à cet égard est reproduit dans le *Dictionnaire des Mystères* de M. le comte de Douhet, col. 412-414.

HYMNES (LES) en francoys.

Paris, A. Verard, s. d., vers 1498, in-4.

Cette traduction est en vers et le texte latin en marges.

Un exemplaire a été adjugé à 1 liv. st. 6 sh. Libri, en 1859, n° 1300 (relié en maroquin rouge ; titre raccommodé).

La Bibliothèque impériale possède un exemplaire sur vélin. Van-Praët le décrit, t. 4, p. 179. Son origine n'est pas signalée.

Il y a plus de piété que de mérite poétique dans ces vers ; on peut en juger par le début :

> Magnifique conditeur des estoilles
> Et qui tout seul cognois le nombre d'elles
> Bien viennes tu en ta haulte puissance
> Pour expurger coulpes originelles.

IGNACE (Saint). *Les Epistres*, translatées en françoys.

Paris, Simon Vostre, 1500, in-8.

Cette édition ne semble connue que d'après une indication de Du Verdier, dans sa *Bibliothèque françoise*.

IMITATION DE JESUS-CHRIST. *Le Livre tressalutaire de la ymitacion Jhesu Christ et mesprisement de ce monde*, imprimé à Tholose, par maistre Henric Mayer Ulaman.

On ne sait pas au juste, après de vives controverses, si ce fut à Toulouse ou à Tolosa en Espagne qu'Henri Mayer établit ses ateliers.

On ne connaît bien positivement de cette édition qu'un seul exemplaire à la Bibliothèque impériale. Van-Praët le décrit (2ᵉ catalogue, t. 1, p. 198) d'après un exemplaire sur vélin que M. Véry, bibliothécaire de Rodez, a signalé, mais sans dire où il se trouve. (Voir le *Manuel*, t. 3, col. 418.)

IMITATION (DE L') NOSTRE SEIGNEUR JESUCRIST.

Paris, Jean Lambert, 1493, in-4.

Un exemplaire sur vélin est à la bibliothèque Sainte-Geneviève. Van-Praët le décrit, 2ᵉ cat., t. 1, p. 197. Le *Manuel* ne cite aucune vente depuis 1787.

— Une autre édition du même libraire, 1494.

Un exemplaire (imparfait de la table) 73 fr. Veinant, en 1855.

Le sommaire dit que ce livre « tres salutaire a esté par aucuns iusques a present attribue a Saint Bernard ou maistre Jehan Gerson pose que soit autrement. »

Il y aurait un travail curieux à faire sur le livre de l'*Imitation* ; l'incessante discussion de paternité serait laissée de côté, mais on examinerait les autres ouvrages qu'inspira, au XIIIᵉ siècle surtout, un pareil sujet. M. Michelet a fait observer (*Histoire de France*, t. 3, p. 93) que ce beau livre, venu le dernier, le plus sage, le plus raisonnable de tous, avait plongé dans l'oubli ses prédécesseurs qui étaient parfois plus éloquents et plus profonds.

INSTRUCTION DE CHEUALERIE ET EXERCICE DE GUERRE.

Paris, E. Johannot, (s. d.), in-4, 12 ff.

On peut regarder comme auteur de cet opuscule l'imprimeur Johannot, qui travaillait vers 1495.

> Nous ne connaissons qu'une adjudication de ce livret : 13 fr., relié en mar., La Vallière, n° 210; il vaudrait aujourd'hui bien davantage.

INTERNELLE CONSOLACION.

Édition sans lieu ni date, in-fol.

> On n'en connaît qu'un exemplaire conservé à la Bibliothèque Mazarine ; malheureusement il y manque 3 feuillets. M. Brunet (*Manuel*, t. 3, col. 449) décrit ce volume précieux, qu'il regarde comme une impression lyonnaise de la fin du XVe siècle.

— Rouen, 1498, in-4, la plus ancienne édition datée.

— Paris, Michel Le Noir, 1500, in-4.

> 450 fr. vente Bergeret en 1858, n° 169, reliure en mar. par Duru.

Cette édition est conforme aux précédentes, sauf quelques légères différences d'orthographe. Les unes et les autres reproduisent peu correctement les manuscrits de la seconde moitié du XVe siècle, et ceux-ci s'éloignent sensiblement du texte latin.

Barbier, dans sa *Dissertation sur 60 traductions de l'Imitation*, signale une édition de Paris, Jehan Dupré, sans date (vers 1486), in-8, dont l'existence n'est pas bien démontrée.

L'*Internelle Consolation* est assez peu répandue ; son modèle l'a complétement éclipsée ; nous la ferons rapidement connaître en empruntant quelques traits à la remarquable préface mise en tête de l'édition qu'ont publiée MM. L. Moland et Ch. d'Héricault en 1855, et qui fait partie de la Bibliothèque elzevirienne.

C'est une version de l'*Imitatio Christi*, la première sans doute, et elle a suivi de près l'apparition du livre latin. Tout en étant une traduction, elle a conservé le cachet d'une œuvre originale. Elle a vécu un siècle et demi à côté du livre de l'*Imitation* sans se confondre avec lui et avec les autres traductions françaises de ce livre, ayant sa renommée distincte, son influence à part. C'est l'*Imitation* arrangée pour le vulgaire ; elle présente avec l'ouvrage latin des différences sensibles : le quatrième livre ne s'y retrouve pas, le premier livre de l'ouvrage latin est le dernier de l'ouvrage français. Un système d'interprétation prudente, méticuleuse, parfois puérile, caractérise le travail et l'interprète ; il ajoute au texte une sorte de glose, habituellement fort peu développée, où se trouve une naïveté, une ingénuité de pensée et de langage qui ne manque ni de grâce ni de charme. En dehors de ce soin d'éclaircissement, le français n'ajoute rien ou très-peu de chose au texte latin ; s'il le fait, c'est pour y introduire une locution proverbiale, une expression familière.

Réimprimée assez souvent dans le XVIe siècle jusqu'à 1572, l'*Internelle consolation* eut dans les Pays-Bas des éditions qui se succédèrent jusqu'en 1632 ; elle fut ensuite délaissée, mais en 1690, un prêtre parisien, l'abbé Andry, l'offrit de nouveau aux lecteurs comme le texte primitif de l'*Imitation*. Son travail, qui se borna à rajeunir un texte vieilli, eut six éditions, de 1690 à 1732.

INSTITUTE (*cest le Liure des institutions du drois appelle*), translate du latim (*sic*) en françoys et corrige en diligence par plusieurs docteurs et souverains legistes.

S. l. n. d., in-fol.

Traduction en vers des *Institutes* de Justinien, par Richard d'Arnebaut, trouvère normand, qui écrivait à la fin du XVIe siècle.

<small>60 fr. mar. rouge, ancienne reliure (piqué et les deux derniers feuillets remargés), Coste, n° 204, revendu 105 fr. Solar, n° 395.
Un exemplaire richement relié par Bauzonnet, cat. Cigongne, n° 524.</small>

JARDIN (LE) DE DEUOCION, *auquel lame deuote quiert son amoureux Jhesuchrist.*

Bruges, Colard Mansion (vers 1475), in-fol., 29 ff.

L'ouvrage commence en ces termes : « En labbaye de deuote religion fondee en ce mondain desert, cest le iardin de vertueuse consolation ou le vray dieu damours habite, cest le iardin graciëux ou demeure le doulz ihesus et ouquel il appelle sa mie. »

Au verso du 15e feuillet commence un autre traité intitulé : « Sen- « suivent plusieurs bons et notables enseignemens que diuine Sapience « fait a concille qui est prise par la saincte et deuote ame. »

On connaît quatre exemplaires de ce volume précieux : celui de la Bibliothèque impériale, provenant de la collection Van der Croyce, à Lille ; celui de Van-Praët, provenant du baron d'Heiss et légué à la bibliothèque de la ville de Lille ; celui de la bibliothèque de Lille et celui de la bibliothèque de Bruxelles. (Voir la *Notice* de Van-Praët, p. 25.)

Le *Jardin* a été réimprimé plusieurs fois. La Bibliothèque impériale possède un exemplaire sur vélin (décrit dans Van-Praët, t. I, p. 307), d'une édition de Paris, s. d. (vers 1496).

<small>Réimprimé par Verard, qui 1506, sous le titre de *Jardin de vertueuse consolacion*.</small>

JARDIN (LE) DE PLAISANCE ET FLEUR DE RHETORIQUE.

Paris, A. Verard, (vers 1500), in-fol., 248 ff.

Le *Manuel* donne une description étendue de ce volume curieux ; il n'en signale aucune adjudication. Verard en a donné une seconde édition ; elle ne porte pas de date, mais l'adresse du libraire montre qu'elle n'a paru que vers la fin de l'an 1503 au plus tôt.

Un exemplaire sur vélin, après avoir figuré à la vente des livres du comte de Wassenaer en 1750, se montre au catalogue Thott (t. 7, n⁰ 2061); il a passé dans la Bibliothèque royale, à Copenhague. Un exemplaire sur papier, 16 liv. Du Fay, n⁰ 1910.

L'ouvrage est en vers ; il traite surtout de l'art poétique. Au folio 9, l'auteur se désigne sous le nom de l'Infortuné, et un peu plus bas il s'appelle Jourdain. Il dit, au folio 22, qu'il a composé son livre sur la demande du roi Charles VIII.

> Ce petit donr et ie presente
> Pourtant quil a mis son entente
> A vouloir gramaire scauvoir.

Goujet a fait mention de cet ouvrage, *Biblioth. franç.*, t. 3, p. 90. Viollet Le Duc, *Bibliothèque poétique*, t. 1, p. 90, parle avec quelques détails de ce volume ; la première fleur du Jardin est un véritable traité de *l'art notable* de poésie, divisé en dix chapitres. Dans une seconde partie, consacrée à la rhétorique, l'auteur parle des ballades, des lays, des rondeaux, des virelais, etc., et il donne pour chaque genre de composition des exemples empruntés à divers auteurs. De nombreuses pièces de vers, où figurent souvent les personnages allégoriques alors en vogue (*Bon-Vouloir, Soupçon, Faux-Conseil*, etc.), offrent de l'intérêt et des renseignements curieux sur les mœurs du XVe siècle.

La liste des écrits contenus dans ce recueil se trouve dans les *Recherches* de Beauchamps *sur les théâtres*, t. 1, p. 191.

JARDIN DE SANTÉ.

Paris, Verard, s. d. (vers 1500), 2 vol. in-fol.

Le premier volume 275 ff. et 17 ff. pour la table ; le second 170 ff., plus 13 ff. pour le Traictie des urines et 14 ff. pour la table. Un exemplaire relié en maroquin a été adjugé à 36 fr. à la vente Huzard, en 1824 ; le livre vaut bien davantage.

Un exemplaire sur vélin 481 fr. vente Mac-Carthy ; 21 liv. st. 10 sh. Hibbert. Un exemplaire du second volume séparé, après avoir été payé près de 300 fr. aux ventes La Vallière et Gaignat, a été abandonné à 80 fr. chez Mac-Carthy.

Cet ouvrage est une traduction de l'*Hortus sanitatis*, plusieurs fois imprimé au XVe siècle.

JEAN D'ARRAS. *La Melusine.*

Genève, Adam Steinschaber, 1478, in-fol.

Un exemplaire complet à la bibliothèque de Wolfenbuttel; un autre à celle de Genève (voir G. Favre, *Mélanges*, t. 1, p. 317); l'exemplaire de la Bibliothèque impériale, à Paris, est incomplet du dernier feuillet. Le *Manuel* ne cite aucune adjudication.

— Lyon, Le Roy, sans date, in-fol.

Depuis la vente Gaignat, où un exemplaire fut cédé à vil prix, cette édition ne paraît pas s'être montrée aux enchères.

— Lyon. Mathieu Husz, s. d. (vers 1480), in-fol., 128 ff.

Un exemplaire payé 30 liv. st. en 1830 et 63 liv. st. Heber, figure, revêtu d'une riche reliure de Bauzonnet en maroq. vert, au catalogue Essling; il fut adjugé au prix de 1,999 fr. à M. Yémeniz.

A la vente Du Fay, un exemplaire relié en veau, 23 livres.

— Paris, Pierre Le Caron, s. d., in-fol. (fin du XVe siècle.)

20 liv. st. 10 sh. Roxburghe, exemplaire relié en cuir de Russie, revendu 1,180 fr. Essling, n° 311.

380 fr. Bertin, n° 1144, exemplaire relié en mar. rouge par Bauzonnet, indiqué comme grand de marges, mais ayant des piqûres raccommodées avec le plus grand soin.

— Paris, Thomas du Guarnier, pour Jehan Petit (sans date, 1500), in-fol.

Le *Manuel* ne cite aucune vente, mais en mars 1863, à la vente Double, n° 189, un exemplaire, richement relié en maroq. vert par Trautz-Bauzonnet, 3500 fr.

Voir la *Bibliothèque des Romans*, t. 2 de juillet 1775, p. 138 et suiv.; les *Mélanges tirés d'une grande bibliothèque*, t. 5, p. 52; Dunlop, *History of fiction*, t. 3, p. 342; Dinaux, *Trouvères, Jongleurs et Ménestrels du nord de la France*, t. 3, p. 289-292; les *Mémoires de la Société des Antiquaires de l'Ouest*, t. 22, p. 37.

Un roman de *Melusina* eut quatre éditions en allemand avant 1500; une traduction en flamand fut imprimée à Anvers en 1500, et on vit paraître en Espagne, en 1489 à Tholosa, en 1512 à Valence (1), et en 1526 à Séville, la *Historia de la linda Melusyna*.

JÉROME (Saint). *La Règle de devotion.*

Paris, Geoffroy Marnef (vers 1500), in-4, 54 ff.

---

1 Cette édition n'est pas indiquée dans la cinquième édition du *Manuel*, mais nous la trouvons signalée d'après le catalogue de la bibliotheque Colon, à Séville, et comme ayant été achevée d'imprimer le 18 mars, dans l'*Ensayo de una Biblioteca española* (col. 949).

Ce volume, en latin et en français, contient *les epistres de monseigneur saint ierosme a ses sœurs fraternelles de religion.*

<small>Van-Praët, t. 1, p. 275, décrit un exemplaire sur vélin que possède la Bibliothèque impériale.</small>

—— *Le Psautier nostre Dame selon Saint Ierosme*, translate en françoys.

Paris, Verard, s. d. (vers 1500), in-4, 112 ff.

Ce volume contient 50 psaumes mis en vers ; le texte latin est en marge. Des vers latins imprimés au verso du premier feuillet donnent le nom du traducteur, Pierre Le Goux.

—— *Les Vies des Pères*, traduites en françois.

Paris, Jehan Dupré, 1486, in-fol.

<small>Un exemplaire est chez lord Spenser ; Dibdin le décrit : *Ædes althorpianæ*, t. 2, n° 1284.</small>

— Lyon, N. Philippe et Jean Dupré, 1486, in-fol., 6 et 265 ff.

— Paris, J. Dupré, 1494, 211 ff., décrit dans l'*Index* de Laire, t. 2, p. 197.

— Paris, A. Verard (*sic*), 1495, in-fol., 217 et 82 ff.

<small>La Bibliothèque impériale possède un fort bel exemplaire sur vélin Van-Praët le décrit, t. 4, p. 23 ; il provient de la vente Mac-Carthy, adjugé à 725 fr.</small>

A la fin de ce volume, une longue souscription en vers que M. Péricaud a reproduite, *Bibliographie lyonnaise*, 1841, p. 19.

Les premières productions typographiques n'avaient habituellement pas de titre, et comme le manuscrit des légendes recueillies par saint Jérôme commençait très-probablement par ces mots : *Prologus in vitas patrum*, de vieux imprimeurs ne prirent que les deux derniers et ils en formèrent un titre qui présente un solécisme, mais qui n'en fut pas moins adopté au XVe siècle. Les éditions latines sont fort nombreuses. Une réimpression française faite à Lyon eut l'honneur de servir de modèle à la version anglaise que fit Caxton en la dernière année de sa vie (1491), et qui fut imprimée à Londres par Wynkyn de Worde, en 1495 ; c'est ce que le prologue dit expressément : *Here followeth the right deuoute, moche louable and recommandable lyff of the olde Auncyent holy faders hermites late translated out of latyn into frenshe ande diligently corrected in the cyte of Lyon ye yere of our lord MCCCC.LXXXVI.* — *Le Bibliophile illustré* (1861, p. 22) parle avec détail de cette édition, et il ajoute : « Toutes « les légendes sont ornées de gravures grossièrement exécutées, et copiées

« évidemment sur celles des deux éditions françaises de Lyon et de
« Paris. Au recto du dernier feuillet est une large gravure sur bois,
« représentant saint Jérôme entouré d'évêques, de moines, de peuple,
« au milieu duquel se trouve un personnage qui porte une calotte sur-
« montée d'une formidable paire de cornes de bœuf, comme celles que
« les xylographes du XVe siècle mettent naïvement sur la tête de
« Moïse. »

JOSÈPHE. *De la bataille judaïque.*

Paris, A. Verard, 1492, in-fol., 8 et 259 ff.

29 fr. La Vallière, mar. rouge, n° 4805.

Cette traduction est due au même écrivain que celui qui a traduit Paul Orose; elle est dédiée à Charles VIII.

Un exemplaire a été payé 2 liv. st., 8 sh. chez Heber. Maittaire indique une édition datée de 1480, mais c'est sans doute une erreur.

Un exemplaire sur vélin, celui qui fut offert à Charles VIII, est à la Bibliothèque impériale. Van-Praët le décrit, t. 5, p. 41.

L'écrivain auquel on doit cette traduction ne se nomme pas, mais il dit qu'il a déjà fait celle d'Orose; on croit que c'est Claude de Seyssel. Son travail a été fait « en l'honneur de Dieu et de la Vierge Marie et de toute la court cellestielle. »

Une autre traduction anonyme, faite à Reims en 1463, est restée inédite; elle est attribuée à Guillaume Coquillard. La Bibliothèque impériale en possède des copies manuscrites (n°s 6892 et 6893, 7015 et 7016.)

JOUSTES (LES) *faictes à Paris, en la rue Sainct anthoyne, uyt iours après lentrée du roy Loys douziesme de ce nom, lan* 1498.

Pièce de 3 ff., avec une gravure en bois sur le titre.

JOUVENCEL (LE).

Paris, Ant. Verard, 1493, pet. in-fol.

Un exemplaire sur peau vélin dans la Bibliotheca Hohendorfiana, qui a passé dans celle de l'empereur, à Vienne. Van-Praët le décrit (2e cat., t. 2, p. 203). Un exemplaire sur papier, catalogue de la bibliothèque du roi, Y, 2-217.

Il ne paraît pas qu'on ait vu passer d'exemplaire dans les ventes depuis celui de La Vallière, qui, relié en maroq. rouge, fut adjugé à 75 fr., prix qu'il faudrait multiplier peut-être par vingt aujourd'hui.

Il existe une réimpression faite à Paris par Philippe Le Noir, 1529, in-4.

450 fr. Bertin, n° 1140 (rel. en mar. vert par Bauzonnet), revendu

1,000 fr. Solar, n° 2654 (acheté par le duc d'Aumale); 510 fr., non relié, en 1861.

Les éditions imprimées sont très-défectueuses et elles ne contiennent qu'une partie du texte. Guillaume Tringaut, dit Messodez, ajouta un supplément qui ne se trouve que dans fort peu de manuscrits et qui manque à celui que possède la Bibliothèque impériale.

Voir un mémoire de La Curne de Sainte-Palaye, dans les *Mémoires de l'Académie des Inscriptions*, t. 26, p. 700; Senebier : *Manuscrits de la Bibliothèque de Genève*, p. 450; Paulin Paris, *Manuscrits françois*, t. 2, p. 130.

M. de Barante a consacré au *Jouvencel* une notice intéressante ; elle est insérée dans ses *Mélanges*, t. 2, p. 137 ; elle avait paru d'abord dans la *Revue française*, n° 8 (mars 1829).

L'ouvrage débute en ces termes : « Au commencement du monde
« apres que Dieu eust cree lomme et la femme et quil eust produit toutes
« choses pour seruir a lomme et le nourrir icellui ne fut pas longuement
« en terre en paix. Aincois comanca la guerre qui est propre ennemye
« de nature a regir et auoir seigneurie entre les prouchains parens et
« freres comme furent Cayn et Abel et proceda ceste guerre a l'occasion
« Denuye. »

Le *Jouvencel* est un roman comme on en faisait souvent alors, un cadre pour tracer des préceptes de conduite, pour représenter un jeune gentilhomme élevé au métier des armes. C'est l'idéal du guerrier, tel qu'on le concevait sous le règne de Charles VII et de Louis XI. Nous n'admettons pas d'ailleurs que l'ouvrage raconte des faits réels, comme l'a cru La Curne de Sainte-Palaye, que le comte de Dunois s'est caché sous le nom du comte de Provenchères et que le siège de Cax soit le siége d'Orléans. — Le livre est divisé fort méthodiquement. L'auteur se propose d'examiner l'homme dans ses états divers. Lorsqu'il n'a que le gouvernement de lui seul, c'est l'état *monastique*; lorsqu'il a la conduite de plusieurs qui sont sous ses ordres, c'est l'état *économique*; lorsqu'il est chargé de régir des citoyens, c'est l'état *politique*. Le *Jouvencel* passe successivement par ces divers états. Le tableau de la France ravagée par la guerre est fidèlement retracé : « Le pays moult desolé et desert; les habitans pauvres et en petit nombre ; ce sembloit mieux receptacle de bestes sauvages qu'habitation de gens. »

Ce livre fournit de curieux détails sur l'art militaire, sur l'artillerie à cette époque. Toutes les batailles célèbres du XVe siècle sont examinées et proposées en exemples à suivre ou à éviter.

IOYES ET DOULEURS *que la glorieuse vierge marie eut de son benoist filz Ihesus. En matiere contemplative.*

In-fol., s. l. n. d., 21 ff.

Poëme en vers de dix syllabes, imprimé probablement avant 1490.

On n'en a vu passer en vente qu'un seul exemplaire, celui du catalogue La Vallière, et il fut abandonné pour 3 fr.

KALENDRIER DES BERGERS.

Paris, A. Verard, in-fol., 89 ff.

La Bibliothèque impériale possède un exemplaire sur vélin. Van-Praët le décrit, t. 3, p. 76.

L'ouvrage est mêlé de prose et de vers. « Ceulz qui le verront pourront congnoistre les cours et heures, et minutes des lunes nouvelles, et des éclipses de soleil et de lune, larbre des vices, larbre des vertus et la tour de Sapience figurée, la phisique et regime de santé, questnothomye et flebothomye. »

LA MARCHE (Olivier). *Le Debat de cuidier et de fortune.*

Vallenchiennes, Jehan de Liege, in-4º, 10 ff. (vers 1500).

Un exemplaire de cet opuscule, en vers, composé par l'auteur « estant prisonnier de la iournee de Nansi » se trouve à la Bibliothèque impériale.

Nul exemplaire n'a passé dans les ventes.

—— *Excellent et tres proufitable liure pour toute creature humaine appelle le miroer de mort.*

S. l. n. d., in-fol., 16 ff.

Ce petit poëme, de 93 octaves, ne porte pas le nom de La Marche. Les caractères sont les mêmes que ceux dont Mathieu Husz fit usage pour imprimer à Lyon, en 1494, la *Consolacion des pauvres pescheurs.* Depuis l'exemplaire La Vallière, adjugé 19 fr. (nº 2861), et qui en vaudrait aujourd'hui 300 ou 400, il ne paraît pas que ce livre ait été exposé aux enchères.

—— *Le Chevalier délibéré.*

Paris, Verard, 1488, in-fol., 72 ff.

30 fr. La Vallière, nº 2864 (dans la même collection, deux manuscrits, nºs 2862 et 2863). C'est la seule adjudication qui soit connue.

— Paris, Michel Le Noir, 1489.

Cette édition n'est connue que d'après le témoignage de La Caille, bibliographe souvent inexact, et l'auteur du *Manuel* révoque en doute son existence.

— Paris, J. Lambert, 1493, in-4.

Un exemplaire sur vélin, le premier feuillet manuscrit, après avoir successivement paru dans les catalogues Pont-de-Vesle, Heiss et Chardin, a été adjugé à 11 liv. st. 11 sh. dans une vente faite à Londres en 1817. Nous ne trouvons d'exemplaire sur papier sur aucun catalogue de vente.

— Schiedam, in-fol., 31 ff.

Des exemplaires se sont trouvés, le siècle dernier, aux ventes Gaignat et Soubise, où ils s'adjugèrent à vil prix. Cette édition ne s'est point présentée aux enchères depuis 1789. Le *Manuel* la décrit en détail ; elle se trouve à la Bibliothèque impériale et à celle de l'Arsenal.

— Sans lieu ni date, in-fol., 33 ff.

On croit que ce volume a été imprimé à Anvers, chez Gérard Leeu. L'exemplaire du comte d'Hoym, payé 30 fr. en 1738, a passé chez M. le marquis de Ganay ; c'est d'après lui qu'est faite la description insérée au *Manuel*.

— Lyon, Martin Havard, s. d., in-4°, 49 ff.

Un exemplaire à la Bibliothèque impériale. Un autre a été adjugé à 130 fr. (mar., riche reliure de Thouvenin) vente Coste, n° 767.

— Paris, J. Trepperel, 1500, 42 ff. (à la Bibliothèque impér.).

Le catalogue Colbert, n° 11706, signale une édition de Paris, 1495, in-4.

Le *Chevalier délibéré* est un poëme allégorique achevé en 1483 ; il est composé de 238 octaves en vers de 8 syllabes. Le héros est Charles le Téméraire.

Les nombreuses éditions faites au XVe siècle (elles sont pour la plupart très-fautives) prouvent la vogue dont jouissait alors ce livre ; il fut réimprimé plusieurs fois au commencement du seizième et traduit en espagnol. Il n'était pas indigne de ce succès, car le *Chevalier délibéré* peut à bon droit être considéré comme un écrit remarquable, offrant, sous la forme allégorique, des préceptes d'une sage morale, ainsi que des notions curieuses sur les combats chevaleresques et sur divers grands personnages du XVe siècle. Elevé à la cour du duc de Bourgogne Philippe le Bon, La Marche fut un des plus fidèles serviteurs de ce prince, dont il exalte les vertus à propos de la lutte qu'il lui fait soutenir contre la Mort à ses derniers moments. La fin tragique de Charles le Téméraire, que le poëte vit périr à la bataille de Nancy, lui inspire plusieurs stances empreintes de mélancolie.

Une réimpression en caractères gothiques a vu le jour à Paris en 1842, dans la collection éditée par M. Silvestre ; elle a été faite sur l'édition de Schiedam, qui, comparée à quatre manuscrits, s'est trouvée fort correcte ; mais elle contient de plus des préambules scéniques jusqu'alors inédits et une supplication à la Vierge qui paraît pour la première fois.

Consulter, au sujet de La Marche, Goujet, *Bibliothèque françoise*, t. 9, p. 372-390 ; le *Bulletin de la Société de l'histoire de France*, 1858, p. 206, et l'*Histoire des Ducs de Bourgogne*, par M. de Barante.

LAMENTACIONS (LES) ET CRAINTES DU IUGEMENT.

S. l. n. d., in-4, 6 ff.

Opuscule en vers, indiqué au *Manuel*, qui ne signale aucune vente.

LANCELOT DU LAC.

Rouen, Jehan le Bourgeois, et Paris, Jehan Dupré, 1488, 5 parties en 2 vol. in-fol.

Le premier volume a été imprimé à Paris, le second à Rouen. Voir le *Manuel*, t. 3, col. 805.

120 liv. Heiss en 1785; 45 liv. st. 3 sh. Hibbert; 32 liv. st. 10 sh. Heber; 1,241 fr. prince d'Essling, n° 157 (rel. anglaise en maroquin rouge); adjugé à M. Bertin.

Un exemplaire, catalogue de la Bibliothèque du Roi, Y, 2, 111.

— Paris, A. Verard, 1494, 3 vol. in-fol. à 47 lignes à la page.

101 fr. (mar.) Du Fay, n° 2360; 52 fr., exempl. imparfait, La Vallière, n° 3999; 14 liv. st. 8 sh., Paris, en 1792. On ne l'a pas revu depuis aux enchères.

— A. Verard, 1494, 3 vol. in-fol. à 45 lignes.

Edition différente de celle que nous venons d'indiquer.

Le premier volume porte la date de 1494; le 2e et le 3e, non datés; mais d'après l'adresse de Verard, on voit que l'édition n'a paru que bien plus tard. Verard fit mettre deux fois l'ouvrage sous presse, et ces éditions se distinguent par le nombre des lignes et la grosseur des caractères.

52 liv. st. 10 sh. Heber, revendu 1,265 fr. Essling, n° 158 (riche reliure anglaise en mar. rouge; adjugé à M. Yémeniz); 900 fr. Solar, n° 1844 (3 feuillets du 3e vol. refaits à la plume), exemplaire La Vallière, relié en veau; 3,900 fr. Double, n° 118.

La Bibliothèque impériale possède deux exemplaires complets sur vélin, et les deux premiers volumes d'un 3e; la Bibliothèque impériale de Vienne a un exemplaire complet qui, transporté à Paris, fut restitué en 1814. (Voir Van-Praët, t. 4, p. 250-254.)

Un exemplaire sur papier figure au catalogue imprimé de la bibliothèque de Lyon. (*Belles-Lettres*, t. 2, p. 33, n° 5046.)

Voir, au sujet de ce roman, écrit en vers par Gautier Map au XIIe siècle, la *Bibliothèque des Romans*, octobre 1775, t. 1 et t. 2, p. 249-286 de l'édition in-4°; une longue analyse dans l'ouvrage de M. Delécluze: *La Chevalerie*, t. 2; dans la *Revue française*, n° 15, mai 1830, un article intitulé: *La Reine Genièvre et Lancelot du Lac*. — Sur une rédaction de Lancelot en provençal, voir une notice de Fauriel, dans l'*Histoire littéraire de la France*, t. XXII, p. 212-223.

LANFRANCUS, *ou le grant Alanfrant*.

S. l. n. d. (Vienne en Dauphiné, vers 1480), in-fol., 258 ff.

La Bibliothèque impériale possède un exemplaire de ce livre fort peu connu ; c'est un traité de chirurgie.

— Lyon, Jehan de la Fontaine, 1490, in-4.

L'ouvrage est annoncé comme « veu et corrigier sur le latin par honorable homme maistre Guillaume Yvoire, cirurgien practiquant à Lyon. »

Lanfranc était un Milanais, il écrivait à la fin du XIIIe siècle; disciple de Guillaume de Saliceto, il ajouta aux découvertes de son maître. Indépendamment de diverses éditions latines (Venise, 1498, 1519, etc.), il existe des traductions espagnoles (1491) et allemande (1566) de son traité; une version anglaise est restée manuscrite. Consulter Argelati, *Scriptores mediolanenses*, t. 2, p. 783 ; Eloy, *Histoire de la médecine*, t. 3, p. 14; Portal, *Histoire de l'Anatomie*, t. 1, p. 189 ; Sprengel, *Geschichte der Chirurgie*, t. 2, p. 89, etc.

Le manuscrit de la Bibliothèque impériale, 7101, 3, 3, est une traduction de l'*Art complet de cirurgie* de Lanfranc. M. Paulin Paris (*Manuscrits françois*, t. 5, p. 240-245) entre dans quelques détails au sujet de ce docteur.

LAY (LE) DE PAIX.

In-4, 8 ff., s. l. n. d. (vers 1500).

Opuscule en vers de diverses mesures, que nous ne trouvons pas sur les catalogues de vente.

Il a été fait en 1826 une réimpression figurée à seize exemplaires seulement.

LE FÈVRE (Raoul). *Le Recueil des histoires de Troyes*.

S. l. n. d., in-fol.

Volume imprimé avec les caractères dont s'est servi Guillaume Caxton. Il est décrit en détail dans les *Typographical Antiquities* de Dibdin. Cet écrivain en parle aussi dans la *Bibliotheca Spenceriana*, t. 4, p. 173, et dans le *Bibliographical Tour in France and Germany*, t. 2, p. 247, de l'édition anglaise.

M. Auguste Bernard (*Origines de l'Imprimerie*, Paris, 1853, t. 2, p. 363) pense que l'impression eut lieu à Cologne vers 1466 ; il ne croit pas que ce soit Caxton, lequel, dans ses diverses préfaces, entre dans de longs détails sur les éditions qu'il a données et ne parle point de celle-là. Ce typographe convient, dans la préface de la traduction anglaise de ce *Recueil* (1), qu'il savait fort mal le français.

---

1. La traduction anglaise publiée par Caxton, sans date, in-folio, est le premier livre imprimé en langue anglaise, et on en connaît quatre exemplaires en Angleterre, dans des dépôts publics (un au Musée britannique).

A la vente Roxburghe, n° 6340, un exemplaire fut adjugé au duc de Devonshire

Le savant bibliographe que nous venons de nommer est d'avis que l'ouvrage fut imprimé par Ulric Zell, le typographe le plus actif de Cologne à cette époque, mais qui ne joua, dans cette occasion, que le rôle d'un mercenaire sans aucune responsabilité. Il faut avouer aussi qu'Ulric n'a jamais fait usage de ces caractères, remarquables par leur habile combinaison et imitant très-bien l'écriture du temps, grâce à un grand nombre de ligatures ou groupes de lettres fondues ensemble.

Ajoutons que M. Bernard, pl. XIII, fig. 24, donne un fac-simile des types employés dans ce volume. Un exemplaire est à la Bibliothèque impériale. L'ouvrage n'a jamais passé en France en vente publique, mais on en connaît quelques exemplaires en Angleterre. Le duc de Roxburghe en avait un qu'il n'avait payé que 5 guinées et dont plusieurs feuillets avaient ensuite été enlevés afin de compléter l'exemplaire de Georges III (aujourd'hui au Musée britannique); quoiqu'il y manquât 31 feuillets, cet exemplaire s'éleva en 1812, à la vente du duc (n° 6201), à la somme très-respectable de 116 l. st. 11 sh.

Voir Dibdin, *Bibliotheca Spenceriana*, t. 4, p. 173-180, et *Typographical Antiquities*, t. 1, p. 1-14.

C'est dans cette narration que Shakespeare prit le sujet de sa pièce de *Troïlus and Cressida* (1).

— Lyon, 1484, in-fol., 162 ff.

— Lyon, 1490, in-fol., 224 ff.

>Ce volume est décrit dans les *Ædes althorpianæ* de Dibdin, t. 2, p. 246, qui donnent des fac-simile de ses gravures sur bois, et dans le *Manuel du Libraire*, t. 3, col. 925.
>
>375 fr. Essling, n° 274 (relié en mar. bleu par Bauzonnet); adjugé à M. Delessert.

— Lyon, 1490, in-fol., M. Topie et J. Herenberch, 220 ff.

>575 fr. (mar. rouge) vente Salmon en 1857, n° 654. Un exemplaire avec quelques feuillets raccommodés, même reliure, et peut-être le même, proposé à 500 fr., catalogue Potier, 1855, n° 2331; 107 fr. Coste, n° 963 (rel. en maroquin vert par Bauzonnet), plusieurs feuillets rallongés.

---

pour la somme de 1,060 liv. st. 10 sh. Depuis il s'en est vendu d'autres (imparfaits, il est vrai, de quelques feuillets) à des prix bien moins exorbitants : 165 liv. st. Wilks; 55 liv. st. Utterson.

1. Consulter à cet égard les *Nouvelles françoises en prose du XIV*[e] *siècle* publiées, d'après les manuscrits, par MM. L. Moland et C. d'Héricault (*Bibliothèque elzevirienne*, 1858, introduction, p. XLV-CXXXV). Le *Roman de Troïlus*, publié par ces érudits, et dont il existe six manuscrits à la Bibliothèque impériale, occupe les pages 117-305 du volume en question. Le drame anglais est emprunté aux mêmes sources; il ne tient d'ailleurs qu'une place secondaire dans les productions de Shakespeare

— Lyon, Jacques Maillet, 1494, in-fol., 161 ff.

> Le *Manuel du Libraire* ne signale aucune adjudication. Nous trouvons un exemplaire relié en mar. rouge par Bauzonnet (quelques feuillets restaurés), adjugé à 400 fr., vente A. C. (A. Chenest), en mai 1853, n° 468.

— S. l. n. d., in-fol., avec la devise de Gerard Leeu (Anvers, 1480 à 1490?)

> 13 liv. st. Hibbert; 32 liv. st. Heber; 21 liv. st. sur le catalogue de Payne et Foss de 1830.

Paris, A. Verard, s. d. (vers 1498), in-fol., 175 ff.

> 19 fr. Gaignat en 1764; 9 liv. st. 15 sh. White Knight; 30 liv. st. Heber; 400 fr. (rel. en mar.) Essling, n° 275.
>
> Un exemplaire sur vélin est mis à 55 liv. st. sur un catalogue de Payne et Foss, de 1829, et un autre est indiqué comme se trouvant chez sir J.-H. Thorold.
>
> La Bibliothèque impériale possède deux exemplaires sur vélin; l'un, payé 531 fr. vente Gaignat, est celui que Verard présenta à Charles VIII; l'autre fut offert au duc de Bourgogne Philippe-le-Bon; un autre, avec 2 feuillets manuscrits, a paru dans diverses ventes; 760 fr. Randon de Boisset en 1772; 300 fr. Heiss; 730 fr. Mac-Carthy; 44 liv. st. Hibbert; nous le retrouvons au catalogue Cigongne, n° 1864. Il avait figuré au prix de 36 liv. st. sur un catalogue du libraire Longmann.

Consulter, au sujet de ces *histoires*, les *Mélanges d'une grande bibliothèque*, t. 8, p. 5; le Catalogue La Vallière, t. 2, p. 630; Dunlop, *History of fiction*, t. 2, p. 114-121; Paulin Paris, *Manuscrits françois*, t. 1, p. 66; t. 3, p. 275. Pendant assez longtemps les écrits de ce genre furent à la mode; au commencement du XVIe siècle, un anonyme composa en prose une *Histoire des Troyens et des Thébains jusqu'à la mort de Turnus, d'après Orose, Ovide et Raoul Lefebvre;* elle est restée inédite (voir P. Paris, *Manuscrits*, t. 3, p. 276).

La Bibliothèque impériale possède quatre manuscrits du *Recueil*, n°s 6737, 6846, 6847, 6897, 3.

Transcrivons le début de ce volume, si cher à nos ancêtres :

« Cy commence le volume intitulé le Recueil des histoires de Troyes, compose par venerable homme Raoul Le Feure, prestre, chappellain de mon tres redoubte seigneur Monseigneur le Duc Phelippe de Bourgoingne. En lan de grace mil. cccc. lxiiii.

« Quant Je regarde et congnois les oppinions des hommes nourris en aucunes singulieres histoires de Troyes, et voy et regarde aussi que de icelle faire ung recueil Je indigne ay receu le commandement de tres noble et tres v'tueux prince Philippe, par la grace faiseur de toutes graces duc de Bourgoingne | de Lothrique | de Brabant et de Lembourch | conte de Flandres, Dartois et de Bourgoigne | Palatin de Haynau, de Hollande, de Zeelandre et de Namur | Marquis du Saint-

Empire, seigneur de Frise, de Salins et de Malines, | certes je treuue assez a pensser. Car des histoires dont vueil recueil faire, tout le monde par liures translatez du latin en francois moins beaucop que Je n'en traitteray | . Et aucuns en ya qui sahurtent seulement a leurs particuliers liures, pourquoy je craing escripre plus que leurs liures ne font mencion | . Mais quand je considere et poise le tres cremeu command de icelluy tres redoubte prince qui est cause de ceste œuure non pour corriger les liures, ja solempnellement translatez, aincois pour augmenter, Je me rendray obaissant, et au moins mal que je pourray, feray trois liures qui mis en ung prendront pour nom le Recueil des troyennes histoires. »

LÉGENDE DES SAINCTZ NOUUEAULX *qui ont este prins et collige en vincent historial en diuers lieux lesquelz saincts ne sont point inserez dedens la grande legende.*

Lyon, Barthélemy Buyer, 1477, in-fol, 127 ff.

Le titre fait connaître que le fond de ce livre est emprunté au *Miroir*, de Vincent de Beauvais ; l'ouvrage a été revu par *maistre Julian* (Macho) *de lordre de saint Augustin et maistre Iehan batelier de lordre des iacopins*. Un exemplaire se trouve à la Bibliothèque impériale.

LEGRANT (Frère Jacques). *Le Liure des bonnes meurs.*

Chablis, Pierre Lerouge, 1478, in-fol., 51 ff.

Un exemplaire à la Bibliothèque impériale. L'impression révèle l'inexpérience du typographe. Nous ne saurions signaler aucune vente dans laquelle cet exemplaire se serait montré.

— Paris, Pierre Levet, 1486, in-4, 89 ff.

1 liv. st. 9 sh. Heber.

— Paris, Antoine Caillaut, 1487, in-4, 88 ff.

Un exemplaire à la bibliothèque Sainte-Geneviève.

— Genève, Loys Cruse (vers 1488), s. d., in-4.

Edition mentionnée par Mercier de Saint-Léger, mais qu'on ne retrouve plus.

— S. l. n. d. (Lyon, vers 1490), 58 ff.

241 fr., exemplaire relié en mar. par Trautz-Bauzonnet, vente Cailhava en 1862, n° 141.

— Paris, J. Trepperel, 1499, in-4°, 78 ff.

A la vente Veinant, en 1860, un exemplaire relié en mar., 81 fr. Au commencement de la 5e partie, une figure sur bois qui se rattache aux sujets traités dans les *Danses des Morts*.

Plusieurs éditions du commencement du XVIe siècle doivent nous rester étrangères. Nous en signalerons une de J. Trepperel, 1503, in-4, portée au catalogue Veinant, 1863, n° 88, et que nous ne trouvons pas au *Manuel*, lequel ne mentionne, après 1500, comme exécutée par ce libraire, qu'une édition de 1509.

Le *Livre* en question est divisé en cinq parties : la première « parle des « vices et des vertus, et premierement du peche dorgueil, lequel deplaist « a Dieu. » Les autres parties parlent successivement de l'estat des gens d'église, des rois et des princes, du commun peuple, de la mort et du jour du jugement.

Jacques Legrand (*Jacobus Magnus*) était de l'ordre des Augustins.

Il est l'auteur d'un autre livre de morale, le *Sophologium*, imprimé à diverses reprises avant 1500, mais l'ouvrage français n'est pas la traduction du volume latin, comme on l'a dit quelquefois.

La Bibliothèque impériale possède divers manuscrits de cette production. Voir M. Paulin Paris, *Manuscrits françois*, t. IV, p. 187, et t. VII.

LE ROMAN DE JASON ET MEDEE.

S. l. n. d., in-fol., 131 ff.

On reconnaît les caractères qui avaient servi à l'édition des *Histoires de Troyes*.

Un exemplaire de ce volume très-précieux est à la Bibliothèque impériale ; il en existe un à l'Arsenal. On n'en connaît qu'un seul en Angleterre. Lowndes (2ᵉ édition, page 795) ne mentionne la présence d'aucun exemplaire et ne signale aucune vente.

L'ouvrage fut très-probablement imprimé à Cologne. Voir les détails que donne M. Auguste Bernard dans les *Origines de l'Imprimerie*, t. 2, p. 368 et suiv.

M. Paulin Paris, qui décrit un beau manuscrit de ce volume (*Manuscrits françois de la Bibliothèque du Roi*, t. 2, p. 336), doute que Raoul Lefèvre soit l'auteur de l'ouvrage en question ; il insiste sur ce qu'il n'y a dans le prologue aucune allusion à l'ordre de la *Toison d'or* fondé par Philippe de Bourgogne, auquel ce roman fut présenté ; mais, comme le fait remarquer M. Bernard, l'assertion de Caxton ne laisse aucun doute à cet égard, et le livre lui-même n'est, depuis le commencement jusqu'à la fin, qu'une allusion à cet ordre fameux, dont l'origine véritable est que le duc, en épousant en 1430, à Bruges, Isabelle de Portugal, déclara son intention d'aller en Syrie combattre les Turcs et offrit à ses chevaliers comme exemple le courage des Argonautes ; ce projet eut d'ailleurs le mérite de n'être jamais exécuté.

— S. l. n. d., in-fol., 130 ff.

32 fr. Gaignat; 29 fr. La Vallière, n° 4085; 20 fl. Crevenna; 31 liv. st. Heber; 525 fr. Essling, n° 270 (ancienne reliure en maroq. rouge ; adjugé à M. Delessert.)

— S. l. n. d., in-fol., 102 ff.

>Edition que Haïn (*Repertorium bibliographicum*, n° 751) décrit avec un soin qui montre qu'il l'a eue sous les yeux. Le *Manuel* ne cite aucune adjudication, et M‍. Brunet ne l'a jamais vue.

— S. l. n. d., in-fol.

>14 liv. st. 14 sh. Hibbert, revendu 741 fr. Essling, n° 271 , maroq. violet, reliure anglaise ; adjugé à M. A. Bertin; figure au catalogue Cigongne, n° 1863, avec une reliure nouvelle.

— Lyon, Jacques Maillet, 1491, in-fol.

>Nous ne connaissons aucune adjudication de cette édition.

— S. l. n. d., in-fol., 131 ff.

>Edition très-peu connue et qu'on ne trouve sur aucun catalogue. Elle est décrite au *Manuel*, d'après un exemplaire existant à la Bibliothèque impériale.

Une version hollandaise fut imprimée à Haarlem en 1495. — Columna avait écrit une *Historia Medeæ et Jasonis*, dont un manuscrit est indiqué par Montfaucon (*Cat. mss. Biblioth. Coislin.*, t. 2, p. 1109). Nous nous éloignerions de notre sujet en mentionnant l'*Histoire de la Toison d'or*, par Guillaume Fillastre, restée inédite (P. Paris, t. 6, p. 269), et l'ouvrage de l'alchimiste Gohorry, mort en 1576 : *Historia Jasonis, Thessaliæ principis*. Paris, 1562, in-fol.

La traduction anglaise de Jason, faite et imprimée par Caxton, sans date, in-fol., 148 ff., est un volume des plus précieux. Le *Manuel* n'en cite qu'une adjudication : 85 liv. st., vente White Knight; nos notes nous en offrent deux autres : 87 liv. st. Heber, et 105 liv. st. Dunn Gardner, en 1854 (un feuillet refait à la plume). On n'en connaît en Angleterre que trois exemplaires tout au plus. Voir les détails donnés par Dibdin dans trois de ses ouvrages : *Typographical Antiquities*, t. I, p. 52-59; *Bibliotheca Spenceriana*, t. IV, p. 195-210, et *Tour*, t. III, p. 532.

Voici en quels termes débute cet ouvrage :

« Anciennement les rois et les princes de haulte felicite attendoient quant la leur semence leur apportoit generacion. Mais quant a ce ne paruenoient quelque prosperite quilz eussent leur vie etoit trauerssee de continuel regret. Et visitoient temples et oracles jusques a la cosumacion de leurs jours ou jusques a lexaucement de leurs oroisons. Le roy Eson dont est fait ou prologue mencion | entre tous biens et prosperitez mondains fu moult noblement regnant | Certes il eult royalme maintenu en paix | Il eult par mariage une tres belle dame. Mais ilz furent longuement ensemble sans auoir generacion | Dont leurs jours furent plains de regrets | et pou de plaisirs prenoient es biens de fortune. Aincois estoient continuellement es temples et ne leur aduint autre chose jusques a ce que le roy commenca echeoir sur laage de viellesse | Adonc sa femme conceut de sa semence et multiplierent la generacion humaine dun beau filz. A la naissance de ce filz la noble royne morut | Et quant le roy Eson vit sa femme ainsi allee de vie par mort, il la ploura moult longuement et lui fist son obseque tres sollempnellement | Puis se resioy en son filz qu'il appella Jason | Jason donc creut en beàulte merueilleuse, si que son pere print grand plaisir a le nourrir | Temps se passa, Jason creut tant qu'il sceut aller et parler | et le roi deuint ancien en telle maniere qu'il ne se pouuait plus aidier. Si appella ung jour Jason son filz et lui dist | « Beau filz Jason, il est force que je passe de ce monde par viellesse « qui me maine a la mort. »

LIVE (LES DECADES DE TITE).

Paris, 1486 et 1487, 3 vol. in-fol. Caractères qu'on retrouve dans divers ouvrages publiés par Jean du Pré.

Le *Manuel* ne signale aucune adjudication.

C'est la traduction de Bercheure, un des savants les plus laborieux du XIVe siècle. Les manuscrits de cette traduction sont nombreux. M. Paulin Paris en a décrit vingt-neuf, existant à la Bibliothèque impériale.

LIVRE APPELLE LES QUATRE CHOSES.

Lyon, P. Mareschal (vers 1496), in-4, 20 ff.

Un exemplaire avec les deux derniers feuillets refaits à la main, 392 fr. Cailhava, n° 618 *bis*.

Le *Manuel* nous apprend que ce livre a été acquis par M. Yémeniz et que cet amateur en possède un autre exemplaire complet.

Ce traité de morale commence ainsi : « Quatres choses sont nécessaires a soy bien gouverner en ce monde :

> Penser au temps passé,
> Disposer au temps present,
> Pourvoir au temps avenir,
> Declarer la chose doubteuse.

Il se termine par cette sentence : « Quatre choses sont qu'on ne peut jamais recouvrer : la pierre iettée, la virginité, la parole ditte et le temps perdu. »

Il en a été fait, s. l. n. d. et sous le titre de : *Quarternaire Sainct Thomas*, une réimpression in-8°, 15 ff. 5 fr. La Vallière; 2 liv. sterl. 15 sh. Heber.

La Bibliothèque impériale possède, n° 7068, un manuscrit du *Livre des Quatre Choses*. M. Paulin Paris en parle (*Manuscrits françois*, t. 5, p. 20), et il en cite quelques passages où l'on reconnaît un style un peu plus ancien que dans le texte imprimé :

« Quatre choses sont necessaires à la femme : belle de visage et bien

« formée de membres, chasteté en son corps, honnesteté en ses veste-
« ments, diligence à l'hostel. »

« De quatre choses doit user le mari à sa femme : lui porter honneur,
« la tenir en crainte, la nourrir en santé de l'âme et du corps, la vestir
« deument. »

LIVRE DE CLERGIE NOMMÉ LYMAGE DU MONDE, translate de latin en francois.

In-4º, 36 ff., s. d. (fin du XVe siècle).

> Un exemplaire figure au catalogue La Vallière, nº 2723. Voir le
> *Manuel*, t. 3, col. 1118. On connaît deux autres éditions du commen-
> cement du XVIe siècle.

Ce *Livre* est un traité de cosmographie et des sept arts libéraux ; on
n'en connaît pas d'original en latin; il reproduit, en l'abrégeant, le
poëme français de Gautier de Metz, écrit vers le milieu du XIIIe siècle
sous le nom de *Mappe-Monde*, poëme (1) dont il avait peut-être été fait
en latin un résumé qui a échappé aux bibliographes.

LIVRE DES PRESTRES.

S. l. n. d., in-4, 11 ff.

Opuscule en vers, introuvable aujourd'hui.

Un acrostiche en neuf vers latins donne le lieu de l'impression (Rouen)
et la date, 1478, mais plutôt 1498.

> Des exemplaires n'ont été payés que 5 et 7 fr. aux ventes La Val-
> lière (nº 2957) et Méon, mais on est arrivé à 3 liv. st. à la vente
> Lang, et même à 13 liv. st. à celle d'Heber; 84 fr. en 1841 ; 39 fr., mar.
> rouge, Nodier.

L'ouvrage se compose de passages relatifs au sacerdoce, empruntés
aux Pères de l'Église et accompagnés d'une paraphrase en vers français
de 8 syllabes. Le début du livre montre ces jeux de mots qui paraissaient
à quelques littérateurs du XVe siècle le dernier terme de l'art :

> « Sensuit des prestres ung beau liure
> Sens suit qui bon amour leur liure
> Amour leur liure qui bon sens suit
> Ung beau liure des prestres sensuit. »

> Une autre édition in-4º, 10 feuillets, Rouen (fin du XVe siècle), est
> fort peu connue.

---

1. M. Le Roux de Lincy (*Livre des Légendes*, 1836, p. 208-224) en a donné
des extraits d'après des manuscrits. Il s'en trouvait deux dans la collection La
Vallière, nos 2721 et 2722.

LIVRE DES VERTUS *ouquel est tractie de lefect des vertus et des vices contraires à icelles en alleguant à propos les dictz des sains et des philosophes et autres saiges, auec plusieurs exemples contenuz ez hystoires anciennes.*

29 feuillets, édition de la fin du XVe siècle; elle paraît exécutée à Lyon; 37 fr. vente du fond de Bure.

LIVRE (LE) DU FAULCON.

S. l. n. d., in-4º, 19 ff.

Ouvrage en vers et en prose. On ne connaît qu'un seul exemplaire de ce livre qui paraît imprimé par Verard.

Vendu successivement 5 liv. st. 12 sh. Lang, nº 986; 14 liv. st. Heber; 410 fr. Essling, nº 90 (riche reliure en maroquin).

C'est le même ouvrage que le *Faulcon damours*, dont il existe une édition s. l. n. d. (Paris, vers 1500), in-4º, 25 ff. Un exemplaire avec 2 ff. refaits à la plume, 151 fr., rel. en maroquin, vente Crozet, en 1842.

— Paris, Le Petit Laurens, s. d., in-4º.

60 fr., mar. vert, vente Taylor, en 1848, nº 668.

Sur le titre on trouve cette devise :

> Chascun soit content de les biens,
> Qui na suffisance na riens.

L'ouvrage se termine par un rondeau :

Rondeau escript de par le faulcon au faulconnier.

> Incessamment mon pouure cuer lamente,
> Sans nul repos souuenir me tourmente,
> Ayant ennuy du souldain partement :
> Banye me a de tout esbatement
> Et si languis pres de mort veemente.

> A grant regret mon refuge me absente ;
> Voisine nay qui tant de douleur sente,
> Force m'est bien de plorer tandrement
> Incessamment.

> A rien que dueil ie ne metz mon entente,
> Voire si grant que chascun iour de rente
> Cent mille fois ie pers mon sentement
> Or voy ie bien que pour tout payement.
> Nauray damours fors estre malcontente
> Incessamment.

La Comparaison du Faucon, ouvrage en vers, se trouve dans le manuscrit de la Bibliothèque impériale, n° 6988-2.

M. Lang a donné, en 1817, pour le Roxburghe-Club, une réimpression à 30 exempl. du *Livre du Faulcon*, in-4°. Un d'eux, 30 fr. vente Essling.

LIVRE ET ORDONNANCES *de la deuote confrairie du psautier de la glorieuse vierge Marie, approué par nostre sainct pere le pape Sixte quint.*

  Lyon, Janain Carcain, 1480, in-4°, 8 ff.

   Un exemplaire est mis au prix de 250 fr. sur un catalogue de M. Muffat, libraire à Paris (octobre 1862).

LIVRE NOMMÉ LES MERVEILLES DU MONDE.

  S. l. n. d., in-fol., 64 ff.

   Mêmes caractères que ceux du *Miroir de la vie humaine* par Rodrigue de Zamora, imprimé à Lyon par B. Buyer, en 1477.

   Ce volume, très-précieux, regardé comme unique, est décrit au *Manuel*, t. 3, col. 1130.

   450 fr. de Bure, n° 1289; revendu 835 fr. Solar, n° 2504, après avoir été lavé et relié en maroquin rouge par Duru; acquis par la Bibliothèque impériale.

   Il existe une autre édition in-fol. 75 ff.; un exempl. à la bibliothèque de l'Institut.

   Le *Manuel* la décrit, mais il doute qu'elle ait été imprimée à Lyon.

LIVRET (LE) DE CONSOLACION CONTRE TOUTES TRIBULATIONS.

   Volume fort rare, qui a été réimprimé au moins deux fois au commencement du XVIe siècle à Paris et à Lyon. Voir le *Bulletin du Bibliophile*, 12e série, p. 952.

LIURE (LE) DE LA CHASSE *du grant seneschal de Normandie et les ditz du bon chien Souilliart qui fut au roy Loys de France.*

  S. l. n. d., in-4°, 12 ff. (Paris, marque de P. Le Caron, vers 1498).

   Un exemplaire 5 fr. La Vallière, n° 2131, et 16 liv. st. Heber, c'est-à-dire quatre-vingts fois autant.

Livret en strophes de dix vers, contenant le récit un peu prolixe d'une chasse au cerf.

Une réimpression à 300 exemplaires a paru en 1858 par les soins de M. le baron Jérôme Pichon, qui y a joint une introduction et des notes, et qui possède dans sa collection de livres sur la chasse le seul exemplaire connu. Voir la *Revue contemporaine*, 31 octobre 1858, p. 866.

Un manuscrit se trouve à la Bibliothèque impériale à la suite d'un exemplaire de Gaston Phœbus; un autre du XVIe siècle faisait partie de la bibliothèque Huzard.

M. Jubinal (*Lettre à M. de Salvandy sur les manuscrits de la bibliothèque de La Haye*) donne, p. 247, d'après un manuscrit conservé dans cette collection, l'épitaphe de Souillart, pièce de 50 vers. Voir aussi Goujet, *Bibliothèque françoise*, t. IX, p. 421; la *Vénerie* de du Fouilloux, 1640, p. 2; La Curne de Sainte-Palaye, *Mémoires sur l'ancienne chevalerie*, 1781, t. 3, p. 315; Legrand d'Aussy, la *Vie privée des Français*, t. 1, p. 415.

LOUENGE DE LA VICTOIRE *du trescrestien roy de France obtenue en la conqueste de la ville et cyte de Napples auec les regretz et lamentacions du roy Alphonse.*

Opuscule en vers qui se trouve dans un recueil précieux conservé à la bibliothèque de la ville de Nantes et formé de pièces relatives à l'expédition de Charles VIII en Italie. Nous mentionnerons plus loin une édition séparée des *Regretz* du roi Alphonse.

LOUENGE (LA) DES DAMES.

S. l. n. d., in-4º, 8 ff. à 24 lignes.

Le *Manuel* ne signale de cet opuscule en vers que deux adjudications un peu anciennes: 40 fr. en 1816; 50 fr. Leduc. Nous pouvons en indiquer une plus récente: 110 fr. de Bure, en 1853, nº 609 (exemplaire relié en veau).

— S. l. n. d., in-4º, 8 ff.

221 fr. Le Prevost, en 1857; 400 fr. (rel. en mar. par Bauzonnet) H. de Ch., en 1862, nº 854.

— S. l. n. d., in 8º, 10 ff.; édition avec quelques vers de plus.

175 fr. en 1830, et relié en mar. par Bauzonnet, 300 fr. Nodier, en 1844, nº 299; revendu 149 fr. Baudelocque, nº 478; cet exemplaire figure au catalogue Cigongne, nº 685.

LOUENGE (LA) ET BEAULTÉ DES DAMES.

S. l. n. d., in-8º, 8 ff., paraît du commencement du XVe siècle.

M. de Montaiglon a reproduit ce livret dans le tome 6 de son recueil d'*Anciennes poésies françoises du XVe et du XVIe siècle* (p. 287-301). A la fin on trouve l'énumération des soixante points que « belle femme doit auoir », troys longs, troys courts, troys blancs, etc., énumération qui a été donnée en latin ou en français dans divers ouvrages.

LUCAIN, SUÉTONE ET SALLUSTE.

Paris, Pierre Le Rouge, 1490, in-fol.

Cette édition, faite pour Verard, est bien exécutée; elle est devenue fort rare. Le *Manuel* n'en signale que deux adjudications : 78 fr. Servais, et 8 fr. (exemplaire piqué) vente La Vallière, n° 4917.

— Paris, Ant. Verard, 1500, in-fol.

La Bibliothèque impériale possède un bel exemplaire sur vélin; c'est celui de la vente Mac-Carthy, n° 5473, adjugé à 712 fr. Voir Van-Praët, t. 5, p. 60.

Cet ouvrage n'est pas d'ailleurs, comme on pourrait le croire, une traduction des trois auteurs dont les noms sont indiqués au frontispice; c'est un corps d'histoire romaine comprenant, d'après leurs ouvrages, le récit des guerres civiles de la fin de la République et les règnes des douze Césars.

LUCIDAIRE (LE).

Lyon, Guillaume Le Roy, vers 1478, in-fol., 37 ff.

Un exemplaire à la Bibliothèque impériale. Le *Manuel* ne cite aucune adjudication.

— S. l. n. d., in-4°, 26 ff. Edition dont les caractères ressemblent fort à ceux qu'employait Barthélemy Buyer, à Lyon, de 1475 à 1478.

Un exemplaire qui paraît le seul connu figure au catalogue Cigongne, n° 90.

— S. l. n. d. (Lyon, vers 1498), in-4°, 28 ff., gros caractères d'une forme singulière.

Il existe d'autres éditions : de Lyon, 1506 (indiquée au catalogue E. Piot, en 1862, comme achevée d'imprimer le 27 octobre, exemplaire relié en carton, vendu 71 fr.); de Paris, 1506, s. d., etc.

Dans l'édition de Lyon, 1648, on trouve aussi un *Petit Traité de la fin du monde* (annoncée pour l'an 1666), par P. V., c'est-à-dire par Paul des Perrières-Varin.

D'après le titre, on trouve en ce livre « déclarées toutes les choses « ou antendement humain peut doubter touchant la foy catholique. En- « semble lexposicion saint Pol l'ermite des peines denfer. » — On nous annonce également que c'est là « le lucidaire d'un homme qui enseigna « à un ieune disciple des œuvres que Dieu fist et comment ce monde « fut establi, et à quelle fin viendra, comment il trespassera; comment « Adam fut fait et formé; du deluge, de Noe et de ceux qui en descen- « dirent comme Abrahan, Moyse, David; de la circoncision, du ba- « tesme et des signes qui viendront durant le iour du iugement, et le fit « certain de toutes les choses qu'il lui demanda. »

L'auteur aborde et résout une foule de questions singulières telles que celles-ci : Pourquoi Jésus-Christ a voulu naître plutôt homme que femme ? — En quel lieu est le paradis ? — Pourquoi les femmes voient-elles les fées et les lutins plus souvent que font les hommes ?

M. Paulin Paris fait connaître deux manuscrits conservés à la Bibliothèque impériale, nos 6847 et 7024 : Les *Notices et extraits de la Bibliothèque du Roi*, t. 5, p. 155, renferment une analyse du *Lucidaire* d'après un manuscrit du XIIIe siècle.

Plusieurs éditions en italien et en allemand, antérieures à l'an 1500, montrent tout le succès qu'obtint cet ouvrage. Il fut également traduit de fort bonne heure en danois, en bohémien et en anglais.

Dans un mémoire sur les origines de l'imprimerie à Toulouse, M. de Castellane indique un fragment d'une édition en langue romane du *Lucidari* (p. 25), et il donne un fac-simile du caractère.

LUDOLPHE (*Le grant vita Christi*).

Lyon, Jacques Buyer et Mathieu Husz, 1487, in-fol.

> Un exemplaire incomplet à la bibliothèque de Besançon; il s'en trouve un fort beau chez M. Yémeniz.
> On ne signale aucune adjudication.

— Lyon, Mathieu Husz, 1493, 2 vol. in-fol.; t. 1er, 324 ff., t. 2, 99 et 151 ff.

> Un exemplaire sur vélin à la bibliothèque de Iéna. Van-Praët le décrit, second cat., t. 1er, n° 43.
> Une éd. de Verard, s. d., 4 parties en 2 vol. in-fol., indiquée plusieurs fois comme remontant à l'an 1490, a été imprimée de 1500 à 1502. (Voir le *Manuel*, 3, 1227.)
> La Bibliothèque impériale possède un bel exemplaire sur vélin. (Voir Van-Praët, t. 1, p. 47.) Elle en a aussi un second, mais auquel il manque les deux dernières parties. Il fut acheté 110 fr. à la vente Mac-Carthy, n° 147.

La traduction a été faite à la demande du duc de Bourbon, « connestable de France, par vénérable, scientifique et éloquente personne, frère Guillaume Lamenand, maistre en théologie, de l'ordre de monseigneur sainct Françoys. »

> Le manuscrit original de cette version, orné de belles miniatures, est indiqué au catalogue La Vallière, n° 146.
> Un très-beau manuscrit sur vélin, avec 79 miniatures, 951 fr. La Vallière, n° 146.
> Une traduction complète de cet ouvrage vient d'être entreprise par Dom Marie Prosper, augustin. Paris, 1864, 4 vol. in-8°.

Dans une très-courte préface, le traducteur dit que saint François de Sales faisait le plus grand cas de la *Vita Christi*, et il lui décerne de chaleureux éloges : « Comme la foi et la piété y trouvent de magnifiques

« arguments, de chaleureux accents ! Il y a tel chapitre qui est tout un
« traité de religion, tel autre tout un traité de morale ; tel autre vous
« transporte dans la sphère de la mysticité la plus pure. »

LUNAIRE (LE) translaté de latin en françois, fait et calculé au climat de Lyon, selon la traditive d'un calendrier de Jean de Montroy.

> Ce livret, introuvable aujourd'hui, faisait partie d'un recueil porté au catalogue Du Fay, n° 4282.

LYRA (NICOLAS DE). *Le Psautier, avec l'exposition sur de Lyra en francoys.*

> Paris, Pierre Le Rouge, s. d. (vers 1490), 2 vol. in-fol.
>
> Ouvrage rare, mais qui n'est nullement recherché.

MAILLARD (OLIVIER). *Listoire de la passion douloureuse de nostre Sauveur.*

> Paris, Jean Lambert, 1493, in-4°.
>
> Un exemplaire sur vélin est à la Bibliothèque Sainte-Geneviève. Voir Van-Praët, 2e catalogue, t. 1, p. 45.

Cette passion, « representee par les saintz et sacrez misteres de la messe, » fut « preschée deuant le grand maistre de France en la ville de Laual par le beau pere reverend frere Olivier Maillard. » L'ouvrage a été réimprimé en 1520 et en 1552. Il en a paru une édition nouvelle en 1828 à Paris (imprimerie de Crapelet), avec une notice sur l'auteur et des notes par Gabriel Peignot. Voir les articles qu'ont consacrés à cette publication curieuse la *Revue française*, n° 12 (novembre 1829), et la *Revue encyclopédique*, t. 39, p. 727.

—— *Linstruction et consolacion de la vie contemplatiue.*

> Paris, A. Verard (vers 1499), in-4°, 46 ff.
>
> La Bibliothèque impériale possède un exemplaire sur vélin. Van-Praët le décrit, t. 1, p. 337. Ce volume renferme six opuscules ; le premier a été réimprimé par Simon Vostre, sans date.

—— *La confession du frère Oliuier Maillard.*

> Paris, 1481, pet. in-8°, 8 ff.
>
> Livret plusieurs fois réimprimé à la fin du XVe siècle. Le *Manuel* en signale diverses éditions.

—— *Sermon fait lan mil cinq cens le cinquiesme dimanche de Quaresme en la ville de Bruges.*

S. l. n. d., in-4º, 12 ff. Ce morceau fort curieux a été réimprimé avec plusieurs autres écrits de Maillard et une notice intéressante due à M. Labouderie, à Paris, en 1826, in-8º.

La première partie du Sermon est consacrée à la discussion d'une grande question théologale où Maillard met aux prises « le glorieux amy de Dieu, monseigneur saint Bonaventure », avec le « docteur subtil Lescot (Scot), qui estoit une faulse beste et qui veoit cler comme ung lusar » (louche).

Maillard s'adresse avec énergie à ses auditeurs, en commençant par le prince devant lequel il parlait, et il leur rappelle vigoureusement leurs devoirs :

« Je vous asseure, seigneur, qu'il ne souffist mye d'estre bon homme; il fault regarder que vos subgetz se gouvernent bien. Et vous, dames, les princesses, il ne souffist mye d'estre bonne femme; il fault avoir regard à vostre famille quelle se gouverne bien selon droict et raison. J'en dict autant à tous aultres de tous estats. A ceux qui maintiennent la justice, quils fassent droict et raison a chascun; les chevaliers de l'ordre que faites les serments qui appartiennent à vostre ordre ; les serments sont bien graves comme lon dist, mais vous en avez faict ung aultre premier que vous gardez mieulx : c'est que vous ne ferez rien de tout ce que vous jurerez. Ditz ie vrai ? »

Le prédicateur s'écrie ensuite :

« Or, levez les esprits; quen dictes vous, seigneurs? Estes vous de la part de Dieu ? le prince et la princesse, en estes vous ? Baissez le front. Vous aultres gros fourrez, en estes vous ? Baissez le front. Les chevaliers de l'ordre, en estes vous ? Baissez le front. Gentilz hommes, jeunes gaudisseurs, en estes-vous? Baissez le front. Et vous, jeunes garches, fines femelles de cour, en estes-vous? Baissez le front. Vous estes escriptes aux livres des dampnez. Vostre chambre est toute marquée avec les dyables. »

Il faut oublier l'expression comique que ce langage nous présente et l'envisager sous son côté sérieux, tel que l'orateur le comprenait, tel que ses auditeurs le saisissaient. Certes, ces reproches directs, ces interpellations jetées avec rudesse, produisaient un effet bien plus immédiat, une impression bien plus vive que les déclamations vagues et générales qui descendirent plus tard de la chaire. Ce qui nous semble aujourd'hui comique par la vétusté et la naïveté du langage, par la hardiesse et la bizarrerie des idées, ne l'était nullement il y a trois siècles et demi. Maillard, Menot, Barlette et d'autres prédicateurs, où l'on a sans peine trouvé des choses qui nous paraissent maintenant bouffonnes, n'eurent jamais, ne pouvaient avoir que des idées très-sérieuses.

M. Géruzez, qui parle avec quelques détails de Maillard (*Histoire de la littérature française*, 1861, t. 1, p. 252), a porté une juste appréciation sur ces vieux prédicateurs longtemps mal appréciés : « Ils attaquent sans
« pitié le luxe et les vices qu'il traîne à sa suite; ils sont loyalement du
« parti du faible et de l'opprimé contre le puissant et l'oppresseur. Pour
« piquer au vif leurs adversaires et pour tenir en éveil leurs clients, ils
« prodiguent les comparaisons familières, les proverbes populaires, les
« allusions piquantes, les mordantes personnalités, les anecdotes et les
« apologues satiriques; la liberté de leur langage sera voisine de la li-
« cence, mais on les calomnierait si on les taxait de rechercher le scan-
« dale pour le scandale, la plaisanterie pour la plaisanterie; dans leurs
« écarts les plus hardis, ils ont pour but le châtiment des pervers et la
« défense des faibles, et ils prennent, sans choisir, les armes qui frap-
« peront et protégeront le mieux. On peut dire qu'ils manquent de goût,
« non d'habileté; d'ailleurs on a beaucoup grossi leurs torts en qualifiant
« la liberté de leur langage de cynisme et de bouffonnerie, et on leur a
« prêté gratuitement l'usage d'un jargon macaronique composé d'un latin
« barbare et de français trivial (:). »

Maillard est l'objet d'une notice de M. Labitte dans la *Revue de Paris*, 3e série, t. 19, juillet 1840. Voir aussi Du Roure, *Analecta biblion*, t. 1, p. 447. Le *Bulletin du Bibliophile*, 10e série, p. 900, fait connaître un livre extrêmement rare, imprimé à Toulouse en 1502, l'*Epitaphe d'Olivier Maillard*. Les sermons en latin de ce prédicateur célèbre ont eu une foule d'éditions : La Bouderie en indique 24; Crapelet dit en avoir trouvé plus de 40.

MAL RÉCOMPENSÉ (LE) DE FORTUNE ET DAMOURS.

Paris; J. Lambert, in-4º, 8 ff.

Opuscule en vers, qui porte dans les deux premiers vers la date de 1487.

Un exemplaire de cette pièce fort peu connue s'est trouvé dans la vente J. J. de Bure, en 1853 (nº 603), relié avec le *Blason de faulses*

---

1. M. Géruzez avait déjà abordé la question de l'intérêt que présente l'étude des prédicateurs de la fin du XVe siècle, dans un travail écrit en 1838, et reproduit en 1863 dans ses *Essais d'histoire littéraire*, 1re série, pag. 115-151. M. Raulin, dans un article inséré en 1829 dans la *Revue française*, MM. Labitte et Louandre, dans des articles qu'a publiés la *Revue de Paris*, ont dégagé des faits curieux. François de Neufchâteau a dit de son côté avec raison : « Il conviendrait de relire aujourd'hui tous ces vieux sermonnaires, pour trier et extraire les façons de parler populaires, mais énergiques, essentiellement françaises, dont leur mauvais latin se trouve entrelardé. On serait étonné de la riche récolte de vieux mots expressifs que l'on ferait dans ces ouvrages. »

amours et les *Faintises du monde;* le recueil, relié en maroquin, a été adjugé à 575 francs.

MANDEVILLE (LE LIVRE APPELLÉ).

In-fol., 86 ff., 1480 (sans indication de lieu; paraît imprimé à Lyon).

— Lyon, B. Buyer, 1480, in-fol., 113 ff.

L'exemplaire de la Bibliothèque impériale n'a que 93 ff., mais deux cahiers manquent.

— S. l. n. d. (Lyon, vers 1490), in-4, 76 ff.

Le *Manuel* décrit en détail cette édition, d'après un exemplaire où manquaient 3 ff., et qui a été adjugé 2 liv. st. 1 sh. vente Hanrott, en 1834; 61 fr. 50 Saint-Maurys, en 1861. Nous croyons que cette édition est la même que celle qui est offerte à 10 liv. st. 10 sh. sur un catalogue d'H. Bohn, de Londres (1830, n° 601), signalée comme inconnue à Panzer; de légères différences dans la description peuvent être l'effet d'un peu de précipitation de la part du libraire anglais.

— Lyon, Pierre Bouteiller, 1487, in-4.

— Lyon, B. Chaussard, s. d., in-4.

Un exemplaire relié en maroquin, 300 fr. Coste, n° 1194.

La relation des voyages de Mandeville eut le plus grand succès; elle fut traduite en presque toutes les langues de l'Europe, et elle dut sa vogue au merveilleux qui y surabonde. Ce touriste affirme sérieusement que les habitants de certaines régions de l'Ethiopie n'ont qu'un pied; il signale des îles peuplées de géants dont la taille est de 50 pieds; il mentionne des montagnes au sommet desquelles se montrent des têtes de diables vomissant des flammes.

Ce voyage est reproduit dans le recueil de Bergeron, Leyde, 1729, 2 vol. in-4; mais, comme le remarque avec raison M. Francisque Michel dans une note de son édition du *Roman de Mahomet* par Alexandre Dupont (Paris, 1831, p. 141), l'éditeur hollandais a supprimé beaucoup de passages qui se trouvent dans divers manuscrits et dans les impressions gothiques.

Une bonne édition du livre anglais avec le texte revu sur sept manuscrits, des notes et un glossaire, a paru à Londres en 1839, grâce aux soins de M. Halliwel; elle renferme 70 gravures sur bois d'après les miniatures des manuscrits et d'après les éditions anciennes.

Il faut d'ailleurs reconnaître qu'un voyage en Palestine entrepris par un voyageur intelligent, pieux et chevaleresque, il y a cinq siècles, à une époque où l'enthousiasme religieux était encore dans toute son ardeur, ne saurait être dépourvu d'intérêt. Voici un échantillon des récits de ce pélerin; nous traduisons le texte que nous avons sous les yeux:

« Je ne puis parler du paradis terrestre d'une façon exacte ; il est beaucoup trop éloigné pour qu'on y arrive, et je n'étais pas digne d'y entrer, mais je répéterai volontiers ce que j'ai entendu dire à des sages. Le paradis terrestre est l'endroit le plus élevé de la terre, c'est-à-dire du monde entier; telle est sa hauteur qu'il touche presque le cercle de la lune. Le déluge de Noé ne le couvrit pas, et ce fut la seule portion de la terre qui ne fut pas recouverte par les eaux. Le paradis est entouré d'une muraille, et cette muraille est couverte de mousse, de sorte qu'on ne l'aperçoit pas ; il n'y a qu'une seule entrée, qui est barrée par un feu brûlant, de sorte que nul homme ne peut y pénétrer. L'endroit le plus élevé du paradis est au centre, et c'est une source d'où sortent les quatre fleuves qui arrosent divers pays. Ces fleuves se précipitent avec tant de rapidité à travers les rochers qu'il est impossible de les traverser et qu'aucun bateau ne pourrait y naviguer. Et les hautes montagnes qu'il faudrait franchir, et les bêtes féroces qui sont dans les déserts empêchent les hommes d'approcher. De grands princes ont parfois tâché d'approcher du paradis avec de grandes escortes, mais ils n'ont jamais pu y réussir, et ceux qui ont entrepris de remonter les fleuves sont devenus sourds par suite du fracas des vagues et sont morts de fatigue ou ont péri dans les flots. Et c'est tout ce que je puis vous en dire. »

Mandeville n'oublie pas les arbres du soleil et de la lune qui parlèrent à Alexandre et qui l'avertirent de sa fin prochaine. Il parle des vingt-deux rois (y compris ceux de Gog et Magog) qu'Alexandre rejeta au delà des montagnes et qu'il renferma dans une enceinte de remparts inexpugnables, dont ils ne pourront s'échapper qu'à l'époque de l'Antechrist et en profitant d'une trouée qu'aura faite un renard. L'arbre d'or, les oiseaux qui parlent, les griffons, les amazones, sont choses qui n'inspirent pas au voyageur anglais l'ombre d'un doute.

Transcrivons un fragment de la vieille traduction française :

« De Trapesonde on va par Herminie la petite qui veult : en ce pays a un chasteau ancien dont les murs sont couverts de esdron que nous appellons plomb et si siste sur une roche et lappelle le chasteau de Lesprevier, siste oultre la cite de Laians pres de la cite de Venibe qui est au seigneur de Tarbe, qui est moult riche home et loyal chrestien. En ce chasteau y a ung esprevier moult beau sur une perche, et y a une belle dame de Faire qui le garde; et dit on que qui voudroit veiller celuy esprevier sept iours et sept nuyts ; les aultres dict troys iours et troys nuyts sans compaignie et sans dormir; apres quil auroit veille la dame viendroit a luy et luy donneroit tel souhait quil voudroit souhaiter es choses terriennes ; et a este souuent esprouue, et mesmement ung roy dArmenie qui estoit vaillant homme, et il veilla, et quand il eut veille, la dame crut a luy et luy dist quil souhaitast et quil auoit bien fait son deuoir, et incontinent le roy respondit quil estoit assez grant seigneur et auoit assez des biens, et quil ne vouloit autre don que la dame lauoit a sa voulonte. Et la dame luy respondit quil ne scauoit ce quil demandoit et quil deuoit demander chose terriene et quelle nestoyt pas terrienne, mais spirituelle. Et le roy lui respondict quil ne vouloit aultre chose, et la dame dist : Puisque aultrement ne vous puis retraire de votre fol courage, ie vous fais don sans souhaiter et a ceulx qui de vous descendront que vous aurez guerre sans fin iusques au neufiesme degre, serez en subiection de vos ennemys : et despuis na eu roy en Armenie qui ait eu plante de biens, et despuis ont touiours este au tribut des Sarrazins. Item le filz dung pouure homme y veilla et souhaita quil peust estre vertueulx en marchandises, et la dame lui octroya ce quil demanda, et si devint le plus riche et le plus puissant homme qui fut en mer ni en terre, et fut plus riche au souhaiter que le roy. Item un cheualier du Temple veilla et souhaita dauoir tousiours une bource toute plaine dor (1), et elle lui octroya et lui dist quil auoit demande sa destruction et sa danation sil ny mettoit remede. Et se garde de dormir et qui veille, car s'il dort, il est perdu et nen reviendra iamais. »

A la fin de l'édition lyonnaise, on trouve des vers assez curieux qui démontrent que dès la publication du livre il s'élevait des doutes sur l'exactitude de ses assertions.

>   Son me donne peu de louange
>   Et quon mappelle mensongier
>   Pour ce que mon liure est estrange
>   Il ne men chault à brief parler.
>   Qui ne men croit y peult aller
>   Ou iay este pour en scauoir
>   Et la uerite carculer
>   Et il dira que ie dis uoir.

On consultera avec profit Schoenborn, *Recherches bibliographiques* (en allemand) *sur les voyages de Mandeville*, Breslau, 1840, in-4.

Les *Nouvelles Annales des voyages* (t. 19, p. 192) apprécient avec sévérité cette relation « futile et nulle pour l'histoire de la géographie; elle n'a dû sa vogue qu'à son caractère fabuleux. » Nous trouvons plus juste l'assertion de l'*Edinburgh Review* (octobre 1850, p. 312) : « Malgré sa crédulité, Mandeville était un observateur attentif et sagace ; il se prononce avec force pour la sphéricité de la terre, » idée hardie et neuve au XIIIe siècle.

La *Bibliotheca Grenvilliana* renferme une réunion d'anciennes éditions

---

1. Ceci rappelle le conte de Fortunatus, dont nous n'avons pas d'ailleurs à nous occuper en ce moment. Renvoyons aux indications fournies par le docteur Graesse : *Lehrbuch einer allgemeinen Literärgeschichte*, t. 2, 3e section, p. 191-195.

de Mandeville telle qu'on aurait de la peine à en trouver une semblable dans toute autre collection particulière. Indépendamment de l'édition française de 1480 et de trois éditions latines, elle possède treize éditions italiennes, une allemande, une hollandaise, huit anglaises, un manuscrit français sur vélin du XIVe siècle et un en anglais du XVe.

MANUEL DES DAMES, *composé par ung jeune célestin, à la louange de Dieu.*

Paris, A. Verard, s. d., 8 ff.

C'est un livre de dévotion.

12 fr. vente Brienne, en 1797; 6 liv. st. Heber; 41 fr. (relié en mar.) en 1841.

MARCHANDISE SPIRITUELLE, *ordonnee et distinguée en sept regions, selon les sept iours de la semaine, tresutile et necesaire a tous marchands et marchandes, et generalement à tous bons chrestiens qui desirent gaigner paradis.*

Paris, s. d., in-4.

Il existe trois éditions qui paraissent du commencement du XVIe siècle, mais elles s'annoncent comme réimpressions d'un livre plus ancien et qu'on ne retrouve plus. Une de ces éditions, Paris, Jehan Saint-Denys, 62 ff., n'a pas dépassé 10 fr. à la vente du fonds de Bure. Un bel exemplaire se payerait bien plus cher.

MARGUERITE (LA) DES VERTUS, *avec le procès formal d'ung povre humain.*

S. l. n. d. (Lyon, B. Chaussard), 12 ff., in-4.

Cet opuscule en vers, réimprimé dans le recueil de M. A. de Montaiglon, t. 8, p. 29, remonte à une époque bien antérieure à la fin du XVe siècle. C'est une œuvre de théologie mystique; la tige de la marguerite signifie les ancêtres du Sauveur, et la fleur est l'emblème des trois personnes de la Trinité.

« Lautier en ung vergier estoye
Ou a moult de choses pensoye
En regardant herbes et fleurs
La estant de mainctes couleurs
Et aperceus une flourette
Qui estoit belle, gente et nette. »

Le *Procès formal* est un débat entre Raison et Sensualité.

MARTIAL DE PARIS, dit D'AUVERGNE. *Les devotes Louanges de la Vierge Marie.*

1492, Pierre Le Rouge, Paris, in-4, 120 ff.

Pas d'adjudication citée. Un exemplaire sur vélin à la bibliothèque Mazarine; Van-Praët le décrit (2ᵉ catalogue, t. 4, p. 198).

— Paris, J. Dupré, 1492, in-8, 122 ff.

Un exemplaire sur vélin à la Bibliothèque impériale payé 220 fr. Mac-Carthy; n° 2850; il provenait des collections Gaignat et La Vallière, où il avait successivement été adjugé à 45 et à 68 livres. Van-Praët le décrit, t. 4, p. 178.

— Paris, Simon Vostre, 1494, in-8, 117 ff.

Un exemplaire était chez La Vallière. 110 fr., veau, tr. dor., Monmerqué, n° 704; 645 fr. Solar, n° 1072, rel. par Duru en mar. vert. Exemplaire très-bien conservé et très-grand de marges. Il avait été porté sans indication de prix au catalogue Techener, 1855, n° 2511.

— Paris, J. Trepperel, 1498, in-8.

Pas de vente citée.

MARTILLOGE DES FAULCES LANGUES TENU AU TEMPLE DE DENGER.

Paris, J. Lambert, 1493, in-4, 20 ff.

Ce petit ouvrage, en vers et en prose, est attribué à Guillaume Alexis, dont nous avons déjà mentionné plusieurs productions.

Une autre édition in-4°, 40 ff., a été publiée à Paris par Verard avant l'an 1500. Le *Manuel*, tom. 3, col. 1494, en parle avec quelques détails. Il ne cite aucune adjudication de ces deux éditions.

MARTYROLOGE DES SAINTS.

Paris, Pierre Le Rouge, 1488, in-fol.

Opuscule de 28 ff. indiqué au *Manuel* comme se trouvant à la fin du 2ᵉ volume de la *Mer des histoires* (voir ce mot).

MATHEOLUS (LE LIVRE DE).

Qui nous monstre sans varier
Les biens et aussy les vertus
Qui vieignent pour soy marier.

Paris, Verard, 1492, in-fol.

Il existe deux éditions, l'une et l'autre attribuées à Verard, et qui présentent les mêmes caractères, les mêmes lettres historiées; une a 62 ff. à 45 lignes par colonne, l'autre 67 ff. à 41 lignes.

Le *Manuel* regarde cette dernière comme la plus ancienne; un exemplaire, après avoir successivement été adjugé à 36 fr. vente La Vallière, 66 fr. Morel-Vindé, en 1823, 5 liv. st. 2 sh. Hibbert en 1829, est entré dans la collection Cigongne, n° 575 ; il s'y montre revêtu d'une riche reliure de Bauzonnet. Un autre exemplaire (ancienne rel. en mar. bleu) 461 fr. vente du prince d'Essling, n° 62, adjugé à M. Payne.

Un exemplaire, catalogue de la Bibliothèque du Roi, t. 2, p. 104. Les gravures sur bois de ce volume sont parfois assez singulières ; on remarque la représentation figurée d'un procès rappelant celui de Phryné et qui se plaide devant la *Cour des excès* ; il est exactement conforme au texte.

> Comme Calpurne, son procez,
> Plaidoit en la cour des exces,
> Et, apres son tort pour refuge,
> Alla monstrer son cul au juge.

— S. l. n. d., in-4°, 79 ff.

Cette édition fut imprimée en 1492, ainsi que l'indique la souscription :

> « Retenez mil et cinq cens,
> Je vous pry, ostez-en huyt. »

1 liv. st. 19 sh. Hibbert ; 5 liv. st. Heber.

Une autre édition in-4°, également de 79 ff. et avec la même indication pour la date, offre des lettres qui sont les mêmes que dans les in-folio de Verard.

Un bel exemplaire ayant appartenu à Girardot de Préfond, 16 liv. st. 16 sh. Heber.

Voir Goujet, t. 10, p. 129, et surtout un fort bon travail de M. François Morand : *Matheolus et son traducteur Jehan Lefebvre*, inséré dans le *Bulletin du Bibliophile*, 1851, p. 375-398, et qui a reparu à Boulogne-sur-Mer, 1851, in-8.

Une nouvelle édition du *Matheolus* a été donnée en 1864 in-18 et tirée à un petit nombre d'exemplaires ; elle est due à M. Edouard Tricotel, et elle forme un volume de 492 pages. Les variantes entre l'édition de Verard et les quatre manuscrits que possède la Bibliothèque impériale occupent les pages 351 à 438. Une notice littéraire et bibliographique de 55 pages épuise tout ce qu'il y a à dire au sujet de ce monument si curieux de notre ancienne littérature, passé fort injustement sous silence dans les diverses histoires modernes de la poésie française.

MATTINES EN FRANCOYS, *sur la genealogie et vie de Nostre Dame.*

S. l. n. d., in-4, 126 ff.

Décrit au *Manuel* d'après un exemplaire que possédait M. Potier, libraire. C'est, avec quelques changements dans la forme, le même ouvrage que les *Louanges*. Les caractères employés se rapprochent fort de ceux de la typographie lyonnaise. Un exemplaire imparfait du titre et de 3 ff., 2 livres 19 sols (le *Manuel*, par une faute d'impression, met 19 sh.). La Vallière, n° 2909, revendu 58 fr. Monmerqué.

—— *Vigilles (les) de la mort du feu roy Charles septiesme.*

Paris, Jehan Dupré, 1493, in-4, 116 ff.

> 560 fr. Bertin, n° 389 (riche rel. en mar. rouge de Trautz-Bauzonnet; titre reproduit avec une rare perfection). Un exemplaire, peut-être le même, 775 fr. Solar, n° 1071 (quelques feuillets raccommodés à la fin), revendu 1,030 fr. Double, n° 79.
>
> Un exemplaire sur vélin, catalogue Hohendorf, n° 1107; il a passé dans la Bibliothèque impériale de Vienne.

— Paris, s. d., Pierre Le Caron, in-fol., 96 ff.

> 7 liv. st. 10 sh. Heber. Un exemplaire richement relié par Bauzonnet figure au catalogue Cigongne, n° 578.

— Paris, R. Bouchier (avec la marque de G. Eustace), s. d. (vers 1500), in-4.

> 245 fr., mar., riche rel., de C., en 1847, n° 161.

Les *Vigilles* doivent ce titre à la forme que l'auteur leur a donnée, et qui est celle des *Vigilles* des offices religieux; les récits y tiennent lieu de *psaumes*, et les complaintes en sont les *leçons*. Ce poëme n'est d'ailleurs qu'une gazette rimée d'une lecture fort peu agréable, mais il est utile pour l'histoire; on y trouve l'accent d'un regret véritable pour le roi défunt et l'expression de sentiments honorables. Les diverses mesures de vers, habilement entremêlées, interrompent la longueur du récit et la froideur inévitable d'une suite de faits purement historiques. M. Nisard (*Hist. de la littérature française*, t. 1, p. 150) ne voit en ce poëme que les sentiments de la nation française pour la royauté malheureuse, exprimés en mauvaises rimes.

—— *Les cinquante et ung arrest damours.*

> S. l. n. d , in-4, 66 ff., avec la marque de Le Petit Laurens, libraire à Paris, de 1491 à 1520, ce qui permet de ranger cette édition parmi celles du XVe siècle.

Cet ouvrage singulier a été plusieurs fois réimprimé. La traduction espagnole de Diego Gracian, Madrid, 1569, est l'objet de détails étendus dans le *Serapeum* publié à Leipzig, t. 3, p. 25.

Voir d'ailleurs le *Ducatiana*, t. 1, p. 104; Sallengre, *Mémoires de littérature*, t. 1, p. 104-116; Du Roure, *Analecta Biblion*, t. 1, p. 206; Reiffenberg, dans l'*Annuaire de la Bibliothèque de Bruxelles*, 1841, p. 145.

Voici quelques échantillons des points de jurisprudence amoureuse que discute Martial :

Un amoureux demande rescision de certain contrat fait avec sa dame, et de plusieurs pactes et conventions où il aurait été déçu d'outre moitié du juste prix.

Procès entre deux amoureux d'une même dame en matière de *complainte, saisine et nouvelleté*.

Une dame contre son ami demande qu'il soit condamné à fuir compagnies mélancolieuses, et que la cour mette telle provision en sa personne qu'il devienne joyeux comme il avait été.

Un impétrant de certaines lettres de répit demande l'entérinement d'icelles à l'encontre de sa dame.

Voir, au sujet de Martial, Goujet, t. 10, p. 39-68, et Viollet Le Duc, *Bibliothèque poétique*, t. 1, p. 135-144, ainsi qu'une notice de M. Charles Batailleur dans les *Mémoires de l'Académie de Caen*, 1862.

MAURITIANUS. *Liure damours, auquel est relatee la grant amour et facon par laquelle Pamphille peut iouyr de Galathée.*

Paris, A. Verard, 1494, in-fol., 77 ff.

50 fr. La Vallière, n° 2854; 10 liv. st. 15 sh. White Knight.

La Bibliothèque impériale possède deux exemplaires imprimés sur vélin; l'un d'eux est celui qui fut offert à Charles VIII. Voir Van-Praët, t. 4, p. 103.

Une ballade adressée au roi est en tête de l'ouvrage :

> Le dieu damours qui par amour loial
> Voulut aymer du monde la plus belle
> Tant par amours que son palais royal
> Prendre voulut et eslire avec elle...
> Traicté damours jay les faictz à plaisance
> Pour passer temps car sous quelque doublance
> Siege damours gist en noble couraige.

Ce livre est la traduction paraphrasée et en vers d'un petit poëme latin dialogué en vers élégiaques attribué à Pamphilus Mauritianus, personnage très-peu connu, mort vers 1300. Goujet (*Biblioth. franç.*, t. 10) et Mercier de Saint-Léger croient que Gringore pourrait bien être l'auteur de cette composition.

Le texte latin a été imprimé plusieurs fois en Italie et à Paris au commencement du XVIe siècle. On le trouve aussi à la suite d'*Ovidii liber de tribus puellis* (s. l. ni d.), in-4, et dans les *Ovidii Erotica*, publiés par Goldast, Francfort, 1610, in-8. Leyser (*Historia poetarum latinorum medii ævi*, p. 75) a pris la peine de recueillir les variantes qu'offrent divers manuscrits.

MEDITACIONS SUR LES SEPT PSEAULMES PENITENCIAULX.

S. l. n. d., in-fol., 33 ff.

Ce volume, dont on ne connaît qu'un seul exemplaire, celui du Musée britannique, paraît devoir se joindre aux impressions qu'exécuta Caxton dans les Pays-Bas avant 1474. On y reconnaît les caractères qui ont servi à la publication des deux *Histoires de Troyes* de Raoul Le Febvre, l'une en français, l'autre en anglais (nous en avons déjà parlé), et de la première édition du *Game of chess*. L'ouvrage, précédé d'un prologue, commence en ces termes : « La vraye penitance est comme aucune eschielle. » Voir une notice étendue dans l'*Archæologia*, t. 31, p. 412-424, et le *Manual* de Lowndes, 2ᵉ édition, p. 1991.

MELIBÉE (HYSTOIRE DE) ET DE PRUDENCE, SA FEMME (par Christine de Pisan).

In-fol., 16 ff. à 34 lignes ; mêmes caractères que la traduction de Boëce en français dont nous avons déjà parlé.

Le *Manuel* ne signale aucune adjudication.

Ce récit a été réimprimé à la suite du *Jeu des eschez moralisé*, ouvrage de Jacques de Cessoles, publié par Verard en 1504, et avec le *Chevalier de la Tour*, imprimé à Paris en 1514.

Il existe quatre ou cinq éditions d'une traduction allemande antérieure à 1500, et on connaît aussi une vieille version en vers flamands, imprimée à Anvers.

On trouve dans les *Contes de Canterbury* de Chaucer, le *Tale of Melibe and Prudence his wife* (t. 2, p. 70-133 de l'édition de Tyrwhitt, 1798, 2 vol. in-4).

La Bibliothèque impériale possède deux manuscrits de cet ouvrage ; M. Paulin Paris en parle avec quelques détails (*Manuscrits franç.*, t. 5, p. 58). L'ouvrage a été à tort attribué à Christine de Pisan ; il est d'un Italien, Albertani de Brescia, qui l'écrivit en latin en 1246 et l'intitula : *Liber consolationis et consilii*. « Le sujet est simple, et l'auteur l'a par-
« faitement traité en y joignant les considérations les plus judicieuses et
« les plus instructives. »

MENUS (LES) PROPOS.

Paris, J. Trepperel, in-4, 12 ff.

Opuscule en vers de huit syllabes ; c'est un dialogue entre trois interlocuteurs.

5 fr. seulement La Vallière, mais 258 fr. Crozet, en 1842; 120 fr. Soleinne, nº 716 (relié en mar.); 161 fr. Duplessis, nº 1002.

— S. l. n. d., in-4, 12 ff., marque de Robin Macé, de Rouen.

Il existe plusieurs autres éditions du commencement du XVIᵉ siècle.

Ce livret est d'ailleurs curieux ; les interlocuteurs échangent sans ordre et sans liaison les quolibets, les proverbes qui leur passent par la tête, et qui circulaient à cette époque. Des dictons qui mériteraient qu'on en recueillît l'origine ne se trouvent pas ailleurs. Donnons, d'après M. G. Duplessis (*Bibliographie parémiologique*, 1847, p. 128), un échantillon de cette étrange facétie :

> Je suis par dieu aussi honteux
> Dung bon jour comme une truye —
> Reagal est doulx comme suie
> Et iaune comme pie descouffle —
> Tout ainsi tost que bise souffle
> Les chiens abayent en dormant —
> C'est bon courage que normant,
> Iusque au mourir il ne se rend —
> Petite pluie abast grant vent
> Et si fait sauluer mainte barge —
> Jay la conscience aussi large
> Que les housseaux dun Escossois —

MER DES HISTOIRES (LA).

Paris, Pierre Le Rouge, 1488, 2 vol. in-fol.

Cet ouvrage est une traduction un peu modifiée du livre latin connu sous le nom de *Rudimenta novitiorum*, et qui fut imprimé à Lubeck en 1475. (Voir le *Manuel*, t. 4, col. 1450.)

16 liv. st. 10 sh. Heber. Nous ne trouvons cet ouvrage sur aucun catalogue français moderne, si ce n'est sur celui du prince d'Essling, n° 369; adjugé à 345 fr., ancienne reliure en maroquin.

Un exemplaire sur vélin est à la Bibliothèque impériale. C'est celui qui fut présenté à Charles VIII. Van-Praët le décrit (*Catalogue des livres sur vélin*, t. 5, p. 10).

— Lyon, Jehan Dupré, 1491, 2 vol. in-fol.

Le *Manuel* décrit cette édition; 4 liv. st. 11 sh. Heber; 300 fr. Coste, n° 1203 (mar. rouge). Un exemplaire à la Bibliothèque de Genève.

Le récit, qui dans l'édition précédente s'arrêtait à l'an 1483, est, dans celle-ci, continué jusqu'à l'an 1490. Nous ne trouvons pas d'indication d'exemplaire sur papier ayant passé en vente publique. Un sur vélin, après avoir été successivement adjugé à 250, à 300 et à 950 fr. aux ventes Gaignat, La Vallière et Mac-Carthy, est entré dans la Bibliothèque impériale. (Voir Van-Praët, t. 5, p. 10.)

La *Mer des histoires* a été plusieurs fois réimprimée au commencement du XVIe siècle.

M. George Duplessis (*Histoire de la Gravure*) signale comme une des plus précieuses productions de la gravure sur bois en France, au XVe siècle, le *Baptême de Clovis* et la *Bataille de Tolbiac*, gravés sur la même planche dans l'édition de Le Rouge. Il dit de l'édition de Lyon que c'est un des plus beaux livres sortis des presses françaises avant 1500. Les estampes sont d'un dessin peu correct, le travail peu symétrique et très-inégal, mais l'invention des ornements est facile et heureuse; les lettres initiales, trop surchargées, sont d'un agencement facile.

MERLIN (LIVRE DE) AVEC LES PROPHETIES.

Paris, Verard, 1498, 3 vol. in-fol. à 35 lignes (le 3e volume est intitulé : les *Prophéties de Merlin*).

50 fr., mar. vert., Du Fay, n° 2355 ; 244 fr. La Vallière, n° 3996; 744 fr. Mac-Carthy ; 27 liv. st. Hibbert, revendu 52 liv. st: 10 sh. Heber; 1,320, mar. K. en 1836, n° 961 ; 300 fr. (mar. rouge, rel. de Derome) en 1809, revendu 800 fr. Duriez, en 1827, n° 2788, et 1800 fr. Essling, n° 154; adjugé à M. Dutuit, de Rouen.

Un exemplaire relié en maroquin, *Bibliotheca Duboisiana*, t. 3, n° 4362.

La Bibliothèque impériale possède un exemplaire sur vélin des deux derniers volumes.

Un autre exemplaire sur vélin de ces deux volumes est également au Musée britannique. (Voir les détails que donne Van-Praët, t. 4, p. 247 à 250.)

Le texte commence ainsi : « Moult furent les ennemys denfer coureez et yrez quant nostre Seigneur Iesuchrist descendit es enfers et quil eut geste hors Adam et Eue. »

Les *Prophéties* de Merlin débutent en ces termes :

« Merlin estoyt ung jour en Galles en la chambre de maistre Tholomer et pensoyt moult fort en luy mesmes. »

Falkenstein, p. 240, donne un fac-simile des caractères employés pour l'impression des *Prophéties*.

Il y aurait de longues pages à écrire à l'égard du roman de Merlin, et ce sujet a été souvent discuté; nous signalerons les *Mélanges d'une grande bibliothèque*, t. 8, p. 143 ; la *Bibliothèque des Romans*, juillet 1775, t. 1, p. 109-140; Dunlop, *History of fiction*, t. 1, p. 203-217; Ellis, *Ancient metrical romances*, t. 1, p. 73-90; Paulin Paris, *Manuscrits françois*, t. 1 et 2.

Mentionnons aussi un article de M. Louandre dans la *Revue de Paris*, 3e série, t. 16 (1840), un drame en allemand d'Immermann, et surtout le livre de M. H. de la Villemarqué : *Myrdhian, ou l'Enchanteur Merlin, son histoire, ses œuvres, son influence*, Paris, 1862, in-8, XII et 435 pages.

Frédéric von Schlegel a publié en allemand *Geschichte der Zauberers Merlin; Sammlung rom. dichtungen*, Leipzig, 1804. Il n'a paru que le premier volume, lequel a été réimprimé dans le tome 7 des *Werke* de cet écrivain. Voir aussi San Marte : *Die Sagen von Merlin*, Halle, 1852, in-8, et la *Vie de Merlin attribuée à Geoffroy de Monmouth*, suivie des

Prophéties de ce barde, publiées par Francisque-Michel et Th. Wright, Paris, 1838, in-8. Le livre de M. Quinet (1861) n'a pas de prétention à l'exactitude historique. Wynkyn de Worde publia à Londres, en 1510, *A lytel treatys of the Byrth and Prophecye of Merlin*, 44 ff. Un exemplaire, regardé comme unique, a été payé 15 liv. st. 15 sh. à la vente Heber. Ce texte s'éloigne notablement des manuscrits, ainsi que l'a montré Brydges dans la *Censura litteraria*. Un extrait d'un poëme sur Merlin, d'après deux manuscrits, se trouve dans le premier volume de l'ouvrage d'Ellis : *Specimens of early english poets*.

Le Tasse avait, dit-on, eu le projet d'écrire un poëme dont Merlin eût été le héros.

MERUEILLES (LES) DE ROME.

S. l. n. d., in-4, 6 ff.

> Un exemplaire de ce livret se trouve à la Bibliothèque de Nantes, dans un recueil dont nous avons déjà parlé (au mot *Entrée*). On peut supposer que c'est une traduction plus ou moins exacte d'un livret latin très-souvent imprimé : *Mirabilia Romæ*.
>
> Il existe un livre sur le même sujet : *les Maravilles* (sic *de Rome*, imprimé (circonstance assez remarquable) dans cette ville en 1524. Si nous le signalons, c'est pour dire qu'en 1862, à la vente Cailhava, un exemplaire, relié en maroquin par Trautz-Bauzonnet, a été poussé au prix fort élevé de 362 fr. (n° 733). C'est un petit in-8 avec neuf gravures sur bois.

Les *Mirabilia Romæ* sont l'objet d'une notice curieuse dans l'ouvrage du docteur Graesse : *Beytræge zur Literatur und Sage des Mittelalters*, 1850, in-4 (voir aussi le *Bulletin du Bibliophile belge*, tome 2 de la seconde série). Il existe des manuscrits du XIII° siècle indiqués par Montfaucon, *Diarium italicum*, p. 283, et par Nibby, *Effemeride litterarie*, 1820, qui diffèrent beaucoup du texte imprimé. En 1846, M. E. de Muralt a donné à Saint-Pétersbourg une réimpression des *Mirabilia*, 9 pages in-8, avec un plan in-4.

MESCHINOT (JEHAN). *Les Lunettes des princes.*

Nantes, E. Larcher, 1493, in-4 à 26 lignes.

> Volume bien imprimé. Le *Manuel* ne signale aucune adjudication d'exemplaires sur papier.
>
> Un exemplaire sur vélin, payé 100 fr. La Vallière, n° 2833, et 200 fr. Mac-Carthy, est entré à la Bibliothèque impériale. Van-Praët le décrit, t. 4, p. 172.

— Paris, P. Le Caron, s. d., in-4, 88 ff. à 32 lignes.

> 245 fr. Cailhava, n° 296 (relié en mar. vert par Bauzonnet).

— S. l. n. d., in-4, 88 ff. (avec la marque de Jean Dupré, de Paris).

> Un exemplaire à la Bibliothèque de l'Arsenal ; 565 fr. Solar, n° 1365 (ancienne reliure en maroquin vert).

— In-4, 78 ff. (avec la marque du Petit Laurent).

> Un exemplaire à la Bibliothèque impériale, un autre à celle de Nantes.

— S. l. n. d., in-4, 88 ff.

> 60 fr. de Bure ; 79 fr. Essling, n° 60 (mar. rouge, ancienne reliure).

— S. l. n. d., in-4 (avec la marque de Jacques Arnoullet, qui imprimait à Lyon dès 1495).

> Le *Manuel* n'en cite aucune adjudication.

— Paris, Philippe Pigochet, 1495, in-8, 108 ff.

> La seule adjudication citée est celle de la vente Delaleu, en 1776, 12 fr. Un exemplaire au catalogue de la Bibliothèque du Roi, Y, 4425.

— Ph. Pigochet, 1499, in-8.

> Un exemplaire figure au catalogue Hohendorf, p. 145, et se trouve à la Bibliothèque impériale de Vienne.

— Paris, J. Trepperel, in-8, 100 ff.

> Pas de vente citée au *Manuel* ; nous avons noté une adjudication à 50 fr. (exemplaire relié en veau et taché), vente Canazar, en 1836, n° 494.
> Un exemplaire figure au catalogue Cigongne, n° 571.

Il est à peu près impossible de soutenir aujourd'hui la lecture d'un livre qui fut si bien accueilli du public contemporain. La Raison apparaît à Meschinot ; elle lui donne un livre qui a nom *Conscience*, et, pour lire dans ce livre, elle lui remet des *lunettes* dont l'un des verres s'appelle *Prudence* et l'autre *Justice* ; un clou, nommé *Tempérance*, réunit ces deux parties. Tout homme est prince ou maître de sa propre personne ; c'est ce qui explique le titre placé par le poëte en tête d'une instruction morale des plus lourdes et des plus languissantes sur les quatre vertus dont les *lunettes* sont l'emblème.

Meschinot brilla dans un genre bien discrédité et avec raison ; il s'est livré avec patience à ces tours de force qui ont l'unique mérite de la difficulté vaincue. On trouve dans ses écrits deux huitains dont les vers se peuvent lire et retourner en trente-deux manières :

« Oraison qui se peut dire par huit ou par seize vers, tant en rétrogradant qu'autrement. Tellement qu'elle se peut lire en trente-deux manières différentes, et à chacune y aura sens et rime, et commencer toujours par mots différents qui veut. »

Nous transcrivons deux stances, les meilleures que nous avons trouvée dans les *Lunettes* :

> Croyez que Dieu vous punira
> Quand vos sujets oppresserez ;
> L'amour de leurs cœurs plus n'ira
> Vers vous, mais haine amasserez.
> S'ils sont pauvres, vous le serez.

> Si tu vas à Saint Innocent,
> Où il y a d'ossemens grand tas,
> Ja ne connaistras entre cent
> Les os des gens de grands estats
> D'avec ceux qu'au monde notas
> En leur vivant pauvres et nus ;
> Tous s'en vont d'où ils sont venus.

La *Nouvelle Biographie générale* renferme, tome 35, un bon article sur Meschinot et renvoie, entre autres sources, à l'*Histoire de Bretagne* de Dom Maurice, et à un mémoire inséré dans l'*Investigateur, Journal de l'Institut historique*, 1853, p. 259.

MESSAGIER (LE) DAMOURS.

S. l. n. d., in-4, 14 ff.

Dialogue en vers de dix syllabes entre l'homme, la femme et le messagier ; un acrostiche formé par les huit derniers vers de ce petit poëme signale pour auteur un certain Pilvelin, d'ailleurs inconnu. A la fin, une ballade de 42 vers.

Un exemplaire, 13 ff., 161 fr. vente Crozet, en 1842, rel. en mar. rouge ; 66 fr. Taylor, en 1849, et 260 fr. Solar, n° 1077.
Un exemplaire d'une édition en 16 ff., catalogue Cigongne, n° 691.
Une autre édition in-8, 16 ff., 6 fr. La Vallière, n° 2905 ; 6 liv. st. 12 sh. Heber.
Cet opuscule a été réimprimé dans le *Conservateur*, septembre 1757.

MEUNG (Jehan de). *Le Codicille et testament.*

S. l. n. d., in-4, 42 ff.

Édition qu'on peut rapporter aux dernières années du XVe siècle. Nous n'en connaissons pas d'adjudication.
Une autre édition in-4 de 30 f. à longues lignes (27 ou 28 par page) signatures *a-e*, est portée à 10 liv. st. 10 sh. au *Bulletin de l'Omnium des livres rares*, Londres, 1863, n° 376.

— — *Les Lois des trespassez.*

Lodeac, Robin Foucquet et Jehan Cress, in-4, 8 ff.

Opuscule d'une excessive rareté.

MICHAULT (Pierre). *Le Doctrinal du temps present.*

Bruges, Colard Mansion, in-fol., 108 ff.

<small>Point de vente citée. Le seul exemplaire connu, provenant du baron d'Heiss, appartenait à Van-Praët. (Voir la *Notice* déjà citée, p. 56.)</small>

Le livre a pour sujet : Les XII principaulx vices tant es cours et consaulx des princes comme entre le menu pueple chascun en droit soy comme il apperra ou proces dudit traittie.

On nous assure qu'un exemplaire se trouve dans la bibliothèque que possédait Montesquieu au château de la Brède et que conservent avec un zèle respectueux les descendants de l'immortel publiciste (1).

— S. l. n. d., in-fol., mêmes caractères que ceux de l'*Abusé en cour* imprimé à Lyon vers 1480.

<small>Un exemplaire, ancienne reliure en mar. rouge, qui n'avait pas dépassé 33 fr. à la vente La Vallière, s'est élevé à 1,000 fr. Essling, n° 58 (adjugé à M. Techener); il a été revendu 23 liv. st., en 1849, acheté par M. Yéméniz, à Lyon.</small>

Un exemplaire, revêtu d'une riche reliure de Bauzonnet, catalogue Cigongne. Un autre est dans la *Bibliotheca Spenceriana*; Dibdin le décrit et en rapporte quatre passages, d'ensemble 32 vers. Cette édition, comme la précédente, est remarquable à cause du quatrain qui indique la date de 1466, où l'ouvrage fut composé :

> « Ung trepier et quatre croissans,
> Par six croix avec six nains faire,
> Vous feront estre cognoissans
> Sans faillir de mon miliaire. »

Il serait facile de citer d'autres exemples de dates cachées sous des énigmes semblables (2). Le *Passe-temps et le Songe des tristes*, imprimé à

---

1. Voir, au sujet de cette bibliothèque, quelques détails dans le *Bulletin de l'Alliance des arts*, Paris, 1845, t. 5, p. 32-36. Ils ont été reproduits dans les *Fantaisies bibliographiques*. (Paris, J. Gay, 1864, p. 138-144.)

2. Un volume introuvable aujourd'hui. *Œuvre nouvelle, contenant l'an des sept Dames*, etc., indique pour sa date de retourner trois C. V. X; on a alors X V C et trois; 1513 et non 1503, comme le dit Gouget : *Bibl. franç.*, t. 11, p. 28. Voir, pour d'autres exemples, le *Bulletin monumental* de M. de Caumont, t. 14, p. 298, les *Traditions tératologiques* de M. Berger de Xivrey, *Introduction*, p. 49 et 50, la *Bibliothèque de l'École des chartes*, 2e série, t. 5. p. 110. C'est également d'une manière énigmatique qu'est indiquée la date (1468) d'un volume très-rare, les *Regulæ grammaticæ*, imprimé à Mayence ; il est décrit dans la *Bibliotheca Spenceriana*, n° 558. Mentionnons aussi, quoiqu'elle ne se rapporte pas à un livre, la date de la construction de l'hôtel de ville de Saint-Quentin, indiquée

Lyon, a pour date l'an de troix croix, cinq croissants, un treppied (1530).

Ce poëme, dirigé contre les ducs de Bourgogne Philippe le Bon et Charles le Hardi, a occupé divers savants. Voir Joly, *Mercure de France*, mars 1741; Legrand d'Aussy dans les *Notices et Extraits des manuscrits*, t. 5, p. 523; la *Bibliothèque des Romans*, mars 1786, p. 34-111. Le *Bulletin du Bibliophile*, 1834, p. 14, en dit quelques mots.

Goujet, *Bibliothèque françoise*, t. 9, p. 345; Papillon, *Bibliothèque des Auteurs de Bourgogne*, t. 2, p. 47, et les *Mélanges extraits d'une grande bibliothèque*, t. 4, p. 237, ont parlé avec détail des ouvrages de Michault.

On a si peu l'occasion de lire aujourd'hui le *Doctrinal* qu'une analyse succincte pourra ne pas être sans intérêt. C'est, suivant l'usage du temps, un poëme allégorique. L'auteur rencontre dans une forêt une belle dame; elle est *dessainte*, c'est-à-dire sans ceinture : c'est la Vertu. Elle le conduit dans une maison souterraine où se tient une école, une sorte d'université; mais on n'enseigne là que de fort mauvaises doctrines. Les maîtres sont : *Ambition*, *Adulation*, *Rapine*, *Concupiscence*, *Vaine gloire*, *Vantance*, etc. La *Vertu* mène ensuite le poëte dans une vieille école ruinée où l'on annonçait autrefois la vérité. Quatre dames sont endormies dans des chaires couvertes de poussière; ce sont : *Force*, *Prudence*, *Attrempance* et *Justice*. La présence de *Vertu* les tire de leur sommeil; chacune d'elles fait de longs discours, et *Vertu* enjoint ensuite à l'auteur de publier ce qu'il a vu, ce qu'il a entendu.

MICHAULT. *La Danse des aveugles.*

Lyon, s. d., in-4, 44 ff., avec la marque de P. Mareschal et B. Chaussard, de Lyon.

620 fr. Cailhava, n° 292 (riche reliure de Duru en mar. vert), revendu 405 fr. Bertin, n° 385; 230 fr. Solar, n° 1663, et 1,550 fr. Double, n° 77.

Un autre exemplaire, relié en mar. rouge par Bauzonnet, 503 fr. Coste, n° 762.

— Lyon, Mareschal et Chaussard, in-4, 36 ff.

855 fr. Solar, n° 1064 (rel. en mar. rouge par Bauzonnet).

— Paris, Le Petit Laurent, in-4, 40 ff.

9 fr. La Vallière, n° 2822.

L'argument que nous allons transcrire et qui ne se trouve que dans l'édition de 1543 donnera une idée du but que s'est proposé l'auteur de cette *Danse*, mélange de vers et de prose.

> Amour, fortune et mort, aveugles et bandés,
> Font dancer les humains, chacun par accordance;

---

par le chanoine Ch. de Bouvilles; la tête d'un mouton, celles de cinq chevaux, la queue d'un veau et les quatre pieds d'une chatte, M.CCCCC.V.IIII, soit 1509.

> Car aussitôt qu'amour a ses traicts debandés,
> L'homme veult commencer à danser basse dance;
> Puis fortune, qui sait le tour de discordance.
> Pour un simple d'amour fait un double bransler,
> Plus inconstant beaucoup que feuille d'arbre en l'air;
> Du dernier tourdion la mort nous importune,
> Et si n'y a vivant qu'on ne voye esbranler
> A la dance de mort, d'amour et de fortune.

Michault ne manque pas d'agrément, et il est fort supérieur à la plupart des poëtes contemporains. Il donne, selon une habitude de l'époque, à son œuvre la forme d'un songe; l'auteur s'entretient avec la Raison, et les trois aveugles qui guident l'humanité exposent leurs façons d'agir et leur puissance. Citons aussi la première stance placée dans la bouche de la Mort :

> Ie suis la Mort, de nature ennemie,
> Qui tous vivans finablement consomme,
> Anichillant à tous humains la vie,
> Reduis en terre et en cendre tout homme;
> Je suis la Mort, qui dure me surnomme,
> Pour ce qu'il fault que maine tout a fin.
> Ie n'ay parent, amy, frère ou affin
> Que ne face tout rediger en pouldre,
> Et suis de Dieu ad ce commise affin
> Que lon me doubte autant que tonnant fouldre.

Consulter d'ailleurs, sur ce poëme et sur ses éditions, Peignot, *Danses des morts*, p. 137-138.

La collection in-16, en caractères gothiques, publiée à Paris par le libraire Silvestre, renferme, 13ᵉ livraison, un poëme inédit jusqu'alors de Michault Taillevent : *la Toison d'or*. Ce Michault est-il le même que Pierre? Van-Praët croit que oui, Mercier de Saint-Léger que non; le problème paraît insoluble.

MICHEL (JEHAN). *Les prophetie, vision et révélacion divine, révelée par très humble prophete Jehan Michel, de la prosperité et victoire du tres crestien Roy de France Charles VIII, de la nouvelle reformacion du siecle, et du recouvrement de la terre sainte a luy destinée.*

S. l. n. d. (vers 1495), in-4, 6 ff.

La Bibliothèque impériale possède un exemplaire de cet opuscule, dont le titre indique le sujet. Il est porté au catalogue imprimé in-4, *Hist. de France*, t. 1, p. 224. Une autre édition, 4 ff., à la Bibliothèque de Nantes.

—— *Mistere de la resurrection de Nostre Seigneur Jesucrist.*

— Paris, A. Verard, in-fol., 136 ff.

L'adresse de Verard *sur le pont Nostre-Dame* prouve que l'impression de ce volume est antérieure à la fin de l'année 1499, date de la chute de ce pont.

> 101 fr. Gaignat; 301 fr. Mac-Carthy; 355 fr. Soleinne; 525 fr. Essling (riche reliure en mar.), n° 115.

Les frères Parfaict, *Histoire du théâtre françois*, t. 2, ont donné une analyse de ce mystère. Voir aussi les *Mélanges d'une grande bibliothèque*, t. 4, p. 358, et consulter à l'égard de J. Michel le *Journal des Savants de Normandie*, 1844, p. 250. M. Sainte-Beuve (*Nouveaux Lundis*, t. 3, p. 179) parle de J. Michel et des questions qui se rattachent à ce personnage.

Observons en passant qu'il est encore des pays où l'on donne des représentations dramatiques tout à fait analogues à celles du XVe siècle. On en joue avec succès dans le Tyrol, et Mme Flora Tristan (*Pérégrinations d'une paria*, t. 1, p. 302) parle avec détail d'une pièce de ce genre qui charmait les habitants d'Arequipa au Pérou.

MILLET (Jacques). *La Destruction de Troye la grande par personnages*.

Paris, Jehan Bonhomme, 1484, in-fol.

> Le seul exemplaire qui se soit montré dans les ventes et qui paraisse connu est celui de Barré, qui, en 1744, fut adjugé à 45 fr. seulement (il vaudrait peut-être aujourd'hui 3,000 ou 4,000 fr.), et qui est entré dans la Bibliothèque royale de Dresde.

— Lyon, Mathieu Husz, 1485, 208 ff.

> 125 fr. Gaignat (rel. en mar. par Padeloup), revendu 65 fr. La Vallière, en 1767, et 300 fr. Solar, n° 1604; il y manquait 4 ff.

— Lyon, Guillaume Le Roy, 1485.

> Édition que le *Manuel* indique, d'après divers ouvrages de bibliographie, mais dont il ne paraît pas qu'on connaisse aujourd'hui d'exemplaires en France.

— Paris, 1490, in-fol., 210 ff.; mêmes caractères que ceux qui ont servi à l'impression de *Pathelin*, publié également en 1490 par Germain Beneaut.

> Un exemplaire, 401 fr. Soleinne (n° 557), quoiqu'il fût en assez mauvais état; un feuillet manquait et d'autres étaient raccommodés.

— Lyon, Mathis (*sic*) Husz, 1491, in-fol.

> 50 fr. Heiss, en 1787; 3 liv. st. 11 sh. Roxburghe; 60 liv. st. Heber; 1,005 fr. Soleinne, n° 558 (un autre exemplaire, richement relié par Thouvenin, 450 fr. même vente, n° 560).

— Paris, Jean Driard, 1498, in-fol.

> La Bibliothèque impériale possède un exemplaire sur vélin (voir Van-Praët, t. 4, p. 220); un autre, après avoir appartenu à l'archevêque de Reims, Le Tellier, à Gaignat (vendu 950 fr), au duc de La Vallière (690 fr.) et à Mac-Carthy (1605 fr.), entra dans la riche collection dramatique de M. de Soleinne. Il a été adjugé, n° 559, à 2,450 fr. On a payé à la même vente 500 fr. un exemplaire (relié par Derome en mar. bleu) de l'édition de la veuve Trepperel, acheté 72 fr. chez Gaignat.

On trouvera de longs extraits de ce mystère dans l'*Histoire du théâtre françois* des frères Parfaict, t. 2, p. 456-470. La *Bibliothèque du théâtre françois*, t. 1, p. 49-53, l'analyse sans donner de citations.

MIRACLES NOSTRE DAME.

S. l. n. d., in-4, 132 ff.

> Le *Manuel* ne signale pas d'adjudication plus récente que celle de la vente Regnaud-Bretel, en 1817 (130 fr., exemplaire relié en mar.), et il ajoute que ce volume renferme des passages ridicules. C'est ce que nous n'avons pas eu l'occasion de vérifier, mais nous le croyons sans peine, car il s'en rencontre de pareils dans le recueil des *Miracles de Nostre Dame*, manuscrit de la fin du XVe siècle, Bibliothèque impériale, n° 7018-4. M. Paulin Paris, *Manuscrits françois*, t. 4, p. 1-12, décrit ce manuscrit et donne la liste de ces 172 miracles. Un autre manuscrit du XIIIe siècle, n° 6987, contient neuf miracles, et divers manuscrits renferment les *Miracles* versifiés par Gautier de Coinsy (voir P. Paris, t. 3, p. 236, et 6, p. 311-320). Le *Dictionnaire des Légendes*, publié par M. l'abbé Migne, renferme également (col. 516) la liste de ces miracles inédits.

MIROER HISTORIAL.

Lyon, B. Buyer, 1479, in-fol.

C'est un résumé d'histoire universelle qu'il ne faut pas confondre, comme on l'a fait parfois, avec le *Fardelet historial* et avec les traductions françaises du *Speculum vitæ humanæ* de Rodrigue de Zamora.

> Le titre fort détaillé est transcrit au *Manuel*, lequel n'indique qu'une seule adjudication : 850 fr. (relié en mar. par Duru), n° 216, vente Solar.

MIROIR DE LAME.

S. l. n. d., vers 1498, in-4, 25 ff.

Cet ouvrage en prose, divisé en dix-huit chapitres, a pour but de « montrer en gros la teneur de nostre foy pour le salut des ames du « simple peuple chrestien et pour exposer ce que Dieu nous commande « et deffent à ceux qui ne peuvent ouïr sermons et prédications. » Le texte est suivi de quelques pièces de vers qu'indique le *Manuel*.

Le *Manuel* ne signale qu'une adjudication, celle de la vente La Vallière. Exemplaire relié en maroquin, 11 fr. 50.

MIROUER DE LAME.

— S. l. n. d., in-4, 50 ff.

C'est au fond le même ouvrage que le précédent, mais avec des augmentations. Le seul exemplaire qui semble avoir passé en vente publique, adjugé à 143 fr. vente Cailhava, n° 44, figure au catalogue Cigongne, n° 93.

MIROUER DE LAME PECHERESSE TRÈS UTILE ET PROFITABLE.

Lodeac, 1494, Robin Foucquet et Jehan Cress, 56 ff.

Un exemplaire de ce livre rarissime est à la Bibliothèque impériale.

— In-4 (Paris, vers 1495?), 38 ff.

L'ouvrage est divisé en sept chapitres, correspondant aux sept jours de la semaine. Des pièces de vers remplissent les quatre dernières pages.

Le *Manuel* signale deux autres éditions qui paraissent de la fin du XVe siècle ou du commencement du XVIe. Un exemplaire de l'une d'elles, relié en maroquin, a été payé 90 fr. dans une vente faite par M. Tross en décembre 1855.

MIROUER DE LA REDEMPTION DE LUMAIN LIGNAGE, translate de latin en françoys.

1478, in-fol. (Lyon, Mathieu Husz?), 201 ff.

Un exemplaire à la Bibliothèque impériale.

— 1479, in-fol., 195 ff. (sans nom de ville, ni d'imprimeur), caractères de Mathieu Husz de Lyon; il en est de même de deux autres éditions.

— 1482, in-fol., 201 ff., s. n., et 1488, in-fol., 202 ff. Dans une édition de 1488, in-fol., Husz ne s'est pas nommé mais sa marque se trouve sur le volume. Ce typographe a également réimprimé ce livre en 1493.

— S. l. n. d. (Paris, Verard), vers 1500, in-fol., 223 ff. (le numérotage des feuillets est rempli d'erreurs). Le volume est orné de nombreuses gravures sur bois.

Un exemplaire sur vélin est à la Bibliothèque impériale. Van-Praët le décrit, t. 1, p. 216.

— Paris, Nicolas Desprez, 191 ff., in-fol.

> On trouvera sur ces différentes éditions de longs détails dans le *Manuel*.

L'ouvrage commence en ces termes : « Tous ceulx qui enseigneront les hommes à faire iustice seront resplendissants ainsi que les estoilles en perpétuités éternelles. »

C'est une imitation du *Speculum humanæ salvationis*, poëme mystique en vers rimés, et dont il existe des éditions fort précieuses qui remontent aux origines de la typographie.

Jean Mielot le traduisit en prose française en 1448, par ordre du duc de Bourgogne Philippe le Bon.

On ignore le nom de l'écrivain auquel est dû le travail imprimé en 1478. Un bibliographe, enlevé à la science dans un âge peu avancé, M. J.-M. Guichard, a décrit cette édition dans sa *Notice sur le Speculum humanæ salvationis* (Paris, Techener, 1840). Il émet l'opinion, qui paraît fondée, que cette édition a été faite non par Guillaume Le Roy, mais par Mathieu Husz, et que c'est là le premier volume *daté* et orné de figures sur bois qui ait paru en France. Ces figures, au nombre de 256, ont été imprimées avec les mêmes planches que celles de l'édition allemande du *Miroir*, publiée à Bâle en 1476, et c'est également d'après ce texte allemand, et non d'après une rédaction latine, qu'a été écrite la version française mise sous presse à Lyon.

La Bibliothèque impériale possède deux manuscrits français du *Miroir de l'humaine salvation*, nos 6848 et 7043-3.

MISSUS EST, translate de latin en françois.

Paris, s. d. (vers 1498), in-8, 8 ff.

Une figure en bois sur le titre représente l'Annonciation. Ce livret est en vers. Il en existe une autre édition, également fort ancienne, à laquelle est joint le *Testament de nostre Sauueur Iesu Christ* (en vers).

MISTERE (LE) DE LA PASSION.

Paris, 1490, in-fol.

> Le *Manuel* décrit en détail ce volume précieux; un exemplaire, payé 300 fr. vente La Mésangère, en 1831, a été adjugé à 1,005 fr. vente Soleinne, n° 526, après avoir été lavé et relié en maroquin vert par Thouvenin; il a été acquis par la Bibliothèque impériale. Un exemplaire avec un feuillet refait et le frontispice de l'édition de Jean Petit, relié en maroquin, 11 liv. st. Libri, 1859, n° 1655.

— Paris, Verard, 1490, in-fol., 103 et 104 ff.

> 935 fr. Essling, n° 112, mar. rouge, reliure de Bauzonnet; adjugé à M. Payne, de Londres.
>
> De Bure mentionne dans sa *Bibliographie instructive* une édition avec

date du 7 mai 1486, d'après une souscription manuscrite jointe à un exemplaire imparfait, mais elle est entièrement apocryphe.

Un très-bel exemplaire sur vélin à la Bibliothèque impériale. Van-Praët le décrit, t. 4, p. 217.

Un autre (avec deux ff. refaits à la plume) a été successivement payé 1,030 fr. vente Gaignat, 702 fr. La Vallière, n° 3354, 1,301 fr. Mac-Carthy, 890 fr. Soleinne, n° 528; il figure au catalogue Cigongne, n° 1429.

Un exemplaire imparfait est à la Bibliothèque de Bordeaux.

— Paris, s. l. n. d. (Jehan Petit, 1498), in-fol. Edition reproduisant page pour page celle de Verard.

107 fr. Soleinne, n° 527; exemplaire imparfait d'un feuillet, et non relié.

Un exemplaire revêtu d'une riche reliure de Thouvenin, catalogue Cigongne, n° 1430.

— Paris, Nicolas Desprez, s. d., in-fol., 206 ff.

Nous n'en connaissons pas d'adjudication.

— Paris, Le Petit Laurent (vers 1500), in-fol.

300 fr. Mac-Carthy; 222 fr. Soleinne; 150 fr. Bertin, n° 676.

— Paris, Verard, 1499, in-fol.

12 liv. st. 12 sh. Hibbert. Un exemplaire avec des miniatures, 405 fr. Gaignat; retiré à 810 fr. Mac-Carthy; adjugé à 750 fr. vente Crozet, en 1841.

De longs détails dans l'ouvrage de M. Paulin Paris, *Les Manuscrits françois*, t. 6, p. 280-311, et dans celui de M. Louis Paris, *Toiles peintes de Reims*, t. 1er, p. 1-584; dans le *Dictionnaire des Mystères*, rédigé par M. le comte de Douhet, col. 583 et suiv.

Un manuscrit de la bibliothèque d'Arras contient deux mystères en vers, l'un de la *Passion*, l'autre de la *Vengeance de Jésus-Christ;* le premier est analysé avec de longues citations dans un article de la *Bibliothèque de l'Ecole des Chartes*, 1843, t. 5, p. 37-58. Voir aussi une curieuse notice de M. Taillandier sur les *Confrères de la Passion* dans la *Revue rétrospective*, n° 12.

Un ancien manuscrit de la *Passion par personnages* se trouvait dans la *librairie* des ducs de Bourgogne établie à Bruges. (Barrois, *Bibliothèque protypographique*, p. 140, n° 858.)

MODUS (LE LIVRE DU ROY) *et de la reyne Racio, lequel fait mencion comment on doit deuiser de toutes manieres de chasses.*

Chambéry, A. Neyret, 1466, in-fol., 100 ff.

25 fr. seulement La Vallière, mar. rouge, n° 2129. A la même vente, un exemplaire sur vélin de l'édition de Jehan Janot (39 livres 10 sols), 2,200 fr. Essling, n° 12 (riche reliure de Bauzonnet, en mar. rouge),

> acheté par M. le baron de La Roche Lacarelle (une note sur la marge de notre exemplaire de ce catalogue porte : On connaît deux autres exemplaires à Paris : l'un chez M. Jérôme Pichon, l'autre chez M. le comte de Ludre); 27 liv. st. 10 sh. Libri, en 1849, n° 643; 3,900 fr. Solar, n° 735 (rel. de Bauzonnet), rendu, le dernier feuillet étant refait, revendu 2,200 fr.; acheté par le duc d'Aumale.
>
> Un exemplaire qui fut abandonné pour 120 fr. à la vente Mac-Carthy a passé chez lord Spencer. Dibdin le décrit en détail, n° 1193, et il donne des fac-simile de dix des gravures.
>
> Un exemplaire est porté à 16 guinées sur un catalogue de Payne et Foss de 1829. Nous en rencontrons un au catalogue imprimé de la Bibliothèque de Lille. Un autre avec 2 ff. refaits à la plume figure à la *Bibliotheca Grenvilliana*, 2e partie, p. 323.

L'auteur est resté inconnu ; il est probable qu'il était né dans le nord de la France, car on rencontre dans son livre des expressions encore usitées chez les habitants du Hainaut et de l'Artois.

Voir les *Mélanges d'une grande bibliothèque*, t. 4, p. 62 ; Senebier, *Manuscrits françois de la bibliothèque de Genève*, p. 420 ; Le Verrier de la Conterie, *Ecole de la Chasse*, t. 1, p. 79 ; Van-Praët, *Notice sur Louis de Bruges*, p. 154 ; La Curne de Sainte-Palaye, *Mémoires sur la Chevalerie*, t. 3, p. 207.

Dibdin (*Ædes Althorpianæ*, t. 2, p. 205) transcrit quelques passages. L'ouvrage est une suite de demandes et de réponses. Les préceptes sur la chasse se mêlent à des idées religieuses et morales conformes aux idées de l'époque ; l'auteur dit entre autres choses que les dix doigts qui sont « es mains des prestres » représentent les dix commandements.

> Un exemplaire de l'édition de J. Trepperel, s. d., in-4, 4 et 93 ff., 235 fr., mar. rouge, en décembre 1855, dans une vente faite par M. Tross, n° 332 ; un exemplaire catalogue Huzard, n° 4856, où se trouve aussi un manuscrit du XVe siècle, sur vélin, qui avait fait partie des collections de Girardot de Préfond et Mac-Carthy.

Il existe plusieurs éditions du XVIe siècle, et M. Elzéar Blaze a fait paraître en 1839 une réimpression avec une préface et 44 gravures sur bois. L'auteur écrivait en 1338.

La Bibliothèque impériale possède plusieurs manuscrits du *Roi Modus*; les imprimés ne donnent qu'un texte tronqué dont le style a été rajeuni. L'édition de 1540 fourmille de fautes de tout genre. M. Paulin Paris fait observer (*Manuscrits françois*, t. 5, p. 210) que l'éditeur a voulu se présenter comme le rédacteur ou du moins comme le traducteur du livre. Afin d'y mieux parvenir, il a donné à des récits inspirés par les événements du XIVe siècle la date du XVe ; il a coupé, mutilé, et il n'offre qu'un texte méconnaissable d'un des ouvrages les plus dignes d'être étudiés pour l'histoire des mœurs et des événements sous le règne de Charles V.

Le titre parut si bien trouvé qu'on en fit usage pour un livre d'une tout autre espèce, pour un ouvrage de théologie mystique qui fut publié chez Verard en 1506 : *Modus et Ratio de divine contemplacion*. Le prologue nous apprend que ce livre « parle comment le roy Modus et la royne Ratio, sa femme, estoient auecques plusieurs gens de divers estatz. »

MOLINET (JEAN). *La complainte de Constantinople.*

S. l. n. d., in-4, 4 ff.

> Opuscule de 15 stances de 8 vers (voir le *Manuel*, t. 3, col. 1813). un exemplaire relié en maroquin par Duru ; 80 fr. Essling, nº 70.

— — *La ters (sic) desire et proufitable naissance de tres illustre enfant Charles daustrice.*

Vallenchiennes, Jehan de Liége, in-4, 4 ff.

> Opuscule en vers imprimé en 1500. Un exemplaire, le seul qui ait passé en vente publique, 4 liv. st. 7 sh. Lang, et 10 liv. st. 10 sh. Heber ; il a été adjugé ensuite à 300 fr. chez le prince d'Essling, nº 71.

— — *La Ressource du petit peuple.*

Vallenchiennes (vers 1498), in-4, 20 ff.

> Cet opuscule n'a point de titre, mais il a reparu dans les *Faictz et dictz* de Molinet, 1531, avec celui que nous indiquons ; *Lauteur, Vérité, Justice, Conseil* et *Petit Peuple*, personnages allégoriques alors fort goûtés du public, sont les interlocuteurs de ce dialogue en prose et en vers. Un exemplaire s'est également montré aux ventes Lang et Heber, où il fut payé 9 et 11 liv. st. Il a ensuite été offert au prix de 300 fr., dans le *Bulletin du Bibliophile* de M. Techener (2ᵉ série, nº 1321).

Consulter, au sujet de Molinet, Goujet, t. 10 ; un mémoire de Reiffenberg, Cambray, 1837, in-8, et *Bulletin de l'Académie de Bruxelles*, t. 1, p. 117, t. 2, p. 41 ; une notice d'Hédouin dans les *Archives historiques et littéraires du nord de la France*, 3ᵉ série, t. 4, p. 212-226.

MONSTRELET. *Les Cronicques de France.*

Paris, A. Verard, s. d. (vers 1500), 2 vol. in-fol., t. 1ᵉʳ, 10, et 302 ff.; t. 2, 8, et 260 ff.

> La Bibliothèque impériale possède un exemplaire sur vélin du tome 1 (Van-Praët, 2ᵉ catalogue, t. 3, p. 61) ; il a été acheté à MM. Payne et Foss, libraires à Londres, et on signalait à la fin du dernier siècle les tomes 2 et 3 comme se trouvant dans la bibliothèque du prince Demidoff, à Moscou. Un exemplaire complet, qui a été successivement payé 640 fr La Vallière, et 1,800 fr. Mac-Carthy, est aussi à la Bibliothèque impériale.
>
> Verard a donné deux éditions de *Monstrelet* ; dans l'une, les pages ont 47 lignes, dans l'autre, 45. La première, que l'adresse du libraire fait reconnaître comme la plus ancienne, est en plus gros caractères.

8 liv. st. 12 sh. Roxburghe, revendu 22 liv. st. Heber, et 8 liv. st. 15 sh. Libri, en 1849; 381 fr. (rel. en veau) Essling, n° 381; 265 fr., 2 ff. refaits (mar. rouge), Bertin, n° 1551; 460 fr. Giraud (mar. rouge), n° 2723.

La *Société de l'histoire de France*, reconnaissant toute l'importance de l'œuvre de Monstrelet, a entrepris de publier une nouvelle édition confiée au zèle de M. Douet d'Arcq. Elle était d'autant plus nécessaire que les précédentes n'offraient pas un texte bien satisfaisant.

MONTFIQUET (RAOUL DE). *Exposition de loraison dominicale.*

Paris, P. Levet, 1485, 56 ff.

Il paraît que, pour être complet, ce volume doit contenir aussi *Lexposicion de Laue Maria*, du même auteur, et la *Declamacion* de Guillaume Alexis *sur leuangile* missus est Gabriel. Tout cela avait jadis peu de valeur pour les bibliophiles, mais à la vente Veinant, en 1862, un exemplaire a été porté à 110 fr.; sa reliure en maroquin rouge est sans doute entrée pour une bonne part dans ce prix élevé.

Une autre édition fut publiée en 1489 par le même libraire; c'est un volume in-4 de 53 ff. Un exemplaire, 40 fr. à la vente du fonds de la librairie de Bure.

Diverses réimpressions exécutées au commencement du XVIe siècle n'entrent pas dans notre plan.

MYROIR DE VIE *fort utile à lumaigne lignie à y prendre moult bon exemple pour netoyer sa conscience.*

S. l. n. d., Paris (Michel Le Noir, vers 1500), in-4.

En 1861, un exemplaire de ce livret de piété a été adjugé à 59 fr.; une reliure de Duru en maroquin a largement contribué à ce prix.

MYSTERE DE LINSTITUTION DE LORDRE DES FRERES PRESCHEURS, a xxxvi personnages.

Paris, Jehan Trepperel, in-4, 38 ff.

240 fr. Gaignat; 187 fr. La Vallière, n° 3319. M. de Soleinne avait été forcé de se contenter d'une copie figurée sur vélin par l'habile calligraphe Fyot (1), adjugée à 65 fr., n° 573.

Beauchamps, *Recherches sur les théâtres*, t. 1, p. 226, et la *Bibliothèque*

---

1. Les ventes de Méon, de Chardin, de Soleinne, ont offert un certain nombre de copies figurées de la main de Fyot; Nodier, dans ses *Mélanges extraits d'une petite bibliothèque*, p. 75, a dit quelques mots de cet *écrivain* : « Il portait à un « très-haut degré le talent d'imitation des anciens caractères, et, suivant l'usage « de tous les temps, il contribua à la fortune des marchands de livres sans faire « la sienne. Ce pauvre homme est mort de faim sur une poignée de paille! »

du théâtre françois, t. 1, p. 14, parlent succinctement de cet ouvrage; on en trouve une analyse dans l'*Histoire du théâtre françois* par les frères Parfaict; elle a été reproduite dans le *Dictionnaire des Mystères* par M. le comte de Douhet, col. 295-298.

Nous ne parlons pas du *Mystère du Viel Testament par personnages*, Paris, Pierre Le Dru, sans date, in-folio, 336 ff., parce qu'il paraît n'avoir été imprimé qu'après 1500. Il y a des exemplaires qui portent le nom de Verard, d'autres celui de Jean Petit.

NATIVITE DE NOSTRE SEIGNEUR JESUS CHRIST, *par personnages, avec la digne accouchée.*

S. l. n. d., in-8, 24 ff.

Opuscule imprimé vers 1500; un exemplaire fut payé 40 fr. à la vente La Vallière, n° 3353, et acquis par la Bibliothèque impériale. Un autre exemplaire avec un feuillet refait figure au catalogue Cigongne, n° 1427.

Cette composition dramatique a été réimprimée en 1839, dans la collection d'anciens opuscules reproduits en caractères gothiques, par le libraire Silvestre. Cette *Nativité* commence ainsi :

Joseph.

Marie vierge pure et monde
La plus humble qui soit au monde,
Arriuez sommes de grant erre.

Marie.

Joseph en tout honneur se fonde
Voicy la cite tres parfonde
De Bethleem la noble terre.

Joseph.

Pour supplier ne pour requerre,
Nul ne nous veult logir querre
Mon espouse et ma loyalle sœur.

Marie.

Celluy qui les humains desserre
Nous mettra hors de celle serre
Joseph soyez en tout asseur.

Le duc de La Vallière n'avait pu encore se procurer cet exemplaire lorsqu'il fit rédiger en 1768 la *Bibliothèque du théâtre françois* en 3 vol.

NESSON (Pierre de). *Supplicacion a nostre Dame.*

S. l. n. d., in-4, 6 ff.

Opuscule en vers, imprimé avec les caractères que l'on retrouve dans le *Champion des Dames*. Un exemplaire figure au catalogue Cigongne, n° 743. Réimprimé dans le *Compost des bergiers*, édition de Genève, s. d., et dans la *Danse aux aveugles*, de P. Michault, sous le titre de *Testament de Pierre de Nesson*.

Une autre édition, imprimée à Brehant-Lodeac en 1484, porte le titre de *Supplication*.

— — *Vigilles des morts*, en francoys.

S. l. n. d., in-4, 36 ff.

Il ne faut pas confondre cet ouvrage avec d'autres qui portent aussi le titre de *Vigilles*. Ce sont des compositions toutes différentes. Celle-ci a été imprimée à Lyon à la fin du XVe siècle.

On n'en connaît qu'un exemplaire, celui qui avait appartenu à M. Cailhava et qui fut adjugé à 1,400 fr. en 1858, à la vente Bergeret, n° 825, très-belle reliure de Duru. Ce prix, qui peut sembler élevé, a été encore dépassé à la vente Double, en mars 1863 l'exemplaire, vivement disputé, s'éleva à 1,860 fr.

NOUUELLES ADMIRABLES *lesquelles ont envoyées les patrons de gallees qui ont esté transportez du vent en plusieurs et diuers pays et ysles de la mer et principallement es parties des Yndes.*

S. l. n. d., in-4, 6 ff.

C'est une facétie dont le mérite consiste dans l'étrangeté extravagante des nouvelles qu'elle annonce ; elle décrit des îles dont les habitants ont le nez long de trois pieds ; les coqs portent une laine vermeille, les femmes sont moitié blanches et moitié noires, les moutons ont sept cornes, deux têtes et la laine verte. On rencontre en ce pays des limaçons qui sont gros comme des tonneaux, et des arbres dont les branches couvrent une superficie de plus de trois lieues.

Un exemplaire, regardé comme le seul connu, fait partie d'un recueil que nous signalons à diverses reprises et que possède la bibliothèque de Nantes ; il se compose de pièces imprimées vers la fin du XVe siècle, et celle-ci est de la même époque.

M. E. Fournier a inséré ces *nouvelles* dans le 5e volume de son fort curieux recueil en 10 volumes faisant partie de la *Bibliothèque elzevirienne*, tome 5, p. 159 ; — il y a joint des notes où se retrouve cette érudition ingénieuse qui distingue tous les écrits de ce savant polygraphe. Il remarque fort bien que cet opuscule a paru au moment de la première et de la plus vive curiosité qu'excitaient les voyages et les découvertes de Colomb : « Il devait courir par toute l'Europe, au sujet « de cette entreprise aux incroyables résultats, beaucoup de livrets du « genre de celui-ci, dans lequel l'imagination populaire, remplie d'idées

« singulières touchant l'existence de tout un monde fabuleux, trouvait
« moyen de renchérir encore sur ce que la réalité étalait de merveilles. »

NOUUELLES DE LA TERRE DE PRESTRE IEHAN.
S. l. n. d. (vers 1498), in-4, 6 ff.

> Facétie fort rare; elle n'avait été payée que 6 fr. à la vente La Vallière, n° 5394 ; mais une concurrence acharnée en a porté un exemplaire relié en veau au prix exorbitant de 550 fr. à la vente Walckenaër en 1856, n° 3900 ; peut-être est-ce le même exemplaire que celui qui a été adjugé à 330 fr. Solar, n° 2487, après avoir été relié en mar. vert par Bauzonnet.
>
> Deux autres éditions s. d., Paris, J. Trepperel (100 fr. Cailhava, n° 955), et Paris, le Petit Laurent, peuvent être attribuées aux premières années du XVIe siècle. L'une et l'autre, 8 ff. in-4°, présentent quelque différence avec l'édition en 14 ff.

Le *Manuel*, tom. 4, col. 119, parle avec détail de cet opuscule. Il fait observer qu'il a été inséré à la suite de l'édition donnée en 1858, dans la Bibliothèque elzevirienne, de la *Nouvelle fabrique des traits de vérité* du soi-disant Alcrippe, et qu'il se retrouve aussi dans le petit volume de M. F. Denis, *Le Monde enchanté*, 1843, in-32. M. J. Ch. Brunet mentionne également la curieuse notice que M. Paulin Paris a consacrée à ce livret dans l'*Histoire littéraire de la France*, t. 22, p. 797.

Peut-être nous sera-t-il permis de saisir cette occasion pour dire quelques mots de la singulière légende relative au Prêtre Jean, si chère au moyen âge. Ce monarque fabuleux avait d'abord été placé en Abyssinie; les relations de Mandeville, de Marco Polo, de Rubruquis, de Jean Carpin, le firent reléguer dans l'Asie centrale. L'imagination, de plus en plus excitée, le gratifia d'un empire immense, d'armées innombrables, de trésors dignes des *Mille et une Nuits*. Jean de Hesse, voyageur du XIIIe siècle, lui assigne l'Inde pour demeure. Haupt a publié (*Altdeutsche Blätter*, I. 308) un poëme allemand écrit au XIVe siècle et réunissant en 627 vers les détails fabuleux alors en circulation à cet égard. Un opuscule rarissime en langue anglaise, imprimé à Anvers vers 1520, *Of pope Iohn and his landes*, est indiqué dans la *Bibliotheca Grenvilliana;* Guignes, dans son *Histoire des Huns*, Mosheim, dans son *Historica tartarica*, se sont occupés de ce personnage; mais l'érudition moderne a apporté des lumières plus sûres. M. d'Avezac a inséré sur cette question un savant travail dans la *Relation des Mongols*, par Jean du Plan de Carpin (pag. 147-168), qui fait partie du 4e volume des *Mémoires de la Société de géographie* (1838, in-4). La *Revue de l'Orient* (mai 1862 p. 287-328) renferme un chapitre du texte original de Marco Polo, relatif au Prêtre Jean, avec un commentaire d'un savant orientaliste, M. Pauthier. Tout récemment, M. Gustave Oppert vient de publier une dissertation allemande : *Der presbyter Johannes in sage und geschichte* (Berlin, 1864, in-8, 208 pages), qui épuise à peu près ce sujet.

OGIER LE DANOIS.
Paris, A. Verard (vers 1498), in-folio, 158 ff.

1,200 fr. Essling, n° 212, riche reliure de Thouvenin; cet exemplaire figure au catalogue Cigongne, n° 1829.

Un exemplaire sur vélin vendu successivement 54 livres Gaignat, 212 livres La Vallière, n° 4043, et 500 fr. Mac-Carthy, n° 3438, est à la Bibliothèque impériale. Van-Praët le décrit t. 4, p. 259.

Un autre exemplaire, celui du roi Henri VII, est au Musée britannique.

Le récit débute d'une façon fort pieuse: « Ihesus-crist nostre re-
« dempteur dit comme il est escript au quinzieme de monseigneur saint
« iehan, Sans moy ne pouez vous rien faire. Par quoy nous luy prierons
« que au commencement de ceste œuvre il lui plaise destre en nostre
« ayde : affin que nous puissions faire chose qui soit à sa louange et à la
« louange de toute la court celestielle. Et à lutilité des lisans et escoutans
« et quelle soit cause de leur donner exemple de bien viure en ce mortel
« monde. »

Ogier est d'ailleurs un personnage réel, dont le vieux chroniqueur Albéric des Trois-Fontaines et d'autres annalistes font mention. Vincent de Beauvais en parle dans son *Miroir historial* (l. XXIV, ch. 13). Divers savants ont travaillé à débrouiller ce qui le concerne. Voir Bullet, *Recherches sur l'origine des cartes à jouer*, p. 49-57; Ferrari, *Storia degli antichi romanzi*, t. 1, p. 132, et surtout les recherches de M. Paulin Paris, insérées dans le journal *l'Institut*, t. 10 (1842), p. 145, et dans la *Bibliothèque de l'Ecole des Chartes*, t. 3, p. 521.

Deux vieux poëmes furent consacrés à ce paladin; l'un est de Rimbert de Paris, l'autre est d'Adenez le roi (1). C'est ce dernier qui a servi de base au récit en prose qu'a publié Verard, et dont on trouve un extrait dans la *Bibliothèque des Romans* (février 1778, p. 7-167. (Voir aussi Tressan, *Extraits des Romans*, t. 2, p. 55-146, et les *Mélanges tirés d'une grande bibliothèque*, t. 8, p. 178. Le poëme de Rimbert, en 13055 vers assonants de dix syllabes, a été publié par M. Barrois (Paris, 1842, 2 vol. in-12). Il y a aussi une édition in-4, qui n'a été tirée qu'à 99 exemplaires. On en trouve une analyse succincte dans l'*Histoire de la littérature française*, par M. Geruzez, 1861, t. 1, p. 48 et suiv., et ce judicieux critique l'apprécie en ces termes : « Le poëme cyclique d'Ogier

---

1. Voir l'*Histoire littéraire de la France*, t. 22, p. 643-659; M. Francisque Michel, *Rapport au ministre de l'instruction publique*, 1838, p. 68, signale diverses rédactions des poëmes sur Ogier.

le Danois n'est pas l'œuvre d'un esprit vulgaire ; le style est énergique et simple ; la trame des événements, quels qu'en soient le nombre et la diversité, ne s'y embrouille jamais. On s'intéresse vivement à la destinée du héros, toujours indomptable, même sous les coups les plus durs de la mauvaise fortune. »

Un ancien poëme flamand fut consacré à Ogier, qui a été aussi, dès 1514, le sujet d'un ouvrage en langue danoise plusieurs fois réimprimé. Il existe également un livre populaire en islandais sur ce héros. Un poëme anglais, *Sir Otuel*, a été publié par Ellis dans les *Specimens of early english metrical romances*, t. 2, p. 313-355. Les Italiens ne l'ont pas laissé de côté : le *Libro de le battaglie del Danese* de Girolamo Tromba et la *Morte del Danese* de Cassio da Narni ont eu plusieurs éditions.

OLIVIER DE CASTILLE.

Genève, 1482, in-fol., 67 ff.

Le *Manuel* ne signale aucune adjudication. Un exemplaire catalogue de la Bibliothèque du Roi, Y. 2, 193.

— S. l. n. d., in-fol., 52 ff.

Le prologue apprend que Loys Garbin a imprimé ce roman à Genève.

4,350 fr. Double, en mars 1863, n° 186 (riche reliure de Trautz-Bauzonnet, adjugé à M. Techener). Un exemplaire catalogue Cigongne, n° 1860. Nous en trouvons un (peut-être le même) porté à 36 livr. st. sur un catalogue de Payne et Foss, en 1845.

Voir, au sujet de ce roman, les *Mélanges tirés d'une grande bibliothèque*, t. 5, p. 78-102 ; et la *Bibliothèque des Romans*, janvier 1781, tom. 2, p. 87.

Le titre devait séduire les Espagnols : aussi l'ouvrage, traduit dans leur langue, fut-il imprimé à Burgos en 1499, à Valladolid en 1501, à Séville en 1506, etc. Ce fut sur cette version espagnole que fut faite celle en langue italienne, qui a été plusieurs fois réimprimée, tandis que le texte français servait de base à une traduction anglaise imprimée en 1518. L'ouvrage passa aussi en allemand et en flamand.

ORDINAIRE (L') DES CHRESTIENS.

Rouen, Noel de Harsy, s. d., in-fol.

Autre édition, Rouen, faite à la requeste de Jehan Richart (vers 1492), in-folio.

M. Frère (*De l'Imprimerie et de la Librairie à Rouen*, 1843, p. 59) attribue ce beau volume aux presses de Martin Morin, et il en donne une description détaillée.

En 1797, à la vente Brienne, ces deux éditions ne dépassèrent pas

3 fr. et 9 fr. Un exemplaire, incomplet du titre, est à la bibliothèque de Rouen; un autre fait partie de la bibliothèque de M. A. Le Prevost.

— Paris, Verad (au lieu de Verard), in-4, 1490.

57 fr. Cailhava (mar. rouge, Kœhler), n° 42, revendu 305 fr. Solar, n° 225; 51 fr. Giraud, n° 176.

— Paris, Verard, 1492, in-fol., 175 ff.

Un exemplaire relié en maroquin bleu figure dans la *Bibliotheca Grenvilliana*, p. 506, avec une note qu'il n'est pas hors de propos de traduire, l'ouvrage qui nous la fournit étant bien peu répandu. « Cette édition de Verard, 1492, paraît inconnue à tous les bibliographes; Van-Praët l'ignorait complétement, car dans son Catalogue des livres sur vélin, t. 2, p. 338, il signale les trois exemplaires sur vélin que possède la Bibliothèque du Roi, à Paris, de l'édition de Verard, 1494, qu'il qualifie de seconde, donnant d'après Laire (*Index*, II, 175) comme la première celle qui fut imprimée à Rouen en 1490. Van-Praët commet ici deux erreurs; l'édition que signale Laire n'a pas de date; ce bibliographe se borne à dire qu'elle a pu être imprimée vers 1490; et d'ailleurs, admît-on la priorité de l'édition de Rouen, les exemplaires sur vélin de l'édition de Verard, 1494, appartiennent évidemment à une troisième édition, celle de 1492 étant la seconde, sinon la première. Van-Praët a commis une troisième méprise, en disant que d'après le prologue, l'ouvrage a été composé en 1467; le prologue dit : « a esté premierement commence a escripre », et le dernier feuillet porte : « 1469, le xxii de may fut premierement consumme ce présent livre. » L'ouvrage jouit d'une haute réputation; il fut souvent réimprimé; une traduction anglaise fut mise au jour en 1502 et reparut en 1506. »

— Paris, Verard, 1494, in-fol., 175 ff.

La Bibliothèque impériale en possède trois exemplaires sur vélin. Van-Praët les décrit, t. 1, p. 338 et suiv. Un autre exemplaire sur vélin est au Musée britannique. Il est indiqué comme étant sans date au catalogue in-8° des livres de cet établissement, t. 4, et au *Repertorium bibliographicum* de Clarke, p. 55. Le fait est que la date a été effacée. Il en était sans doute ainsi dans l'exemplaire qu'offre la *Bibliotheca Duboisiana*, t. 1, p. 535 (1).

— Paris, Verard, 1495, in-fol.

Édition indiquée par le *Manuel* sans aucun détail.

Voici le début du livre: « Creature raisonnable a qui Dieu a donné
« memore entendement et voulenté, le doit recongnoistre servir et aymer
« de toute sa puissance tant pour le bien et noblesse de sa creation que
« aussi de sa redemption et de la gloire que nous esperons » — L'ouvrage a été composé en 1467, d'après ce que dit le prologue. Nous re-

---

1. L'exemplaire du Musée britannique est relié avec l'*Art de faire des rimes et ballades* et *le Liure des deux amants*.

gardons comme résultat d'une faute typographique l'indication d'une édition de 1469, au catalogue des livres de la princesse de Condé, au château d'Anet (supplément, page 2).

Indiquons aussi une édition qui n'a peut-être pas été citée et qui appartient au commencement du XVIe siècle plutôt qu'à la fin du XVe, Paris, le Petit Laurent : 179 fr. vente Grandjean d'Alteville, en 1863. Une édition de Paris, Thomas Duguernier, rue de la Harpe, 1519, in-fol., 190 fr., relié en mar., vente Cailhava, en 1862, n° 42. Il existe une traduction anglaise imprimée à Londres en 1502. Dibdin (*Bibliomania*, 1842, p. 203) en transcrit un passage relatif aux châtiments de l'enfer.

ORDONNANCES DE LA PREUOSTE DES MARCHANDS ET ESCHEVINAIGE DE LA VILLE DE PARIS.

In-fol., 92 ff.

Ce volume curieux renferme des figures sur bois qui représentent divers métiers ; 80 fr. Monmerqué ; 101 fr. Giraud, n° 206 ; 160 fr. Solar, n° 405 (relié en mar. bleu par Niédrée).

Il y a des éditions plus complètes imprimées au XVIe siècle. Ajoutons aux adjudications de celle de 1548 que signale le *Manuel*, le prix de 205 fr. (mar. rouge) vente Double, en mars 1863.

ORDONNANCES DU COMTÉ DE BOURGOGNE.

Dole, P. Metlinger, 1490, in-4.

Premier livre imprimé à Dole. Il ne se retrouve plus. Le *Manuel* le signale d'après le témoignage de divers bibliographes, mais sans pouvoir le décrire.

ORDONNANCE *faicte par messire Pierre durse (d'Urfé) pour lenterrement du corps du bon Roy Charles huytiesme.*

S. l. n. d. (vers 1498), in-4, 12 ff.

Cette pièce fait partie d'un recueil que possède la bibliothèque Sainte-Geneviève et qui est aux armes du président J. A. de Thou.

ORDONNANCES (LES) ROYAULX *nouuellement imprimees pour le roy Louis XIIe.*

1499, in-fol., 24 ff.

Ce livret porte la marque du libraire André Brocard. Le *Manuel*, qui la reproduit (t. 4, col. 214), signale deux autres éditions imprimées à Paris également en 1499, in-4°, l'une de 22, l'autre de 25 ff. ; il en indique une autre mise au jour à Toulouse vers 1500.

ORDRE QUI A ESTÉ GARDÉ A TOURS (*aux États généraux de* 1483.

S. l. n. d. In-fol., 56 ff.

>Le *Manuel* décrit ce volume, dont un exemplaire est à la Bibliothèque Sainte-Geneviève; un autre, adjugé à 60 fr. en 1845. L'impression est belle; les caractères paraissent tout neufs et sont les mêmes que ceux du Boccace, *Les Nobles malheureux*, imprimé à Paris, par Jean Dupré, en 1483. M. Brunet mentionne aussi une autre édition s. l. ni d., in-4°, 60 ff.

ORESME. *Traitie du commencement et premiere inuention des monnoyes.*

S. l. n. d., Bruges, Colard-Mansion. In-fol.

>Le seul exemplaire connu est celui dont Van-Praët fit l'acquisition à la vente Haillet de Couronne, en 1811, et qu'il a légué à la Bibliothèque impériale. Ce volume fut payé au prix, alors fort élevé, de 665 fr. Le libraire chargé de la vente avait mis le livre sur table au prix de 6 fr.

C'est une traduction du traité *De mutatione monetarum ac variatione facta per reges*, que Nicolas Oresme composa par ordre de Charles V, et qui fut imprimé au commencement du XVIe siècle.

Le livre commence, suivant l'usage des temps, par des considérations pieuses : « Quant le tres hault et souuerain dieu omnipotent dieuisoit les « gens et separoit les filz dadam. » (Voir la *Notice* de Van-Praët sur Colard Mansion, p. 64).

Ce traité, écrit à une époque sombre et troublée, a conservé d'ailleurs encore un intérêt assez puissant pour qu'une économiste justement renommé, M. Wolowski, ait jugé à propos de le publier de rechef et d'annoter tout récemment (librairie Guillaumin) cette œuvre, que la science moderne ne répudierait pas.

M. François Monnier, dans son *Essai sur la vie et les écrits de Nicolas Oresme* (Paris, 1857, in-8), parle avec détail de cet écrit.

ORLOGE (L') DE SAPIENCE.

Paris (pour A. Verard), 1493, in-folio, 160 ff.

Ce livre est la traduction latine d'un ouvrage ascétique d'un jacobin allemand, Henry de Sews, nom fort altéré par les copistes; il vivait au XIVe siècle. Divers manuscrits le nomment Jean de Suabe ou de Sausobe, *Jonanes de Suzo*, etc.; il mourut en 1365 [1]. Son livre eut un grand succès; il fut traduit en diverses langues.

---

[1] M. Barrois (*Biblioth. protypogr.*, p. 21, Index) dit que cet ouvrage, composé

> Van-Praët signale six exemplaires sur vélin ; trois appartiennent à la Bibliothèque impériale ; un, qui avait fait partie de la bibliothèque de lord Harley, a été adjugé à 305 fr. Mac-Carthy, et à 23 liv. st. 2 sh. vente Hibbert ; un exemplaire, imparfait de plusieurs feuillets, 2 liv. st. 2 sh. Lang, n° 1746.
>
> Le *Manuel* indique deux autres éditions également publiées chez Verard, l'une, datée de 1499, comme étant au catalogue Lang, n° 1747 (l'exemplaire avec prix que nous avons de ce catalogue indique pour adjudication 3 sh. 6 d. seulement ; il y a erreur, ou bien l'exemplaire était fort défectueux) ; l'autre édition sans date.

Verard fit usage d'une traduction faite en 1389, mais il retrancha le nom de l'auteur.

Un des exemplaires de la Bibliothèque impériale est celui qui fut présenté à Charles VIII. Dibdin (*Voyage bibliogr.*, tom. 1, p. 294) s'exprime ainsi au sujet de ce volume : « C'est un des plus charmants livres que j'aie ouverts ; tout y est parfait ; la page a de belles proportions, le vélin est de la plus grande beauté ; les miniatures sont d'un brillant et d'un fini exquis. Les bordures sont peintes, et la seconde surtout peut être regardée comme la perfection du genre. »

Nous trouvons à la Bibliothèque impériale plusieurs manuscrits de cette *Orloge*, n°s 7034, 7034-5, 7041, 7042, 7042-3, et 7043. L'ouvrage est composé de deux parties : la première contient 16 chapitres, dans lesquels il est traité de la mort et passion de Jésus-Christ et de plusieurs « belles choses » que Sapience enseigne à son disciple ; la seconde partie est en 8 chapitres, et elle enseigne « comment ung bon chrestien se doibt gouuerner en ce monde pour acquerir paradis. »

OROSE. (Le premier et le second volume.)

Paris, A. Verard, 1491, 2 vol. in-fol., 12 et 127 ff.

Ce n'est pas une traduction d'Orose ; c'est, comme le fait observer le *Manuel*, une compilation historique, extraite de différents auteurs, rédigée au XIVe siècle, retouchée plus tard par un anonyme et dédiée à Charles VIII.

> Nous n'en connaissons pas d'adjudication en France ; ce volume s'est payé 7 liv. st. 17 sh. White Knight, en 1812, et 6 liv. st. 2 sh. Hanrott.
> La Bibliothèque impériale possède un très-bel exemplaire sur vélin ; Van-Praët le décrit, t. 5, p. 15.

Le prétendu Orose eut assez de succès pour que Verard fût conduit

---

en allemand par Henri de Suze, fut traduit en latin par Jehan de Sousaube, en 1389 ; il ne s'aperçoit pas que le nom du prétendu traducteur n'est qu'une variante de celui de l'auteur.

à le réimprimer sans date (en 1503) et en 1509; d'autres libraires parisiens le firent également reparaître en 1515 et en 1529.

Il est vraisemblable que Jean Seyssel revit cette traduction anonyme « faicte pour presenter au roy Charles VIII, pour prendre en lysant ou oyant lire celui liure aucune recreacion. »

OVIDE. *Son liure intitule Metamorphose.*

Bruges, Colard Mansion, 1484, in-fol. 386 ff., avec 17 grandes et 14 petites figures en bois.

> 55 fr. La Vallière, n° 2489 (passé dans la possession de Van-Praët). 38 liv. st. 17 sh. Hibbert. Cet exemplaire avait appartenu au prince Eugène et au duc (Van-Praët dit, par erreur, au comte) de Roxburghe. Le *Manuel du Libraire* observe que ce volume vaudrait aujourd'hui 1,500 à 2,000 fr. Nous croyons qu'un bel exemplaire pourrait s'élever bien au delà.
>
> Falkenstein (p. 259) donne un fac-simile du caractère (grosse bâtarde imitant l'écriture française de l'époque) employé pour l'impression de ce volume. M. Van-Praët en donne également un, p. 47 de sa notice, et il décrit cette édition, p. 40 à 43.
>
> Un exemplaire figure au catalogue de la bibliothèque de La Haye, n° 237. Il n'est pas indiqué par Van-Praët, qui en signale cinq indépendamment du sien et de celui d'Hibbert : deux à la Bibliothèque impériale, un à la Bibliothèque de Bruges (cédé par Van-Praët, qui l'avait acquis en 1776, à la vente Saint-Aignan), un au catalogue Thott (t. 7, n° 810), aujourd'hui à la Bibliothèque royale de Copenhague, un à la Bibliothèque de Lille. Ce serait huit en tout ; il en existe peut-être encore quelques autres qui n'ont pas été signalés.

— Paris, Verard, 1493, in-fol.

> Le *Manuel* ne mentionne aucune adjudication.
>
> La Bibliothèque impériale possède deux exemplaires sur vélin ; Van-Praët les décrit, t. 4, p. 86.

— S. l. n. d., in-fol.

> Petits caractères qu'on reconnaît dans les éditions de Verard ; 18 et 201 feuillets.
>
> Un exemplaire à la Bibliothèque de l'Arsenal. Van-Praët le décrit (2e cat., t. 2, p. 70).

Le texte, précédé d'un prologue adressé à Charles VIII, débute ainsi : « Cy commence Ouide son livre ouquel il invoque layde de la saincte trinite. Il m'est venu en courage dist ouide de dire comment les formes furent mueez en corps nouueaux. »

Cet Ovide moralisé est la traduction d'un ouvrage latin composé, vers le milieu du XIVe siècle, par un moine anglais, Thomas Walleys (*Vallensis* ou *Gualensis*). Les récits mythologiques ne servent qu'à amener de prolixes et fastidieuses explications morales et mystiques. Le livre latin eut cependant du succès; il fut imprimé à diverses reprises (Paris, 1509, 1515, 1521, etc.). Voir au sujet de Walleys, les *Scriptores ordinis Prædicatorum* de Quétif, t. 1, p. 597. Rabelais paraît l'avoir eu en vue lorsqu'il parle (prologue du premier livre) d'un « frère Lubin, vray crocquelardon » qui s'est efforcé de démontrer qu'Ovide singeait en ses métamorphoses les sacrements de l'Évangile.

Il existe d'autres éditions faites au commencement du XVIe siècle; nous en avons vu une publiée en 1523 par Philippe Le Noir; le frontispice, imprimé en rouge et en noir, est entouré d'une bordure représentant des sujets assez singuliers, notamment un trait emprunté à l'histoire des *Faictz merueilleux* de Virgile.

Nous avons vu et examiné à la bibliothèque de Genève un très-beau manuscrit de cet Ovide; il est orné de miniatures, et il a appartenu au dauphin d'Auvergne, comte de Montpensier, et au duc de Berry, frère de Charles VII.

On sait que Jeanne de Bourbon, femme de Charles V, fit mettre en vers les *Métamorphoses* par Philippe de Vitry, évêque de Meaux, qui les moralisa (1). Une très-mince portion de ce travail a été insérée dans les œuvres de ce prélat publiées par M. P. Tarbé, à Reims, en 1850.

PARIS (*Histoire du tres uaillant cheualier*).

Anvers, Gherard Leeu, 1487, in-fol., 39 ff.

Le *Manuel* n'indique qu'une seule adjudication : 74 fr., La Vallière, n° 4030. Un exemplaire est au catalogue de la Bibliothèque du Roi. Y. 2, 222.

— Paris, Denis Meslier, s. d. (vers 1500), 41 ff.

9 liv. st. Heber. Nous n'en rencontrons pas d'adjudication en France.

Le poëme original fut traduit du provençal en français par Pierre de la Sippade.

Diverses éditions du commencement du XVIe siècle sont recherchées.

---

1. Ce n'est pas seulement au moyen âge qu'on trouve des exemples de tentatives assez malencontreuses faites pour donner à des poëtes anciens une physionomie morale et chrétienne. Nous nous bornerons à signaler les ouvrages d'Alexandre Rossaeus : *Virgilii evangelisantis libri XIII* (Rotterdam, 1653), et un Espagnol, S. de Alvarado y Alvear, a joint des *morales reparos* à une traduction d'une *Heroyda Ovidiana : Dideo a Eneas*, qu'il fit imprimer à Bordeaux, en 1628, in-4. Corneille Schon de Gouda a donné un *Terentius christianus* qui a obtenu plusieurs éditions : Harlem, 1594; Londres, 1625; Amsterdam, 1646, etc. Ce qu'il y a de plus singulier en ce genre, c'est le volume de S. J. Burmeister : *Martialis parœdiæ sacræ*, Goslar, 1613. Des expressions très-libres sont changées en noms vénérés du christianisme, et pour comble de naïveté les épigrammes obscènes du texte original sont imprimées en regard de ces pieuses parodies.

L'exemplaire de celle de Lyon, Claude Nourry, 1520, indiqué au *Manuel* comme vendue 150 fr. chez A. Bertin, n° 1139, a été revendu 355 fr., Cailhava, en 1862, n° 502; il était relié en maroquin bleu par Bauzonnet.

Voir les *Mélanges d'une grande bibliothèque*, t. 5, p. 143-155, et la *Bibliothèque des Romans*, avril 1781, p. 148.

La Bibliothèque de Bourgogne, à Bruxelles, possède (n° 7767) un manuscrit daté de 1432. Voir Reiffenberg, *Chronique de Mouskes*, tom. 2, p. cclii.

Il existe de fort anciennes traductions espagnoles, allemandes, suédoises et italiennnes (1) de ce roman, et il a été mis en vers par plusieurs poëtes italiens du XVIe siècle. Caxton a imprimé en 1485 *The history of the noble and valiant Knyght Parys* (2); une version flamande vit le jour à Anvers en 1487. Neumann, dans son *Histoire* (en allemand) *de la littérature arménienne*, p. 232, signale une traduction en langue arménienne et éditée à la fin du XVIe siècle.

PAS (LE) DES ARMES DE SANDRICOURT.

Paris, 1493, in-fol. 13 ff.

On pense que ce volume fut imprimé pour Verard : « Ce sont les armes qui ont esté faictes au chasteau de Sandricourt pres Pontoise le seziesme iour de septembre 1493, lesquelles ont esté par moy Orleans, herault de monseigneur le duc dorleans, vues. »

Françoise de Saint-Simon, dame de Sandricourt, fit célébrer ce tournoi fameux, à l'égard duquel on peut consulter les *Mélanges d'une grande bibliothèque*, t. 2, p. 31-41. L'ouvrage a été réimprimé dans le *Théâtre d'honneur* de Wulson de la Colombière (1648, in-fol.), tom. 1, p. 147-170.

La Bibliothèque impériale possède deux exemplaires sur vélin ; l'un

---

1. Disons, en passant, qu'on trouve des renseignements détaillés sur la très-rare édition de Venise, 1486, in-4°, dans un opuscule imprimé à Milan en 1865. *Note bibliografiche del fu D. Gaetano Melzi* (in-8), p. 60-62. L'exemplaire richement relié par Duru, et qui était en 1855 chez le libraire Potier, a passé chez un amateur milanais. L'excellent travail de M. B. J. Gallardo, revu par MM. Zarco del Valle et Sancho Rayon (Madrid, 1863), indique, col. 688, une traduction catalane qui n'est connue que par un fragment dont un bibliophile de Barcelone est possesseur.

2. Nous ne trouvons aucune adjudication de ce volume; Dibdin le décrit : *Typogr. Antiq.*, t. 1, p. 261. Un exemplaire dans la riche bibliothèque de George III, offerte au Musée britannique par le successeur de ce souverain (voir, au sujet des éditions du quinzième siècle qui se trouvent dans cette collection, le *Gentleman's Magazine*, juillet 1842). Cette rédaction anglaise rajeunie a reparu en 1621 et en 1650.

provient de la vente Mac-Carthy, n° 2082, retiré à 81 fr. et payé 150fr. après la vente publique (voir Van-Praët, t. 3, p. 83); un autre, avec dix miniatures, relié en maroquin rouge, 100 fr. La Vallière, n° 2119. Il figurait au catalogue in-4° de la vente de 1767, t. 1, p. 220.

PATHELIN (LA FARCE DE).

Paris, Germain Beneault, 1490, in-4, 41 ff.

Un exemplaire à la Bibliothèque impériale, Y. 4405. Nous n'en connaissons aucune adjudication. Le texte n'est pas correct ; le typographe n'a pas toujours compris ce qu'il imprimait ; il a mis, par exemple, les foureux (pour les foireux) de Bayeux, faute reproduite dans vingt-sept éditions subséquentes.

— S. l. n. d. In-4 (Paris, avec la marque de Pierre Levet, vers 1489).

401 fr. Soleinne, n° 662, acheté par la Bibliothèque impériale ; il avait coûté 40 fr. à cet amateur.

S. l. n. d., in-4, 44 ff. (Lyon, caractères de Guillaume Le Roy).

Un seul exemplaire connu, 122 fr. Soleinne (relié en veau) ; mais il s'est trouvé incomplet de 4 feuillets, notamment du dernier ; revendu 22 fr. D'après une note de ce catalogue, n° 663, cette édition est peut-être la plus ancienne de toutes. Elle présente un M majuscule d'une forme assez bizarre qui est tout à fait la même que dans une histoire de la Passion imprimée par Guillaume Le Roi à Lyon.

— Paris, J. Trepperel, s. d. (1499), in-4, 42 ff.

Le *Manuel* ne cite aucune vente.

— Paris, Pierre Le Caron, sans date (fin du XVe siècle).

Edition très-défectueuse ; dès le titre, on lit Pachelin au lieu de Pathelin.

Un exemplaire, signalé comme le seul connu, 29 liv. st. Heber ; il était relié avec une édition de Villon, et il a été revendu 501 fr. Soleinne, n° 664.

600 fr. A. Bertin, n° 673 (mar. rouge doublé de mar. vert, riche reliure, chef-d'œuvre de Niédrée), et 1,700 fr. Solar, n° 1625.

Le catalogue Bertin portait une note qu'il n'est pas superflu de transcrire : « Il y a dans cet exemplaire, le seul connu, quatre feuillets imprimés avec un caractère gothique différent du caractère employé dans l'impression du livre. N'ayant pas encore trouvé aujourd'hui un autre exemplaire, que l'on avait cherché en vain dans les bibliothèques publiques et particulières lors de la vente de M. de Soleinne, nous n'avons pu vérifier si d'autres exemplaires contenaient la même particularité. »

A la vente Du Fay, en 1726, un exemplaire de cette édition fut payé 16 livres.

Consulter, au sujet de cette spirituelle production, l'*Histoire des théâtres*, t. 11, p. 304 ; Villemain, *Littérature du moyen-âge*, t. 2, p. 279; un article de M. Leroy dans le *Dictionnaire de la Conversation*, t. 3, p. 521, etc.

N'oublions pas l'édition de M. Génin, avec une préface et des notes, 1854, in-8. Un critique érudit et bien au fait de l'histoire littéraire des théâtres, M. Magnin, lui a consacré plusieurs articles dans le *Journal des Savants*, décembre 1855, janvier et février 1856 (1). Signalons aussi le Pathelin qui fait partie du très-curieux *Recueil de farces, sotties et moralités*, publié en 1859, à Paris, par P. L. Jacob, bibliophile ; l'avant-propos de l'éditeur (18 pages) résume fort bien ce que l'on peut dire au sujet de cette pièce célèbre. L'auteur n'est pas bien exactement connu ; un philologue instruit, de l'Aulnaye, l'éditeur de Rabelais, avait entrepris sur cette farce des recherches qui n'ont pas été publiées.

PÉTRARQUE (FRANÇOIS). *La patience de Griselidis.*

Brehant Lodeac, Robin Foucquet et Jehan Cres, 1484, in-4, 14 ff. Edition d'une rareté extrême.

— S. l. n. d., in-4, 22 ff.

Caractères de P. Schenck de Vienne.

> La seule adjudication signalée est celle de 37 fr. vente Brienne Laire, n° 1048.
>
> Un exemplaire figure au catalogue Cigongne, n° 1798. Cette édition est décrite dans les *Mélanges biographiques et bibliographiques pour servir à l'histoire du Dauphiné* (par MM. Jules Olivier et Colomb de Batines, t. 1, p. 109).

— S. l. n. d., in-fol., 13 ff. Edition imprimée à Lyon vers 1500.

> Un exemplaire a successivement été adjugé à 150 fr. vente Revoil, 350 Essling, et 395 Giraud, n° 1854.

— Paris, Jehan Trepperel, (vers 1500), in-4, 11 ff.

> 13 fr. La Vallière, n° 3474 ; 200 fr. Essling, n° 142 (exemplaire relié par Duru en mar. bleu ; adjugé à M. Techener et cédé, selon une note que porte notre exemplaire de ce catalogue, à M. Payne, libraire anglais). Nous le retrouvons au prix de 395 fr. vente Giraud, n° 1854.
>
> Une édition in-4°, qui paraît celle de Schenck, mais qui n'est pas suffisamment décrite, figure au catalogue de la bibliothèque de Lyon (Belles-lettres, t. 2, p. 31, n° 5038).

---

1. M. Littré en a rendu compte dans la *Revue des Deux Mondes*, 15 juillet 1855, et cet article a été reproduit dans l'ouvrage de ce savant intitulé l'*Histoire de la langue française*, t. 2, p. 1-55. Voir aussi l'*Athenæum français*, 23 juin 1855. Avant de publier son travail, M. Génin avait fait paraître sur Pathelin une notice dans la *Revue de Paris* (15 mai 1854).

Le récit célèbre des épreuves de Griselidis se rencontre dans le *Décameron* de Boccace, journée X, nouv. 20.

Une traduction allemande eut au moins cinq éditions de 1470 à 1480; rajeunie, elle est restée un livre populaire au delà du Rhin; il en est de même en Hollande.

Il existe sur le même sujet plusieurs fabliaux; ils n'ont pas été publiés, et il faut jusqu'à présent se contenter de l'extrait peu satisfaisant en prose qu'a donné Legrand d'Aussy (*Fabliaux et Contes*, t. 2, p. 297). Un manuscrit fort ancien se trouve à Chartres (*Cat. des manuscrits*, 1840, n° 411), et il y en a deux au Vatican (Greith, *Spicilegium Vaticanum*, p. 85). N'oublions pas le *Mystère de Griselidis à 35 personnages*, contenu dans un manuscrit de la Bibliothèque impériale, fonds Cangé, n° 74.

Chaucer, dans ses *Contes de Canterbury*, a inséré, d'après Pétrarque, un récit semblable. Dekker, Chettle et Haughton y ont puisé le sujet d'une comédie imprimée en 1603 (*Patient Grissil*). Shakspeare a mentionné la patience de Grissel [1], et une pièce allemande figure dans les œuvres de Hans Sachs (t. 1, p. 246). Griselidis forme le sujet de livres populaires en bohémien, en danois et en suédois, et on rencontre en Islande une *Saga of Grishilde*.

Ce récit est d'ailleurs basé sur une histoire réelle, ainsi que le fait remarquer M. Edélestand du Méril dans le travail sur les sources et les imitations du *Décameron*, intercalé d'une façon un peu inattendue dans son *Histoire de la poésie scandinave* (Paris, 1839). D'après Philippe Forestus, *De plurimis claris mulieribus*, ch. 145, et Bouchet, *Annales d'Aquitaine*, liv. 3, Griselidis aurait véritablement existé en 1025. Boccace est d'autant moins l'inventeur de ce récit que Pétrarque (*Opera*, édit. de 1584, p. 540) le connaissait avant d'avoir lu le *Décameron*; il traduisit en latin la nouvelle de Boccace sous le titre *De obedientia et fide uxoria*, et il dédia son œuvre au conteur florentin. Marie de France avait, dans son *Lais del Fresne* (*Œuvres*, Paris, 1824, 2 vol. in-8, t. 1, p. 138), raconté sous d'autres noms une aventure toute semblable.

La *Patience de Griselidis* occupe les pages 275-297 de la *Nouvelle Bibliothèque des légendes*, publiée par M. Le Roux de Lincy (1842, in-12; voir aussi pag. xli-xlv.). Cet écrivain remarque fort bien que « c'est « au génie plein de sensibilité de Boccace que l'on doit la naïveté tou- « chante dont ce récit est empreint. C'est lui qui a su combiner toutes « les circonstances avec un art si merveilleux qu'il a donné à cette « légende toutes les apparences de la réalité. » Le texte publié par M. Le Roux de Lincy reproduit celui que M. Silvestre a placé en 1840

---

[1]. *Taming of the Shrew*, act. 2, sc. 1.

dans la collection en caractères gothiques (format in-16) de *Poésies, romans et chroniques*.

> Une traduction en vers de l'œuvre de Pétrarque fut faite vers le commencement du XVe siècle. Il s'en trouvait un manuscrit (954 vers), dans la bibliothèque La Vallière, n° 5242. Le poëte dit qu'il a :

> > Translate de latin la vye
> > Dune dame de noble affayre
> > Affyn de donner exemplaire
> > A toutes femes de bien faire
> > Et dobeyr par courtoisye
> > A leurs maris sans leur meffayre.
> > Celle dont vous orrez retrayre
> > Y obeit toute sa vie.....

Un manuscrit de la Bibliothèque impériale, n° 7167, renferme l'histoire de Griselidis. Voir l'ouvrage de M. Paulin Paris, t. 5, p. 436.

PIE (LE PAPE). *Hystoire de Eurialus et Lucresse.*

S. l. n. d., in-fol., 93 ff.

Traduction en vers qui est attribuée à Octavien de Saint-Gelais. Caractères qu'employait Verard avant 1500.

> Un exemplaire est porté au catalogue de la Bibliothèque du Roi. Y, 2, 4421; un autre est à la bibliothèque Mazarine.
> 680 fr. (riche rel. de Niédrée) A. Chenest, en 1853, n° 174.

— Lyon, s. d., Olivier Arnoullet, in-4, 32 ff.

> Le nom d'Æneas se trouve en acrostiche dans un huitain à la fin du livre. L'édition n'est peut-être que du commencement du XVIe siècle. Le *Manuel* ne signale aucune adjudication, mais nos notes nous indiquent celle de 200 fr. à la vente Van Berghem, en 1838 (nom qui cachait, nous le croyons, un libraire de Londres).

Publié sous le nom d'Æneas Sylvius, nom que porta Piccolomini avant d'arriver au trône de Saint-Pierre, ce récit, imprimé pour la première fois à Cologne vers 1473, obtint de suite une vogue qu'attestent des éditions très-multipliées. Le sujet a bien souvent été repris ; c'est la passion d'un jeune homme pour une femme mariée ; il est forcé de s'éloigner d'elle, et il meurt de chagrin. L'auteur affirme que l'histoire est véritable.

Ce petit roman, traduit en langue allemande, parut à Augsbourg en 1493, et il eut promptement de nombreuses éditions; il a même été réimprimé en 1833. On connaît aussi des éditions italiennes, espagnoles et anglaises. Le texte latin a reparu à Amsterdam en 1651. Quant au texte français, il a été inséré dans les *Variétés, ou divers écrits*, de M. D. S. H., Amsterdam, 1744. Voir aussi la *Bibliothèque des Ro-*

mans, août 1777, p. 182 à 215, et un article de M. Delécluze inséré dans la *Revue des Deux Mondes*, 1836.

L'ouvrage a d'ailleurs peu de mérite; le lecteur est arrêté, contrarié à chaque phrase, souvent à chaque mot, par l'abus du langage mythologique, par des locutions maladroitement empruntées à Plaute ou à Térence. Malgré la tendance morale que l'auteur a voulu donner à son récit, il y a bien des choses qui choqueraient aujourd'hui les bienséances. Thomas Moore qualifie cette hystoire en ces termes: *Tedious and uninteresting story, very false and laboured style of latinity.*

PIERRE DE LUCEMBOURG. *La dyette de salut.*

S. l. n. d., in-4, 42 ff.

>Volume qui paraît imprimé de 1480 à 1490. Un exemplaire incomplet du premier feuillet, 38 fr. Monmerqué.

— S. l. n. d. (vers 1495), in-4, 34 ff. (Biblioth. de l'Arsenal).

—— *Le Chemin de penitence.*

Ce chemin est divisé en trois journées.

Saint Pierre de Luxembourg est mort en 1386. Sa fête se célèbre le 2 juillet. Voir à son égard les *Acta Sanctorum* publiés par les Bollandistes, t. 1 de juillet, p. 486-628.

On trouve à la Bibliothèque impériale, nos 7042-3, 3, et 7303-2, un livre que « Saint Pierre de Luxembourg fist pour sa sœur » (Voir Paulin Paris, *Manuscr. franç.*, t. 4, p. 146, et t. 7, p. 389). Ce dernier manuscrit renferme aussi une vie de ce cardinal.

PIERRE DE PROUENCE (par Bernard de Treviez).

In-fol., s. l. n. d., 56 ff.

Caractères de Buyer de Lyon.

>Un exemplaire imparfait à la bibliothèque publique de Lyon. Un autre, 880 fr. vente du prince d'Essling, n° 320 (exempl. relié en mar. rouge par Duru; acheté par M. Yéméniz).

— In-fol., s. l. n. d., 35 ff.

>Edition décrite au *Manuel*; on ne connaît d'autre exemplaire que celui de la vente du duc de Roxburghe, en 1812, payé 22 liv. st. 1 sh.

— Lyon, Guillaume Le Roy, in-fol., 37 ff.

>500 fr. Essling, n° 321 (exemplaire relié en mar. rouge par Duru, acheté par M. Payne).

— S. l. n. d., in-fol., 41 ff.

Caractères de Buyer à Lyon, vers 1478.

10 liv. st. 10 sh. vente Lang, en 1835, n° 1953 ; revendu 26 liv. st. Heber.

— 1490, in-4, 35 ff.

Un exemplaire, payé seulement 20 fr. vente Gaignat, est à la Bibliothèque de l'Arsenal. Un autre figure au catalogue imprimé de la Bibliothèque de Lyon. (Belles-lettres, t. 2, p. 35, n° 5052).

— Paris, J. Trepperel, 1492, in-4, 37 ff.

Le *Manuel* n'indique aucune adjudication depuis celle de La Vallière, exemplaire relié en mar., 36 fr., prix qui serait aujourd'hui bien plus que décuplé. Les gravures sur bois qui accompagnent cette édition ne sont pas sans mérite, celles surtout au verso du feuillet CIIII.

— S. l. n. d., in-4, 54 ff.

14 fr. La Vallière, dernière vente indiquée au *Manuel*, qui dit que les caractères de ce volume sont ceux des plus anciennes éditions lyonnaises. On reconnaît les types dont faisait usage Guillaume Le Roy. Un exemplaire, richement relié par Bauzonnet, figure au catalogue Cigongne, n° 1887. Une édition in-4 est trop succinctement indiquee au catalogue de la Bibliothèque du Roi. Y 2, 230. Une autre, non citée par les bibliographes et portant le nom de Barnabé Chaussard, in-4, 28 ff. à 32 lignes, figure sur un catalogue du libraire Potier (1863, n° 2613) au prix de 450 fr.

Les amateurs recherchent les éditions du XVIe siècle ; l'exemplaire Bertin de celle de Rouen, R. Goupil (vers 1525), in-4, payé 220 fr., a été revendu 300 fr. Solar, n° 1892 (acheté par M. Didot. Le libraire anglais Bohn a obtenu à 255 fr., même vente, n° 1893, l'exemplaire de l'édition de N. Bonfons, payé 100 fr. vente Essling.

Un extrait de ce récit se trouve dans la *Bibliothèque des Romans*, août 1779, p. 91-160. M. Fauriel a apprécié le mérite de cette composition dans son *Histoire de la littérature provençale*, t. 3, p. 182.

Vers le commencement du XVIe siècle, Pierre de Provence fournit le sujet de livres flamands et allemands (Voir M. Gœrres : *Die deutsche Volksbücher*, 1808, p. 151) On le retrouve en suédois, en bohémien, en russe, en polonais. La littérature espagnole possède le *Libro de la bella Magalona*, imprimé à Burgos en 1519, à Tolède en 1526, à Séville en 1533, en 1602, en 1628, en 1650, en 1689. Il existe aussi une rédaction en langue catalane, imprimée à Barcelone, 1650.

En France, Pierre de Provence, tombé dans le domaine des éditions de la *Bibliothèque bleue*, a subi des mutilations, des changements, qui l'ont rendu méconnaissable en lui enlevant sa gracieuse originalité et cette naïveté de style qui était son principal mérite. Le texte original a été reproduit en 1845 dans la collection in-16, et en caractères gothiques, éditée par M. Silvestre, et dont nous avons eu déjà l'occasion de parler ; ce texte est celui de l'édition de Lyon, 1478 ; celle de Guillaume Le Roy a fourni quelques bonnes variantes.

J. M. Chénier a dit de ce roman : « Il dut plaire à nos aïeux, qui savaient aimer. Il y a quelquefois un peu de fadeur, mais il y a du véritable amour; l'ouvrage est d'ailleurs sagement composé; l'unité d'action y est observée avec rigueur. »

POGGE, FLORENTIN (LES FACÉTIES DE).
S. l. n. d., in-4, 46 ff.

Nous ne trouvons aucune adjudication de ce volume très-rare.

La Croix du Maine attribue à frère Julien Macho une traduction de ces facéties; elles se rencontrent aussi à la suite de l'*Esope* de 1484. On pourrait trouver étrange que ce religieux de l'ordre des Augustins, qui consacrait habituellement sa plume à faire passer en langue française des livres de dévotion, ait traduit les récits plus que badins du conteur italien; il est vrai qu'à cette époque le sentiment des bienséances n'était nullement ce qu'il est devenu depuis, et la tolérance était grande. Des livres remplis de gravelures effrontées paraissaient parfois avec privilége de l'autorité, et sans que l'auteur ni l'imprimeur eussent l'idée de se dissimuler. Les très licencieuses *Novellæ* du Napolitain Morlini virent le jour avec un privilége papal; l'*Hecatelegium* de Pacificus Maximus fut publié à Florence en 1489, et à Camerino en 1523, sans le moindre mystère, en dépit des pièces extrêmement libres qu'il renferme. Ces livres, il est vrai, étaient écrits dans la langue de Martial et de Pétrone, et on lui permettait beaucoup. Il est assez singulier de voir, dans les anciennes éditions de Virgile mises au jour à Rome, sous les yeux des souverains pontifes, insérer les *Priapeiæ*, qui sont depuis plusieurs siècles repoussées de la collection des œuvres du chantre d'Enée et que dès 1502 Alde l'ancien n'admettait plus.

— Paris, J. Trepperel, s. d., in-fol. 58 ff.

Edition introuvable que le *Manuel* mentionne sur la foi d'un bibliographe allemand.

L'édition de la veuve Trepperel, s. d., n'appartient pas au XVIe siècle. Il s'en trouve un exemplaire au catalogue Cigongne, n° 2088.

M. Mercey a inséré dans la *Revue des Deux Mondes* (15 mars 1840, tom. XXI, p. 824) une notice sur Pogge et sur quelques-unes des facéties « de cet implacable railleur, bouffon plein de science, de politique et de génie. »

La traduction française publiée à Amsterdam, en 1712, est fort incomplète. (Joindre aux adjudications signalées au *Manuel* celle de 78 fr. vente H. de Ch., en 1862, exempl. relié en maroquin.)

L'ancienne version devait être réimprimée dans la Bibliothèque elzevirienne; l'interruption de cette entreprise a empêché la réalisation de ce projet.

Le volume in-4 antérieur à 1502 débute ainsi : « A vous tres chrestien roy de France, Charles huytiesme de ce nom, est presente ce petit liure Francois contenant la substance des dictz ioyeux et plaisantes facecies que autresfois agrega et mist en liure le bien litere et facecieus homme Poge Florentin : Duquel liure icelluy orateur usa selon la matiere subjecte de termes latins fort elegamment exquis et rethoricques. Mais pour cause que telz termes à toutes les gens ne sont pas communs Je simple dentendement considerant que la matiere est ioyeuse et recreative a qui bien la comprent affinque vous principallement que selon commune renommee prenez plaisir et delectation aux escriptures y puissez passer aucunesfoys temps, si vostre bon plaisir est de lire ou escouter le contenu en ce present liure. »

PONTHUS (LE NOBLE ROY).

S. l. n. d., in-fol., 69 ff.

> Mêmes caractères que ceux qui ont servi à imprimer à Genève le *Fier à bras*, la *Mélusine* et le *Livre des Saints Anges*. Un exemplaire relié, avec l'*Apollyn*, publié à Genève et dont nous avons déjà parlé, s'est adjugé, comme nous l'avons dit, au prix de 1,765 fr. à la vente des livres du roi Louis-Philippe, n° 1311.

— Lyon, Guillaume Le Roy, s. d., in-fol.
Les caractères sont ceux du Boëce imprimé en 1480.

> Le seul exemplaire qui paraisse avoir passé en vente est celui du prince d'Essling, n° 235 (riche reliure de Bauzonnet en mar. vert), payé 1,501 fr. par M. Yéméniz.

— Lyon, Caspar Ortuin, s. d., in-fol. (vers 1500), 71 ff.

> Le *Manuel* n'indique d'autre adjudication que celle de la vente La Vallière, n° 4060; 12 livres 16 sols, exemplaire en mauvais état. Il est question de cette édition dans les *Lettres lyonnaises* de M. Breghot du Lut, p. 23.

Il a paru deux éditions d'une traduction allemande avant 1500 ; il en existe aussi une en anglais : *The history of the most excellent Knyght Kynge Ponthus of Galyce*, 1511, in-4. Dibdin la décrit : *Bibliogr. Antiquities*, t. 2, p. 161. Elle fut réimprimée en 1548, in-4. — Voir une analyse de ce roman dans les *Mélanges d'une grande bibliothèque*, tom. 10, p. 1-62.

M. Francisque Michel (préface du poëme de *Charlemagne*, 1836, p. lii) mentionne un manuscrit du Musée Britannique qui contient une rédaction en prose. Ce roman offre sous d'autres noms l'histoire du roi Horn, lequel est le héros d'un roman en vers que le savant que nous venons de nommer a publié. Consulter aussi J. Grimm, *Museum fur altdeutsche Litteratur und Kunst*, t. 2, p. 309 et suiv.

POSTILLES (LES) *et exposition des epistres et evangilles dominicales.*

Troyes, Guillaume Lerouge, 1492, in-fol., 233 ff.
— Paris, Jehan Mourault, 1497, in-fol.
— Paris, Verard, s. d. (vers 1500), in-fol., 200 ff.

Un exemplaire sur vélin, payé 151 fr. vente Mac-Carthy, est à la Bibliothèque impériale. Van-Praët le décrit, t. 1, p. 256.

Ces diverses éditions sont très-rares, mais elles sont médiocrement recherchées. L'ouvrage a été réimprimé plusieurs fois au commencement du XVIe siècle.

PRISE DE LA CITÉ DE GRENADE (LA TRES CELEBRABLE ET VICTORIEUSE).

In-4, 4 ff.

Opuscule dont un exemplaire, qui paraît le seul connu, est à la Bibliothèque impériale avec les divers livrets imprimés à Brehant-Lodéac et que nous signalons dans le cours de notre travail.

PROCÈS (LE) *que a faict misericorde contre iustice pour la redemption humaine, lequel nous demonstre le vray mystère de lanonciation de nostre Seigneur Jhesucrist.*

— In-4, 43 ff.

C'est un mystère en vers, imprimé vers la fin du XVe siècle. Le seul exemplaire signalé comme ayant passé en vente est celui du duc de La Vallière, n° 3385; il avait un feuillet manuscrit et il fut payé 62 fr., prix élevé en comparaison de ceux auxquels s'adjugèrent tant d'autres articles de cette magnifique bibliothèque. M. de Soleinne n'ayant pu se procurer ce volume, en possédait du moins une copie sur vélin faite par Fyot; elle fut adjugée à 100 fr., n° 544. (Voir la note qui cite quelques vers.)

PROGNOSTICATION NOUUELLE POUR LAN M.CCCC. QUATRE VINGZ ET DOUZE.

S. l. n. d. (Paris, avec la marque de J. Trepperel), in-4, 8 ff.

Un exempl. de cet opuscule, aujourd'hui introuvable, figure au cat. Du Fay, en 1728, n° 4282. A la suite des prédictions relatives à chaque mois, on trouve une soixantaine de vers. Nous n'avons à nous occuper ici ni des *pronostications* latines qui se multiplièrent à la fin du XVe siècle, ni de celles en français qui furent assez nombreuses au XVIe siècle, et dont une partie appartient au domaine de la satire. Voir à ce sujet une notice jointe à la réimpression faite en 1862 des *Grandes et récréatives prognostications d'Astrophile le roupieux*, facétie fort singulière dont il existe plusieurs éditions. Voir le catalogue Leber, 1839, n° 2535.

PROLOGUE DE LENTRÉE DU ROY FAICTE A ROUEN EN NOBLE ARROY.

— S. l. n. d., in-fol., 14 ff.

Pièce en prose et en vers.

Un exemplaire a été adjugé pour 3 fr. à la vente La Vallière, n° 2856. Peut-être aujourd'hui atteindrait-il, tout au moins, cinquante fois ce prix.

M. Ch. de Beaurepaire a inséré dans les *Mémoires de la Société des Antiquaires de Normandie*, tom. XX, p. 279-306, une dissertation à la suite de laquelle il a reproduit le texte de ce prologue.

PROUFIT QU'ON A DOUYR MESSE.

Lyon, B. Chaussard, s. d., in-8, 7 ff.

Opuscule en vers.

Un exemplaire relié en maroquin bleu par Kœhler, 72 fr., Coste, n° 131.

PROVERBES COMUNS, *au nombre sept cent quatre vingt et deux*. In-4, 17 ff.

Un exemplaire, le seul connu, 5 fr. La Vallière, n° 4310; 5 liv. st. 7 sh. Hibbert (où, d'après le *Manuel*, il est mal à propos indiqué comme imprimé chez Verard); 3 liv. st. Heber; 174 fr. Solar, n° 2274 (rel. en mar. par Capé), revendu 260 fr. Double, en 1864, n° 101.

— S. l. n. d., in-4, 18 ff.

Le *Manuel* ne cite qu'une seule adjudication, 57 fr. Libri, en 1857, incomplet d'un feuillet; 12 liv. st. catalogue du même, en 1859, n° 2154 (reliure anglaise en maroquin).

— S. l. n. d. (avec la marque de P. Mareschal et B. Chaussard de Lyon, vers 1499), in-4, 16 ff.

Nous observerons que dans ces deux éditions le nombre des proverbes n'est plus que de 780.

Une réimpression de ce recueil curieux a paru en 1839, dans la collection in-16 d'anciens opuscules publiés en caractères gothiques par le libraire Silvestre ; elle est faite d'ailleurs d'après une édition de Lyon, 1539, qui ne tarda pas à subir divers changements, car, dans l'édition de Lyon, 1558, 58 proverbes regardés comme peu moraux et peu respectueux envers la religion **et** les puissants de ce bas-monde, ont été retranchés et remplacés par trois adages inoffensifs.

> A qui Dieu ayde le diable ne peult nuyre.
> De puterie onc ne vint bien.
> De mauvais corbeau mauvais œuf.

M. G. Duplessis, dans sa *Bibliographie parémiologique* (Paris, 1847, in-8, p. 117), donne des détails circonstanciés sur les diverses éditions de ce recueil, qu'on attribue généralement à Jean de la Vesprie ou de la Vesperie, prieur de l'abbaye de Clairvaux à la fin du XVe siècle ; mais le travail de rédaction paraît avoir été fait bien avant lui, et ce fut en puisant dans les collections manuscrites que l'ouvrage se trouva compilé.

Les *Proverbes communs* sont rangés par ordre alphabétique. Comme échantillon, nous transcrirons les huit premiers et les huit derniers.

> A barbe de fol aprent on a raire.
> A beau parleur closes oreilles.
> Abbe et couuent ce nest que ung, mais la bourse diverse.
> A grant cheual grant gue.
> A bon chien bon os.
> A bon demandeur bon refuseur.
> A bon droit est il puni qui a son maître desobeist.
> A bon entendeur ne fault que une parolle.
> Ung fol fait tousiours le commencement.
> Ung homme qui nest pas vicieux nayme pas les lieux tenebreux.
> Ung mal ne vient point seul.
> Ung mauluais paresseux ne saurait laisser ses meurs.
> Ung quartier fait laultre vendre.
> Une fois fault compter à lhoste.
> Vous battez les buissons dont ung aultre a les oysillons.
> Vuydes chambres font dames folles.

PSAULTIER DES VILLAINS.

Paris, s. d. (fin du XVe siècle), in-8, 8 ff.

Les rédacteurs du catalogue La Vallière ont avancé, par erreur, que cet opuscule, compris dans un recueil factice, n° 2895 du catalogue, était d'Alain Chartier ; il a été inspiré par un des ouvrages de ce poëte ; le début du livret qui nous occupe est formel à cet égard :

> « Des nobles gens iai vu le breviaire
> « Que fist iadis en son temps maistre Alain
> « Et pour ce fait mest pris talent de faire
> « Selon mon sens le psaultier des villains. »

On peut rapprocher ce *Psaultier* d'une autre production du moyen âge, les *Proverbes au Villain*, à l'égard de laquelle l'introduction au

Livre des proverbes français, par M. Le Roux de Lincy (1859, 2 vol. in-12), donne des renseignements (t. 1., p. 29).

PSAULTYER, translate de latin en francoys.

S. l. n. d., in fol., 74 ff.

> Le *Manuel*, qui ne mentionne qu'une seule adjudication, 26 fr., relié en mar., vente Thierry, en 1816 (on donnerait certainement aujourd'hui un prix bien plus élevé), observe que ce volume paraît être un fragment du premier tome de la *Bible historiée* de Pierre Comestor.

PURGATOIRE DES MAUVAIS MARIS.

S. l. n. d , in-4, 15 ff.

Edition imprimée avec les caractères de Colard Mansion, à Bruges, vers 1480.

> Le *Manuel* dit que le seul exemplaire que l'on connaisse avait été payé 6 fr. vente Lambert, en 1772 (n° 433), et que M. Van-Praët, qui en était devenu propriétaire, l'a légué à la Bibliothèque impériale.

Le titre annonce que ce *Purgatoire est à la louenge des honestes dames et damoiselles*. L'ouvrage se termine par les mots : *Mulierem fortem quis inveniet?* Voir la notice de Van-Praët sur Colard Mansion, p. 57.

> Un exemplaire est porté au catalogue Cigogne, n° 701.

Guillaume Nyverd réimprima cet opuscule à Paris avec quelques changements et en y ajoutant un autre livret du même genre sous le titre suivant : *Le Purgatoire des mauvais marys avec l'Enfer des mauvaises femmes, et le Purgatoire des tireurs de dez et de cartes et de tous autres ieux*.

La Croix du Maine attribue mal à propos le *Purgatoire* à Coquillard. Un autre bibliographe du XVIe siècle, Du Verdier, indique une édition publiée à Lyon, par Barnabé Chaussard ; elle ne se rencontre, à notre connaissance du moins, sur aucun catalogue.

Cet ouvrage nous rappelle un autre livret plus récent, que le *Manuel* n'a pas jugé digne d'une mention : le *Purgatoire des hommes mariez avec les peines et tourments qu'ils endurent incessamment au subject de la malice et meschanceté des femmes*, Paris, 1619, in-8 ; réimprimé dans les *Variétés historiques et littéraires*, éditées par M. Fournier, t. 4., p. 81.

PURGATOIRE SAINCT PATRICE.

In-4, 14 ff., avec la marque de J. Trepperel (fin du XVe siècle).

> Nous ne connaissons qu'une seule adjudication, 8 fr. (mar.) La Vallière, n° 4775. L'ouvrage a été réimprimé plusieurs fois au XVIe siècle. Ces éditions sont fort rares : MM. Veinant et Giraud, qui en 1839 ont reproduit cet ouvrage en caractères gothiques, à 42 exemplaires, n'ont pu se procurer l'édition Trepperel ; ils ont pris pour base celle de 1506, qui

présente avec les suivantes des variantes notables quant aux incidents et à la marche de l'action : c'est le même sujet traité d'une manière différente.

La légende à laquelle se rapporte cet écrit est une des plus curieuses du moyen âge. Le *Journal étranger* (mai 1757) donne un extrait du *Teatro critico* de Feijoo à ce sujet. Consulter aussi l'*Histoire des pratiques superstitieuses*, par le P. Lebrun, t. 4, p. 35 et suiv., et le curieux ouvrage de M. Ferdinand Denis : *le Monde enchanté*, p. 157-174. Un savant anglais, M. Thomas Wright, a publié en 1844 (Londres, in-12) un livre substantiel à cet égard : *Saint Patrick's Purgatory, an Essay on the legends of Purgatory, Hell and Paradise current during the middle age*. Ce purgatoire a été un véritable *manteion* chrétien, rappelant à certains égards l'antre de Trophonius, sur lequel on peut consulter Eusèbe Salverte : *Des sciences occultes*, t. 1, p. 383, ch. 17, et A. Maury : *Histoire des religions de la Grèce antique*, tom. 2, p. 489. Le journal *le Conservateur*, mars 1758, p. 131-165, a donné un extrait du vieux livre relatif à ce Purgatoire. La caverne de Saint Patrice était située dans une localité fort peu accessible de ce qu'on nomme aujourd'hui le comté de Donegal ; des montagnes et des marais l'entouraient au loin. Froissard et d'autres écrivains du moyen âge montrent avec quelle ferveur les pèlerins s'y rendaient. A trois reprises différentes, sous Henri VII, en 1632 et en 1704, le gouvernement anglais défendit inutilement ces visites, qui inquiétaient sa politique soupçonneuse. En 1727, le protestant Richardson fit imprimer à Dublin un volume intitulé : *Folly and idolatry of pilgrimages in Ireland, and especially of that to Saint Patrick's purgatory*. — Il paraît incontestable que cette tradition a fourni quelques traits à Dante. Le roman de Guerin le Mesquin, rédigé primitivement en anglo-normand, donne une longue description de ce séjour merveilleux. Deux trouvères ont traité le même sujet; leurs récits sont au Musée Britannique (Voir De Larue, *Bardes et Jongleurs*, tom. 3, p. 245). Les divers biographes de saint Patrice montrent à cet égard beaucoup de crédulité. Voir surtout Falconi, *Teatro delle glorie e purgatorio di san Patricio*, Bologna, 1637, in-4. Il existe un voyage au purgatoire de Saint Patrice, écrit en provençal par le troubadour Perilhos ; Raynouard le cite à diverses reprises dans son *Lexique roman*. (Voir aussi les *Mémoires de la Société archéologique du Midi*.) Notons encore qu'à la suite des *Vite di Sancti Padri*, Ferraria, 1474, in-4, on trouve un traité du purgatoire Saint Patrice, et que l'Espagnol Perez de Montalvan a écrit une *Vida y Purgatorio de san Patricio*, Sevilla, 1695, in-8 (un exempl. 40 fr. vente Mac-Carthy, n° 4165), qui a été réimprimée en 1729. On peut voir, dans l'ouvrage intitulé : *Ordres monastiques*, 1751, tom. 2, combien d'auteurs ont parlé de cette légende. Elle a fourni à Marie de France le sujet d'un poëme de plus de 3,000 vers ; et dans l'édition qu'il a donnée en 1820 des écrits de cette femme remarquable, Roquefort a placé, tom. 2, p. 403, une petite dissertation sur le sujet qui nous occupe. Sans vouloir dresser une liste bibliographique spéciale, nous indiquerons cependant deux écrits difficiles à se procurer. L'un se compose de 2 feuillets, imprimés en Allemagne vers 1475, en caractères gothiques grossiers : *Quomodo pervenire possumus in the purgatorium sancti Patricii in Hibernia* ; au verso du 2ᵉ feuillet, une gravure sur bois (catalogue Bohn, 1848, p. 446). L'autre livre est celui de O'Brullangham, *De Purgatorio sancti Patricii*, Lovanii (sine anno), in-8 ; un exempl. se trouve dans la *Bibliotheca Grenvilliana*, pag. 86. Terminons en mentionnant un fait généralement ignoré. La France possédait aussi un purgatoire saint Patrice ; il était aux environs de Commercy (voir les *Mémoires de l'Académie celtique*, tom. 5, p. 102), mais il n'a jamais acquis une grande célébrité.

Une relation du *Purgatoire saint Patrice* se trouve dans le manuscrit 7292, 3 A, de la Bibliothèque impériale.

QUATRE (LES) CHOSES DERNIÈRES AUX QUELLES LA NATURE HUMAINE DOIT TOUSIOURS PENSER.

In-4, 152 ff.

Voir le *Manuel*, t. 4, col. 1006. Cette impression porte la marque d'Arnaud L'Empereur, qui exerça la typographie à Audenarde de 148 à 1484. L'ouvrage est une traduction faite en vers et en prose par Thomas Le Roy (nom que désigne un acrostiche de onze vers) du *Cordiale quatuor novissimorum*.

Un exemplaire imparfait du premier feuillet est le seul qui paraisse avoir passé en vente publique ; 5 fr. seulement, vente La Vallière, n° 590.

QUATRE (LES) FILZ AYMON.

S. l. n. d., in-fol., 226 ff.

Edition qui paraît imprimée avec les caractères du *Doctrinal* de P. Michault et de l'*Abusé en court* ; ils étaient employés à Lyon vers 1480.

Le *Manuel du Libraire* décrit l'exemplaire du duc de La Vallière, qui fut vendu 118 fr., n° 4036, et qui, après avoir été successivement adjugé à 60 fl., vente Crevenna, n° 316, 32 liv. st. 11 sh. Roxburghe, 30 liv. st. Heber, a été payé 996 fr., en 1842, à la vente du prince d'Essling, n° 316. Il était imparfait du premier feuillet, ainsi qu'un autre exemplaire qui a été payé 56 fr., vente Méon, en 1803, 200 fr. Morel-Vindé, 8 liv. st. 8 sh. Heber, et 256 fr. en 1837.

Un exemplaire au Musée Britannique.

— Lyon, 1493, in-fol., 132 ff.

Un exemplaire en mauvais état, 20 fr. La Vallière ; il se retrouve à la vente Solar, n° 1856, adjugé à 1,000 fr. à un libraire anglais, M. Quaritch, mais, dès 1861, il était offert à 750 fr. sur un catalogue de M. Tross.

— Lyon, Jean de Vingle, 1495, in-fol. 133 ff.

> Nous ne connaissons pas d'adjudication de ce volume, ni de la réimpression donnée, en 1497, par le même imprimeur. Falkenstein a inséré, p. 252, un fac-simile des caractères de l'édition de 1495.
> Les éditions du XVIe siècle ont de la valeur. Celle de Lyon, 1539, avec le nom de C. et J. Huguetan, qu'indique le *Manuel*, porte aussi le nom de Pierre de Sainte-Lucie, à ce que nous apprend le catalogue in-folio (resté inachevé) du Musée Britannique. Le *Manuel* évalue de 20 à 30 fr. l'édition de Lyon, Rigaud, 1584, in-4º; des exemplaires reliés en maroquin 72 fr. Coste, nº 961, et 40 fr. Giraud, nº 1871.

M. Fauriel pense, malgré l'opinion de quelques écrivains, que ce roman n'a aucun fondement historique. La *Bibliothèque des Romans* en a donné l'analyse, juillet 1778, t. 1, p. 60-102. Le poëme de Huon de Villeneuve, intitulé *Regnault de Montauban*, est l'origine de l'ouvrage en prose. Voir l'*Histoire littéraire de la France*, t. 18, p. 321, et le livre de M. Ferd. Hénaux : *Les Quatre Fils Aymon*, Liége, 1844, in 8. M. Bekker a publié, en tête de son édition de *Fierabras* (Berlin, 1826, in-4) 1044 vers empruntés au manuscrit de la Bibliothèque du Roi, nº 7182 ; c'est un texte tout différent de celui que Mone a trouvé dans un ancien manuscrit à Metz, et qu'il a inséré dans son *Anzeiger*, 1837, col. 89-205. M. Michelant a mis au jour en 1862, à Stuttgart, pour la Société littéraire [1], le poëme français intitulé : *le Roman de Montauban, ou les Quatre Fils Aymon*. Divers passages des écrivains du moyen âge attestent en quelle estime était tenue cette histoire ; elle a été traduite en diverses langues, imprimée en Flandre, en Allemagne et en Angleterre dès le XVe siècle, et elle est devenue la base de livres populaires dont le succès ne se dément pas (voir Gœrres, *Volksbücher*, 1811, p. 99-118). Cette vogue se justifie, car le roman des Quatre fils Aymon est l'expression la plus naïve de l'époque féodale. Consulter les détails que donne M. de Reiffenberg dans son *Introduction à la Chronique de Philippe Mouskes* (Bruxelles, 1836-38, 2 vol. in-4º), t. 2, p. cciii-ccxvii, et M. Ch. Nisard, *Histoire des livres populaires*, 1864, t. 2, p. 470 et suiv.

QUENTIN (JEAN). *Loreloge de devotion.*

Paris, E. Johannot (vers 1500), in-4, 93 ff.

Ce livre est divisé par heures. La première heure « est de lannonciacion

---

1. Le *Manuel du Libraire*, 5e édition, t. 1, col. 928, indique cinquante ouvrages dus au zèle de cette association qui a rendu de si grands services. Il en a paru plusieurs autres depuis.

de lange et de la concepcion de nostre Seigneur. » — Quentin était pénitencier du diocèse de Paris.

> Van-Praët, t. 1, p. 340, décrit deux exemplaires sur vélin que possède la Bibliothèque impériale. Un troisième est à la Bibliothèque de l'Arsenal. L'ouvrage a été réimprimé plusieurs fois au commencement du XVIe siècle.

— — *Examen de conscience pour soy cognoistre à bien se confesser.*

S. l. n. d. (vers 1500), petit-in-8, 8 ff.

> Un exemplaire, sur vélin, 120 fr. vente Chardin, en 1824, n° 283. Une autre édition de Gaspard Philippe, qu'on peut placer parmi les impressions du XVe siècle, catalogue Cigongne, n° 75.

— — *La maniere de bien viure deuotement par chascun iour.*

In-4. 6 ff.

> Le *Manuel* fait observer que ces deux opuscules ont été réimprimés à la fin d'un volume d'*Heures* publié à Paris, en 1507, par Jacques Ferrebouc.

QUESTION QUE FIT ADRIAN EMPEREUR A UN ENFANT.

S. l. n. d., in-4, 12 ff.

Opuscule imprimé à Lyon, avec les mêmes caractères que le *Lucidaire*, déjà mentionné.

> Nous ne trouvons ce petit volume sur aucun catalogue.

Cet enfant se nommait Apidus et « comme ce dist estoit plain du Saint
« esperit, il fut baillé a ung euesque pour gouverner, et celui euesque co-
« gnoissant le sens et la science dudit enfant le bailla pour gouverner
« au patriarche de iherusalem. »

QUINZE (LES) JOYES DE MARIAGE.

S. l. n. d., in-fol., 50 ff., à 2 colonnes, 24 lignes.

On pense que cette édition a été imprimée à Lyon de 1480 à 1490. Le texte est assez bon, mais, comparé à un précieux manuscrit que possède la Bibliothèque de Rouen, il présente quelques lacunes.

> On n'en connaît aucune adjudication. Un exemplaire à la Bibliothèque impériale de Paris.

— S. l. n. d., in-4, 46 ff.

Reproduction de l'édition originale avec ses lacunes et quelques fautes de plus.

> In-4°, 47 ff. On trouve au catalogue La Vallière un exemplaire de cette édition, qui paraît différente de la précédente; il n'avait point de titre et ne dépassa pas 6 liv. (n° 4278).

— Paris, J. Trepperel, 36 ff., in-4, s. d. (1499 au plus tard).

Edition présentant de graves lacunes et un style retouché maladroitement, mais sa grande rareté a fait qu'un exemplaire s'est élevé à 650 fr., vente Bertin.

Elle a reparu à Paris, sans nom de libraire, vers 1500, in-8º, 48 ff., avec quelques additions dénuées de tout mérite qui ont été reproduites comme *variantes* dans l'édition de 1853.

Nous n'avons pas à nous occuper des autres éditions de cette facétie spirituelle; on sait qu'elle a été publiée de rechef en 1837 et en 1853. Cette dernière édition, qui entre dans la *Bibliothèque elzevirienne,* se recommande par l'introduction, les notes et les soins apportés à la révision du texte. Le *Manuel* donne des détails sur les efforts tentés pour découvrir l'auteur ; on avait cru pouvoir désigner Antoine de la Salle, qui a écrit l'histoire du *Petit Jehan de Saintré;* mais cette conjecture n'est pas encore démontrée. Voir à cet égard une lettre de F. Génin dans l'*Athenæum français* (nº du 11 mars 1854); consulter aussi les *Mélanges d'une grande Bibliothèque*, t. 5, p. 74, et du Roure, *Analecta-biblion*, t. 1. Molière a trouvé quelques inspirations dans ce livre plein de verve et de comique. Observons, en passant, qu'il existe en anglais un livre devenu rare : *Ten plesuares of mariage*, par Marsh, 1682, in-8. Le catalogue Chardin, 1824, nº 1982, offre un manuscrit intitulé : *Les 366 joies de mariage*. Rabelais (liv. IV. ch. 23) fait dire à Panurge : « Est ce icy une des neuf joyes de mariage ? »

REBOURS (LE) DE MATHEOLUS.

Lyon, Olivier Arnoullet, s. d., in-4, 26 ff.

M. Péricaud (*Nouvelles Recherches sur les éditions lyonnaises du XVe siècle*) range dans cette catégorie cette édition, qui nous semble appartenir plutôt au XVIe siècle. L'auteur du *Manuel* partage sans doute cet avis, puisqu'il ne mentionne l'edition de Lyon qu'après avoir enregistré celle de Paris, Michel Le Noir, 1518. Quoi qu'il en soit, le volume imprimé à Lyon est fort rare. Un bel exemplaire, relié en mar. par Bauzonnet, 91 fr. Coste, nº 766. Nous ne connaissons pas d'autre adjudication.

Une édition augmentée a vu le jour à Paris, vers 1500, chez la veuve Trepperel, avec le titre de : *Le Livre du resolu en mariage;* des exemplaires de ce volume rare ont été payés 24 fr. La Vallière et 174 fr. en 1841 (1).

---

1. On attribue en général le *Rebours de Matheolus* à Jean le Fevre; telle n'est pas l'opinion de M. Morand (p. 26 de sa *notice* que nous avons déjà citée à l'article *Matheolus*). Mais M. Tricotel, dans son excellente édition du *Livre de Matheolus*, établit, p. 456, les motifs qui doivent faire attribuer l'ouvrage à

REGIME (LE) *tresutile et tres proufitable pour conseruer et garder la sante du corps humain.*

    S. l. n. d., in-4.

Le titre explique que cette « manière de vivre a este iadis faicte et compillée au reaulme dangleterre en luniversite de Salerne et veritablement declaree et exposee par ung venerable docteur en medecine de Cathalone, nôme maistre Arnoul de Villeneuve côme pierre precieuse entre tous les medecins viuans en terre : et nouuellement corrigee et amendee par les tres excellens et tresexpers docteurs en médecines (*sic*) regens a Montpellier. »

De nombreux auteurs se sont occupés d'Arnaud de Villeneuve ; médecin, théologien, alchimiste, etc. Ce personnage, mort en 1313, marque dans l'histoire des sciences. Voir sa *Vie* écrite par Haitze, Aix, 1719, et les *Mémoires* d'Astruc sur l'*Histoire de l'Académie de Montpellier*, p. 132 et suiv. Quant au célèbre *Regimen sanitatis* de l'école de Salerne, dont on compte plus de 160 éditions et dont les traductions sont très-nombreuses, nous n'avons pas à nous en occuper ici. Le *Manuel du Libraire* (article *Villanova*) donne des détails étendus qui seraient susceptibles de longs développements.

REGRETS (LES) ET COMPLAINTES DU ROY ALPHONCE DARRAGON A SON PARTEMENT DE NAPLES.

    S. l. n. d., in-4, 4 ff.

    Un exemplaire de cet opuscule en vers se trouve dans le recueil de la bibliothèque de Nantes, contenant plusieurs pièces relatives à l'expédition de Charles VIII en Italie.

REIGLE DES MARCHANDS, nouvellement translatee en francoys.

    Provins, Guillaume Tavernier, 1496, in-4, 52 ff.

C'est le plus ancien livre daté qui ait été imprimé à Provins. L'ouvrage est une traduction de la *Summa confessionum* de Johannes lector (Jean le Liseur). Du Verdier, dans sa *Bibliothèque françoise*, dit que l'auteur du livre latin le fit lui-même passer en français. Ce volume est fort rare, mais son sujet fait qu'il n'est par très-recherché.

REMEMBRANCE (LA) DE LA MORT.

    S. l. n. d., in-4, 3 ff., caractères de P. Mareschal et B. Chaussard, de Lyon.

---

le Fevre ; il signale, p. 492, les diverses éditions du *Rebours* au nombre de cinq ; il n'a pu rencontrer ni celle d'Arnoullet, mentionnée ci-dessus, ni celle de la veuve Trepperel. Quant à celle de Michel Le Noir, elle a été reproduite en fac-simile, à Paris, en 1849, mais d'une façon fort peu satisfaisante.

Cet opuscule se termine par ces quatre vers :

> Bien doit auoir
> Le cueur dolent
> Qui doit mourir
> Et ne scet quant.

Réimprimé dans le 2e volume du *Recueil de poésies françoises des XVe et XVIe siècles*, publié par M. de Montaiglon.

REMEMBRANCE DU MAUVAIS RICHE.

S. l. n. d. (Lyon, vers 1499), in-4, 11 ff.,

Un exemplaire, relié en maroquin par Duru, 21 fr. vente Cailhava n° 301.

Cet opuscule se compose de onze dizains; il commence ainsi :

> Entre vous qui par cy passez
> Pour Dieu en vos cueurs compassez
> Ceste piteuse remembrance.
> Ayez memoire et si pensez
> Comment mes biens ay dispensez...

Elle se termine par ces vers :

> Et prie la Vierge Marie
> Qui partout a si grant puissance
> Que son benoist filz te marie
> Et te doint vraye repentance.

RENONCEMENT (LE) DAMOURS.

Paris, J. Trepperel, s. d. (vers 1499), in-4, 10 ff.

Un exemplaire d'une autre édition publiée par Jean Jannot faisait partie d'un recueil porté au catalogue La Vallière, n° 3312. Le *Manuel* n'indique pas d'adjudication, mais nous en trouvons une au catalogue Lang, n° 169, au prix de 2 liv. st. 4 sh. Un exemplaire, le même peut-être, figure au catalogue Cigongne, n° 706.

RESCRIPTION (LA) DES FEMMES DE PARIS AUX FEMMES DE LYON, AVEC LA RESPONCE.

S. l. n. d., in-8.

M. Péricaud, dans ses *Recherches sur les éditions lyonnaises du XVe siècle*, place dans cette classe cet opuscule en vers, qui s'est payé 23 fr. en 1824, et 61 fr. Nugent, en 1831. Un exemplaire figure au *Catalogue de la bibliothèque lyonnaise* de M. Coste (1853, n° 1382), collection spéciale des plus importantes, acquise par la ville de Lyon.

La *Réplique faite par les dames de Paris contre celles de Lyon*. S. d., in-8, 4 ff., est une satire pleine d'aigreur contre les Lyonnaises.

RESOLUCION DAMOURS.

S. l. n. d., in-4, 8 ff.

Opuscule imprimé vers la fin du XVe siècle ; caractères de P. Le Caron, de Paris.

> Nous ne croyons pas qu'il ait passé en vente. Le *Manuel* l'indique en le qualifiant de licencieux, et il en cite les deux premiers vers :
>
> > Combien que lindignacion
> > De Dieu nous soit bien fort doubteuse.

RICHARD SANS PAOUR, FILZ DE ROBERT LE DIABLE.

In-4, 12 ff.

Edition sans lieu ni date, mais qui paraît avoir été imprimée par P. Mareschal et B. Chaussard, à Lyon, à la fin du XVe siècle.

> Un exemplaire, le seul connu, est à la Bibliothèque impériale (Y, 2, 233) ; il provient du fonds de Cangé, dont la bibliothèque fut acquise en 1733 par le roi Louis XV.

Ce roman a été réimprimé en 1838, dans la collection d'opuscules anciens reproduits en caractères gothiques par le libraire Silvestre. Un avertissement d'un feuillet accompagne cette édition, et il contient une note de M. Chabaille que nous demandons la permission de transcrire : « Le fond du roman de Richard est emprunté à une chronique de Normandie ; l'aventure du Tombeau, celle du Poirier et le Jugement du moine font partie de la chronique en vers de Benoit (publiée par M. Francisque-Michel, 1836-40, 3 vol. in-4), tom. 2, p. 325-362. Wace, dans son *Roman de Rou* (publié par F. Pluquet, Rouen, 1827, 2 vol. in-8), donne succinctement le premier et le dernier de ces contes (t. 1, p. 278-293), qui sont aussi mentionnés dans la *Chronique de Normandie*, édit. de Rouen, 1487, chap. LVII et LIX. »

L'ouvrage semble avoir été écrit avant le XVe siècle. Il ne tarda pas à être traduit en prose par Gilles Corrozet, et imprimé à Paris vers 1530, in-4, 24 ff. Un exemplaire de cette édition fort rare est à la Bibliothèque de l'Arsenal. Le translateur s'exprime ainsi : « Je, Gilles Corrozet
« et simple translateur de ceste hystoire prie à tous lecteurs qu'ilz vueil-
« lent suporter les faultes qui y seront trouuees, car il eut este impossible
« de le translater nettement pour le langaige corrumpu dont il estoit
« plain. » Cette rédaction nouvelle fut réimprimée à Paris vers 1560, in-4 (un exemp. à l'Arsenal), et souvent depuis. M. Frère (*Manuel du Bibliographe normand*, t. 2, p. 467) indique ces diverses éditions.

L'histoire de Richard-sans-Peur occupe les pages 51 à 96 de la *Nouvelle Bibliothèque bleue*, publiée par M. Le Roux de Lincy (Paris, 1842, in-12); et dans l'introduction mise en tête de ce recueil, Charles Nodier en a fait l'objet d'une appréciation. M. Le Roux de Lincy avait déjà parlé de ce récit dans son *Livre des Légendes*, 1836, p. 243.

Consulter aussi l'ouvrage de Mlle Bosquet : *la Normandie romanesque*, 1845, p. 9-59, et celui de M. Nisard : *Histoire des livres populaires*, in-8, t. 2, p. 485-500. Quant à l'histoire vraie de Richard-sans-Peur, renvoyons à l'*Histoire de Normandie* de M. Licquet, t. 1, p. 122-179.

ROBERT. *Le Tresor de lame.*

Paris, Verard (vers 1497), in-fol., 6 et 81 ff.

> Van-Praët (t. 1, p. 326) décrit un très-bel exemplaire sur vélin appartenant à la Bibliothèque impériale et payé 204 fr. vente Mac-Carthy, n° 803. Un autre se trouve au catalogue La Vallière, n° 788; il fut adjugé à 132 livres (rel. en mar. rouge par Padeloup); il a été payé 3,000 fr. Solar, n° 224, et acheté par le duc d'Aumale.

L'auteur adresse ce livre *à la chière mère et à tous ses amés.* — « Désirant le salut de vos ames, ay ce liure extraict des sainctes escriptures pour ce que ie ne puis mye estre souvent auecques vous. »

En dépit de cette assertion, aucune des histoires édifiantes dont la réunion forme ce *Tresor* n'est extraite de l'Ecriture sainte; l'ouvrage est terminé par le récit de quarante miracles de la Vierge, la plupart ridicules. Voir d'ailleurs les *Mélanges extraits d'une grande bibliothèque*, t. E, p. 5-17. — Un autre ouvrage ayant le même titre, composé par Nicole de Voisin, a été imprimé à Paris, chez Michel Le Noir, en 1516, in-4.

ROBERT LE DYABLE (LA VIE DE), *lequel apres fut nomme lomme Dieu.*

Lyon, P. Mareschal et B. Chaussard, 1496, in-4, 26 ff.

> Un exemplaire à la Bibliothèque impériale; Y, 2, 233 ; il y manque 2 feuillets.

— Paris, Nicole de la Barre, 1497, in-4, 26 ff.

> Un exemplaire, le seul qui ait passé en vente, 4 fr. La Vallière, n° 4124; il se payerait aujourd'hui trente ou cinquante fois autant, peut-être même davantage, puisqu'à la vente Essling une édition plus récente, mise au jour vers 1525, est montée à 525 fr. (n° 215, rel. en mar.).
> La Bibliothèque de l'Arsenal possède un exemplaire de l'édition de Paris, Denis Janot (vers 1515) ; il en existe plusieurs autres mises au jour au XVIe siècle et plus récemment. Voir le *Manuel du Bibliographe normand*, par M. Frère, t. 3, p. 475.

Il y a aussi des traductions anglaises de cette histoire. La première édition, vers 1520, in-4º, imprimée par Wynkyn de Worde, est un livre d'une rareté excessive et ne paraît pas avoir passé en vente publique. Il s'en trouve un exemplaire au Musée Britannique, et un autre dans la collection des livres de l'évêque More, légués à la bibliothèque de Cambridge. Nous citerons aussi *Roberte the Deuyil, a metrical romance from an ancient iluminated manuscript, edited by L. Herbert*, Londres, 1798, in-8º, 58 p., avec 14 gravures.

Une rédaction espagnole publiée à Burgos en 1529, in-4º, obtint au delà des Pyrénées un succès qu'attestent diverses réimpressions. Elle n'est pas indiquée au *Manuel*, mais elle est mentionnée dans l'*Ensayo de una biblioteca española*, col. 1111, qui signale six autres éditions de 1530 à 1628.

L'histoire de Robert le Diable occupe les pages 1 à 50 de la *Nouvelle Bibliothèque bleue*, publiée en 1842, par M. Le Roux de Lincy (in-12). Voir l'introduction, p. xviii-xxvii, placée en tête de ce volume.

Les premiers chapitres de la *Chronique de Normandie* sont consacrés à la légende de Robert le Diable. Consulter aussi la *Normandie romanesque*, par Mlle Bosquet, p. 9-25 ; l'*Histoire littéraire de la France*, t. 22, p. 879-887 (article de M. Littré), et les travaux de M. de Martonne (*Mémoires de la Société des Antiquaires de France*, nouvelle série, t. 1 (1835, p. 318-326), ainsi qu'un article de A. Pichard (*Revue de Paris*, juillet 1834, t. 7, p. 34-51).

Ce *Roman* poétique, rédigé au XIIIe siècle (en 3070 vers), a été publié pour la première fois par M. Trébutien, à Paris, en 1837 (in-4, 42 ff., en caractères gothiques) ; il y a également un *miracle de Notre-Dame de Robert le Diable*, publié à Rouen en 1836, in-8 (xl et 160 pages) ; en tête de ce volume intéressant on trouve une notice sur Robert le Diable, par M. A. Deville, et une note de M. Paulin Paris sur les manuscrits relatifs à ce personnage. Le *miracle* en question est l'objet d'une analyse de M. O. Leroy (*Etudes sur les mystères*, 1837, in-8, p. 104), et M. Berger de Xivrey lui a, dans le *Journal de l'Instruction publique*, (13 et 20 mars 1826), consacré une notice qui a été reproduite dans le *Dictionnaire des Mystères* de M. le comte de Douhet, col. 876 et suiv. (1).

---

1. Dans le roman en vers, une duchesse de Normandie, désolée de ne point devenir mère, malgré les vœux qu'elle adresse au ciel, promet, dans un accès de désespoir, dévotion au diable si, grâce à sa puissance, elle obtient un enfant. La *Chronique de Normandie* explique le fait autrement : « Le duc venait de chasser
« en la forêt de Rouveray et eut désir de coucher avec sa femme, mais la dame
« voulut déloger la compaignie de son seigneur, lequel fut très fort embrasé. Et
« comme la dame n'osa désobéir à la volonté de son mari, par courroux luy dit
« que jà Dieu n'eut part à chose qu'ils fissent. Et ainsi d'iceluy duc la bonne da-
« me conçut fruit. »

Gœrres, dans son travail sur les livres populaires de l'Allemagne (p. 216), donne le sommaire d'une version allemande qui est fort différente du texte français. Dans celui-ci, Robert termine sa vie en sa patrie « en grand honneur » et saintement ; dans le livret germanique, il est, après trois ans de pénitence, emporté dans les airs par le diable, qui le laisse tomber de façon qu'il est brisé dans sa chute (circonstance qui rappelle le dénoûment du célèbre roman de Lewis : *The Monk*). Entre autres auteurs d'outre-Rhin qui se sont occupés de cette légende, nous mentionnerons Schwab, qui lui a emprunté le sujet d'un poëme dont la *Revue germanique* (tom. 4, p. 191, 1835) a donné une analyse.

Ce sujet, que nous devons nous borner ici à indiquer très-succinctement, a d'ailleurs été l'objet d'un mémoire dans lequel M. Edélestand du Méril a déployé son érudition habituelle : *la Légende de Robert le Diable*, dans les *Etudes sur quelques points d'archéologie et d'histoire littéraire* (Paris, librairie Franck, 1862, p. 273-317). Voir aussi *la France littéraire*, septembre 1837, et le curieux ouvrage de M. Ristelhuber : *Faust dans l'histoire et dans la légende*, 1863, p. 142 et suiv.

RODORIQUE (HISPAIGNOL, EVESQUE DE ZAMORENSIS). *Le Miroir de vie humaine*, translaté par frère Julien (Macho).

Lyon, Bartholomieu Buyer, 1477, in-fol., 141 ff.

24 fr. Gaignat, et 55 fr. La Vallière (n° 318, mar. rouge).

— Lyon, Nicolas Philippe et Marc Rheinardi, 1482, in-fol., 146 ff.

Traduction différente de celle imprimée en 1477 ; le volume est orné de figures sur bois.

Le *Manuel* n'indique aucune adjudication.

En ce livre, ainsi que l'indique le titre, « toute creature humaine mor-« telle en quelque estat que elle soit establie ou en office spirituel ou « temporel pourra veoir de chascun art et maniere de uiure les pros-« peritez et adversitez et les enseignements de droitement viure. »

Le nom de l'auteur est Rodrigo Sanchez de Arevalo ; l'ouvrage latin, imprimé pour la première fois à Rome en 1468, eut de nombreuses éditions au XVe siècle, et il a été traduit en espagnol (vers 1491) et en allemand (vers 1475). Il est analysé dans les *Mélanges d'une grande bibliothèque*, tom. E.

ROMAN DE LA ROSE.

S. l. n. d., in-fol., 150 ff.

Caractères de Guillaume Le Roy, de Lyon.

7 fr. seulement La Vallière, en 1784. Un bel exemplaire vaudrait au-

jourd'hui 1,500 à 2,000 fr., peut-être plus. 8 liv. st. Heber; 176 fr. Cailhava, en 1845 (n° 272, rel. par Kœhler en mar. rouge) ; 209 fr. Coste, n° 748 (rel. en mar. par Bauzonnet ; l'exemplaire n'était pas irréprochable) ; 500 fr. de C., en 1847 (riche rel. de Niedrée), n° 152 ; 1,620 fr. Solar (très-belle rel. de Trautz-Bauzonnet, superbe exemplaire, sauf un raccommodage dans la marge blanche du titre), revendu 2,950 fr. Double, n° 72.

Le *Manuel*, t. 3, col. 1171, donne des détails sur cette édition. Un exemplaire relié par Bauzonnet, titre refait à la plume, est porté sans indication de prix au catalogue Techener, 1855, n° 2492. Un autre exemplaire, moins beau, relié en veau, également incomplet du titre, et ayant appartenu successivement à Girardot de Préfond, à Roquefort (auteur du *Glossaire roman*) et au bibliophile Revoil, même catalogue, n° 2493.

— S. l. n. d., 177 ff.

Pas d'adjudication signalée.

Paris, Udalric Gering, 1479, in-fol.

Le seul exemplaire connu existe à la Bibliothèque municipale de Lyon. Le *Manuel* le décrit en détail.

— S. l. n. d. (vers 1485), in fol.
Caractères de Guillaume Le Roy, de Lyon.

La seule adjudication citée est celle de 46 fr. 50 cent. vente Revoil. Un bel exemplaire atteindrait peut-être 1,000 fr. à la chaleur des enchères.

Un exemplaire figure au catalogue Cigongne, n° 528.

— S. l. n. d., 177 ff.

Edition décrite au *Manuel*, mais M. Brunet ne dit pas où elle se trouve et il ne mentionne aucune vente.

— Paris (pour Verard, vers 1490), in-fol., 142 ff., fig. sur bois(1).

Le *Manuel* ne signale aucune adjudication de cette édition. Un exemplaire catalogue de la Bibliothèque du roi, Y, 4377. Un autre exemplaire, riche rel. de Niédrée en mar. vert, est porté sans indication de prix au catalogue Techener, déjà cité, n° 2496 ; Il avait été adjugé à 125 fr. vente A. Bertin, n° 376.

Un très-bel exemplaire sur vélin, provenant de l'abbaye de Saint-Germain-des-Prés, est à la Bibliothèque impériale. Van-Praët le décrit, t. 4, p. 161. Un autre est au Musée Britannique. D'après Dibdin, (*Voyage bibliographique*, t. 3, p. 294), l'exemplaire de la Bibliothèque

---

1. Les gravures qui accompagnent les éditions du roman de la Rose, publiées par Verard, sont exécutées naïvement mais sans art d'après les manuscrits ; quelques-unes d'entre elles prouvent que les yeux pas plus que les oreilles n'avaient alors les scrupules qu'on affecte aujourd'hui.

impériale portant les armes d'H. d'Urfé, et qui en 1732 appartenait à J. du Tillot, a été fort rogné; le vélin est grippé et rouge en plusieurs endroits.

— Paris (pour A. Verard, s. d., vers 1496), in-fol., 150 ff.

Nous n'en connaissons pas d'adjudication.

La Bibliothèque impériale en possède deux exemplaires sur vélin, acquis, l'un en 1810, l'autre en 1811 (voir Van-Praët, t. 4, p. 161); un troisième exemplaire est porté en 1811 sur un catalogue du libraire Chardin. C'est peut-être le même que celui qui, ayant deux feuillets refaits, a été adjugé à 36 liv. st. 9 sh. vente Dent, et à 16 liv. 16 sh. en 1829.

Une autre édition imprimée par Verard, in-4°, sans date, 148 et 42 ff., n'appartient pas au XVe siècle. Ajoutons aux adjudications que cite le *Manuel*, celle-ci, la plus élevée de toutes : 229 fr. Baudelocque, en 1850, n° 420.

— Paris (Jean du Pré, s. d., vers 1493), in-fol. 158 ff.

Pas d'adjudication signalée. On reconnaît les caractères qui se montrent dans des ouvrages avec le nom de J. Du Pré.

Van-Praët (2e catalogue, t. 2, p. 131) indique un exemplaire qui était en Angleterre, dans la bibliothèque de M. Watson Taylor.

— Paris, Nicolas Desprez, s. d., in-fol.

1 liv. st. 19 sh. Heber. M. Brunet en a rencontré un exemplaire avec la marque de P. Le Caron.

Les éditions du commencement du XVe siècle sont fort recherchées.

A la vente H. de Ch. (janvier 1863), un bel exemplaire de l'édition de Galliot du Pré, 1529, in-8°, relié en mar. par Bauzonnet, a été adjugé à 850 fr. Un autre a été payé 1,000 fr. chez M. Double, n° 115. L'exemplaire du prince d'Essling, vendu 299 fr. en 1842, n° 96, a été acheté à 800 fr. en janvier 1864, par M. Tross, libraire, à la vente du vicomte d'Auteuil. Voici quelques ventes plus anciennes qu'on peut joindre à celles que signale le *Manuel* : 76 fr. Pixerécourt; 144 fr. Chalabre (l'exemplaire Bérard); 116 fr. Viollet-Leduc; 153 fr. Nodier; 140 fr. Buvignier; 157 fr. Aimé-Martin; 5 liv. st. 5 sh. Libri, en 1849; 400 fr. Cailhava; 395 fr. A. Chenest; 280 fr. en décembre 1855; 150 fr. A Bertin (tous ces exemplaires reliés en maroquin); il y en a un porté au catalogue Cigongne, n° 329.

Tous les historiens de la littérature française ont parlé du *Roman de la Rose* avec détails; nous n'avons donc pas à revenir sur un sujet qui peut paraître épuisé; signalons seulement l'excellente notice de M. Paulin Paris, dans l'*Histoire littéraire de la France*, tom. 23, p. 1-61, et l'appréciation de M. Geruzez : *Hist. de la littérature française*, 1861, t. 1, p. 129 et suiv.

— S. l. n. d. In-fol., 123 ff.

Un exemplaire de cette édition, qui ne semble pas avoir passé en vente, se trouve à la Bibliothèque impériale.

ROYE (GUI DE). *Le Livre de Sapience.*

Genève (Adam Steinschbacher), 1488, in-fol., 98 ff.

La Bibliothèque impériale possède un exemplaire très-incomplet.

> Elle en a payé un autre 650 fr. (rel. en mar. bl. par Bauzonnet) vente Solar, n° 468.
> La bibliothèque de Genève en conserve deux exemplaires ; l'un d'eux est incomplet.

— Lyon, Guillaume Le Roy, 1485, in-fol., 81 ff.

> Un exemplaire payé 33 fr. La Vallière, n° 1290, pour la Bibliothèque du Roi.

— Proumentour, Louis Guerbin, 1482, in-fol.,

On ne connaît pas d'autre volume imprimé à Proumenthour, village près de Nyon.

— S. l. n. d. (Genève, Louys Cruce, *alias* Garbin), 1488, in-fol.

C'est le même typographe que celui que nous venons de nommer.

> Un exemplaire est à la Bibliothèque impériale. Un autre 290 fr. Solar, n° 469 (rel. de Duru, mar. rouge) ; il est indiqué par erreur avec la date de 1485. Un troisième figure au catalogue Cigongne, n° 479.

— Paris, Pierre Levet, 1488, in-4.

Edition fort peu connue.

— Genève, 1493, in-fol.

> Un exemplaire à la Bibliothèque impériale, ainsi que l'édition suivante :

— Lyon, Claude Daigne, 1497, in-fol.

— Paris, Michel Le Noir, 1497, in-4°, 101 ff.

Le plus ancien volume où se trouve le nom de cet actif typographe.

— Lyon, Claude Daigne, 1498, in-4, 94 ff.

> Un exemplaire, appartenant à M. Cailhava, est indiqué dans l'ouvrage de M. Monfalcon : le *Nouveau Spon*, Lyon, 1857, p. 178.
> On cite encore d'autres éditions du XVe siècle, mais leur existence n'est pas bien avérée. L'original latin, composé en 1388, a été souvent imprimé.

Baulaire a donné un extrait du Livre de Sapience dans la *Bibliothèque germanique*, t. 21, p. 98, et Legrand d'Aussy en a parlé avec détail d'après les manuscrits conservés dans l'immense dépôt de la rue de Richelieu (*Notices et extraits des manuscrits de la Bibliothèque du Roi*, t. 5, p. 517). Consulter, au sujet de Guy de Roye, la *Gallia christiana*, t. 9, et Marlot, *Metropolis Remensis*.

RUES (DES) ET EGLISES DE PARIS, auec la despence qui si fait chacun iour. Auec lenclos du boys de Vincennes, le blason de Paris et aucuns des crys que l'on crye parmi la ville.

S. l. n. d., in-4, 90 ff.

Opuscule avec la marque de Pierre Le Caron, et qui a dû paraître vers 1495.

> Le Manuel n'indique qu'une seule adjudication, 81 fr., vente Morel-Vindé, en 1823; on payerait bien plus cher aujourd'hui un bel exemplaire. Il s'en trouve un à la Bibliothèque municipale de Paris, collection importante où l'on s'est attaché avec raison à réunir tous les écrits relatifs à la capitale.

— S. l. n. d., in-4, 6 ff.

> Édition un peu moins ancienne. Un exemplaire relié en mar. par Duru, 107 fr. Solar, n° 2216.

Il existe plusieurs réimpressions faites au XVIe siècle avec quelques changements, M. Bonnardot a reproduit le texte de l'édition primitive à la suite de ses *Études sur Gilles Corrozet*, 1842, in-8. Ce livret se retrouve dans le curieux volume publié en 1859 par M. P. L. Jacob, bibliophile (Paul Lacroix): *Paris ridicule et burlesque*, Delahaye, 1859, in-12, p. 325. L'éditeur fait remarquer que le relevé de la *despence* n'a aucune précision; c'est de la statistique rédigée au hasard. L'auteur pose hardiment qu'il y a *huit cent soixante-douze mille* ménages dans l'enclos de Paris.

SACRE (LE) de la tres crestienne Royne de France lequel fut fait à Saintdenys. Et aussi lentree de ladicte dame en la bonne ville de Paris.

> S. l. n. d. (Paris, Trepperel, vers 1492), in-4, 8 ff. (Bibliothèque impériale, porté au catalogue in-4°, t. 1, p. 219.)

SACRE DU ROY TRES CRESTIEN LOYS DOUZIESME FAIT A REIMS.

S. l. n. d., in-4, 6 ff.

Opuscule en vers et en prose.

> Un exemplaire non relié 62 fr. en 1861. Une autre édition de 3 ff. à la bibliothèque Saint-Geneviève. Voir le *Manuel*, 5e édit., t. 5, col. 16.

SAINT-GELAIS (Octavien de) ET AUDRY DE LA VIGNE. *Le Vergier dhonneur.*

Paris, par Ant. Verard (vers 1500), in-4, 236 ff.

On ne cite aucune adjudication de cet ouvrage curieux, au point de vue historique.

La Bibliothèque impériale possède un bel exemplaire sur vélin; Van-Praët le décrit, t. 4, p. 183. Il avait été adjugé 79 liv. à la vente du comte d'Hoym, en 1738, n° 1516.

Voici le début de cette composition :

> « Au point du iour quant aurora se lieue
> Et peu à peu son exquis lustre eslieue
> Pour esclarcir lessence diuturne
> Ung reposant volontiers se soublieue. »

Citons aussi les quatre derniers vers :

> « Dieu eternel de tous haulx biens d'honneur
> Louenge et grace a toy seul soit rendue
> Puis que permis tu nous as heure deue
> Pour faire fin à ce verger dhonneur. »

— S. l. n. d., in-fol.

Édition qu'on pourrait regarder comme antérieure à celle de Verard, 8 liv. st. 12 sh. Heber ; 545 fr. Robillot, en 1856.

— S. l. n. d., in-4.

Des exemplaires ont la marque de Verard, d'autres celle de Trepperel. Des bibliographes ont à tort assigné à cette édition la date de 1495; elle paraît plus récente, et elle ne porte point d'indication d'année.

Le Vergier d'honneur est réimprimé dans les *Archives curieuses de l'Histoire de France*, publiées par MM. Cimber et Danjou, t. 1, p. 321-435. Consulter aussi Goujet, *Biblioth. franç.*, t. 10, p. 283, et Du Roure, *Analecta Biblion*, t. 1, p. 217-231.

SAINT-GELAIS. *La Complainte et épitaphe du feu roy Charles dernier.*

S. l. n. d. (Paris, vers 1500), in-4, 6 ff.

Cet opuscule, qui a peut-être été imprimé à Lyon (voir le *Manuel*), a été réimprimé dans le *Vergier d'honneur.*

SALICET (Guillaume de), dit de PLACENTIA. *La Cyrurgie*, traduicte du latin par honorable homme maistre Nicole Prevost, docteur en medecine.

Lyon, Mathieu Husz, 1492, in-4.

Le *Manuel* n'indique qu'une adjudication, 10 fr. à la vente Andry. Il existe d'autres éditions françaises faites au commencement du seizième siècle.

L'ouvrage latin, publié pour la première fois à Plaisance en 1476, in-fol., a été plusieurs fois réimprimé avant 1500. Il fut publié en italien en 1474. Voir, au sujet de Salicet, Portal, *Histoire de l'Anatomie*, t. 1, p. 185; Sprengel, *Geschichte der Chirurgie*, t. 1.

SALOMON ET MARCON (*Les Ditz de*).

S. l. n. d., in-8, 7 ff.

37 fr. Gaignat; 9 fr. La Vaillère, n° 3346; 92 fr. Nodier en 1844, n° 570 (reliure ancienne en maroquin rouge, indiqué comme ayant été adjugé à Londres à 9 liv. st. 9 sh.).

— S. l. n. d., pet. in-8, 4 ff.

Un exemplaire était dans un recueil de la vente La Vallière, n° 4407.

Il existe en diverses langues des traductions de cette composition singulière; elle est d'origine grecque ou plutôt asiatique. Voir les détails bibliographiques que donne Graesse, *Lehrbuch*, tom. 2, sect. 3, p. 466.

Une réimpression, à fort petit nombre, du texte latin publié à Strasbourg, s. d., a eu lieu en 1816, à l'imprimerie particulière d'Auchinleck, appartenant à Alexandre Boswell; elle accompagne un *Colloquium inter Deum et Evam (ut ferunt) ejusque liberos*. Haïn, dans son *Repertorium bibliographicum*, indique onze éditions en latin, et deux en allemand antérieures à 1500.

Diverses rédactions présentent des différences très-considérables. Celle qu'a publiée M. Crapelet (*Proverbes et dictons*, 1831, p. 189-200) est grave, tandis que celle, en 136 strophes, insérée dans le *Nouveau Recueil de fabliaux* édité par Méon (t. 1, p. 416-436), est beaucoup plus risquée. Une *disputation* entre Salomon et Marcon a été mise au jour par M. Mone (*Anzeiger*, 1836, col. 58-61). Une vieille version anglaise figure dans les *Reliquiæ antiquæ* d'Halliwell, p. 109-116 (1). Ces dialogues ont été traduits en danois, en suédois, en hongrois, et ils ont exercé une foule d'anciens auteurs allemands (voir de longs détails dans Graesse, *Lehrbuch*, t. 2, sect. 3, p. 467.) Dès le treizième siècle, Guillaume de Tyr signalait l'existence du bouffon interlocuteur du roi d'Israël : « Quem fabulose popularium narrationes Marcolfum vocant, de quo dicitur quod Salomonis solvebat enigmata, et ei respondebat, æquepollenter iterum solvenda proponens. » Le texte latin a été souvent imprimé, et il a été reproduit à la suite des *Epistolæ obscurorum virorum* (Francfort, 1643), p. 573-604. Voir l'introduction qui précède le *Livre des Proverbes français* par M. Le Roux de Lincy.

---

1. On doit à ce zélé explorateur de la vieille littérature anglaise de nombreuses réimpressions de livrets devenus fort rares. Voir le *Bibliographer's Manual* de Lowndes, 2ᵉ édition, p. 254-261.

M. Du Roure a parlé de cet écrit (*Analecta biblion*, t. 1, p. 182); nous en citerons quelques passages :

> De folz ne sai que die
> Nostre sire loublie,
> Ce dist Salomon.

> Grans est la confrairie
> De ceulx qui font folie,
> Marcon li respond.

> Ge n'aime soulaz denfant
> Ne donner à truant,
> Ce dist Salomon.

> Ne ge femme plorant
> Ne de felon le chant,
> Marcon li respond (1).

La bibliothèque d'Épinal possède un manuscrit intitulé : *la Disputation de Salomon et de Marcon*, que M. Mone a publiée dans l'*Anzeiger fur Kunde der deutschen Vorzeit* (Carlsruhe, 5e année, 1836, col. 58).

« Marcon ou Morolf est un Esope, un rustre, un bouffon grossier, un vilain ; mais, tout vilain qu'il est, il embarrasse par ses subtilités, il humilie sur son trône le bon roi Salomon, qui se voit vaincu par ce rustre malin. » (Michelet, *Histoire de France*, t. 2, p. 647.)

C'est à un autre ordre d'idées qu'appartient une production curieuse de la période anglo-saxonne : les Dialogues de Saturne et de Salomon, publiés par M. Kemble en 1845, sous le patronage de l'*Ælfric Society*(2). Quelques extraits de cette production se trouvent dans le *Dictionnaire des Apocryphes*, publié par M. Migne, t. 2, col. 872. M. Thomas Wright, dans une note de son édition du *Turnament of Tottenham*, signale le travail du savant éditeur comme *an invaluable illustration of the proverbs and popular philosophy of the middle ages* (3).

---

1. Le texte latin abonde en adages singuliers qu'on ne trouve guère que là. Nous sera-t-il permis d'en transcrire comme échantillon deux seulement? Ils sont intraduisibles, et nous en laissons de côté de plus risqués :

> Quando culum tergis, nihil aliud agis.
> Culus confractus non habet dominum.

2. Cette Société, fondée en 1843 et dissoute en 1856, a mis au jour trois publications, entre autres un curieux recueil d'*Homélies* de l'Eglise anglo-saxonne, édité par M. B. Thorpe. Voir Lowndes, *Bibliographer's Manual*. Appendix, p. 67.

3. Les ouvrages relatifs à Salomon sont nombreux. M. Œttinger en signale vingt et un (*Bibliographie biographique*, 1850, col. 1060-1061), sans compter

SALVE (LE) REGINA, en françoys.

Paris, Nicole de la Barre, s. d., in-4, 6 ff.

Opuscule fort rare.

<blockquote>31 fr. en 1824; un exempl. relié en mar. est offert à 50 fr. *Bulletin du Bibliophile*, 2e série, n° 1349.</blockquote>

SENEQUE (*Œuvres de*), traduites par Laurent de Premierfaict.

Paris, Verard, s. d. (vers 1500), in-fol., 121 feuillets.

Cette traduction ne contient qu'une portion des œuvres de Sénèque, entre autres le livre de la brièveté de la vie, les épîtres morales, au nombre de 15, les lettres de Sénèque à saint Paul et les réponses de l'apôtre (1). Les passages latins sont en marge. Le *Manuel* ne cite aucune adjudication.

Le texte commence ainsi : « Seneque a son amy Lucile Salut. Plusieurs sages homes et philosophes q. pour ladrecement de nature humaine considérans qlles et quantes soient les especes et manieres de vertus. »

<blockquote>Van-Praët (t. 3, p. 18) décrit un bel exempl. sur vélin appartenant à la Bibliothèque impériale, et qui fut acheté 1,020 fr. à la vente Mac-Carthy, n° 1415. Un exemplaire dans la bibliothèque du collége de la Trinité à Cambridge (voir Hartshorne, *Book rarities in the university of Cambridge*, 1829, in-8°, p. 382.)

Un exempl. 9 liv. seulement vente La Vallière, n° 1249.

Une autre traduction, plus ancienne, faite par J. Trousseau, à Bourges,</blockquote>

---

onze dissertations spéciales sur l'Ophir et quinze ouvrages concernant le temple. Nous pourrions étendre grandement cette énumération ; nous nous contenterons d'indiquer :

Historia de la reyna de Saba quando disputo con el rey Salomo en Hierusalem, Salamanca, 1575, in-8°.

Creditos de la sabiduria del rey Salomon, Malaga, 1662, in-12.

Lee (Samuel) *Orbis Miraculum, or the Temple of Salomon*, Londres, 1659, in-fol.

Il existe aussi un ouvrage allemand de C. F. Keil (1840) sur la disposition intérieure du temple de Salomon.

1. Il n'est plus permis de croire aujourd'hui à l'authenticité de cette correspondance. Le sujet a d'ailleurs été épuisé dans l'ouvrage de M. Amédée Fleury, *Saint Paul et Sénèque. Recherches sur les rapports du philosophe avec l'apôtre* (Paris, 1853, 2 vol. in-8°), et dans celui de M. Aubertin, *Études critiques sur les rapports supposés entre Sénèque et saint Paul*, 1857 (voir la *Revue contemporaine*, 15 avril 1858, p. 725). Les lettres supposées qui circulèrent au quatrième et au cinquième siècle, et qu'ont mentionnées divers pères de l'Église (notamment saint Augustin et saint Jérôme), sont perdues ; celles que plusieurs manuscrits ont conservées jusqu'à nos jours sont une composition beaucoup plus récente. On en trouve une traduction dans le *Dictionnaire des Apocryphes*, publié par M. l'abbé Migne, 1858, t. 2, col. 923.

en 1372, existe dans deux manuscrits de la Bibliothèque impériale, nos 6850 et 7074.

SEPT (LES) PSEAULMES, en françoys.

S. l. n. d., in-4, 18 feuillets (caractères employés à Lantenac, par Jean Crès, vers 1491); 119 strophes de 4 vers. Livret d'une excessive rareté.

— Vienne, Pierre Schenck, in-4, 24 ff.

114 fr. Cailhava, n° 302 (rel. en maroquin par Duru).

— S. l. n. d., in-4, 14 ff. (vers 1500). Caractères de Guillaume Le Roy de Lyon.

Un exempl. (réparé) 40 fr. vente Libri.

La traduction très-abrégée des psaumes est suivie de la litanie des Saints, d'une traduction française du *Pater* et de l'*Ave Maria*, et de deux oraisons. La dernière est ainsi conçue : « Nous prions Dieu que toutes les ames de feaulx trepasses puissent avoir repos sans fin. Amen. »

SEPT (LES) SAGES DE ROME.

Genève, 1492, in-fol., 61 ff. Mêmes caractères que ceux de l'*Olivier de Castille*, dont nous avons déjà parlé et qui a été imprimé par Loys Garbin.

Cette édition rarissime ne paraît pas avoir jamais passé en vente publique. Un exempl. cat. de la Biblioth. du roi, Y, 2, 192. Panzer indique une édition toute semblable, sauf qu'elle paraît in-4°. M. G. Favre, dans son travail sur les éditions du XVe siècle publiées à Genève, ne semble pas révoquer en doute son existence.

— Genève, 1492, in-fol., 61 ff. (Bibliothèques impériale et de l'Arsenal.)

Pas d'adjudication citée.

— Genève, 1493, in-fol., 51 ff.

Un exemplaire à la Bibliothèque de l'Arsenal ; il est porté au cat. La Vallière-Nyon, n° 8095, t. 3, p. 88.

— Genève, 1498, in-fol., 50 ff.

307 fr. de Bure, 4e vente, en 1834; revendu 199 fr. Essling, n° 139 (rel. en maroquin bleu ; les derniers feuillets raccommodés ; acheté par M. Yémeniz).

Aucune de ces quatre éditions ne se trouve à la bibliothèque de Genève.

Le texte latin, publié dès 1475, fut souvent réimprimé, et l'ouvrage, traduit en diverses langues et remanié à diverses reprises, tient une place des plus importantes parmi les fictions qui eurent cours au moyen âge.

Les rédactions en prose ont leur source dans un poëme français de 5062 vers, composé au treizième siècle par un trouvère anonyme; il a été publié en 1836 à Tubingue, par M. Adelbert Keller, avec une très-longue préface. Un autre poëme, le *Dolopathos*, composé par Heber ou Herbers, est une paraphrase d'une partie du texte latin. Une analyse et des fragments de cet ouvrage ont été mis au jour par M. Le Roux de Lincy à la suite du *Roman des Sept Sages*, en prose, publié pour la première fois par M. Loiseleur des Longchamps, à Paris, en 1838, et précédé d'un *Essai sur les fables indiennes et sur leur introduction en Europe*. Le *Dolopathos* (à l'égard duquel on peut consulter l'*Histoire littéraire de la France*, t. 19, p. 809) a été imprimé en 1856 dans la *Bibliothèque elzevirienne* d'après deux manuscrits de la Bibliothèque impériale, les seuls que l'on connaisse (nos 7525 et 1422). Cette édition, due à MM. Charles Brunet et Anatole de Montaiglon, est accompagnée d'une introduction de XXVII pages, où l'on trouve des renseignements utiles présentés avec une judicieuse concision. Elle relève l'erreur commise par deux érudits bien distingués, Dacier et Daunou, qui, confondant le Roman des Sept Sages avec le Dolopathos, n'en ont fait qu'un seul ouvrage, erreur qui démontre combien il est difficile, même aux travailleurs les plus zélés, les plus justement accrédités, de ne pas tomber dans quelque inexactitude (1).

On trouve à la Bibliothèque impériale quatre manuscrits du roman des *Sept Sages*, nos 6767, 6769, 6849, 7069.

SIMONETA (BONIFACE). *Le livre des persecucions des crestiens*, de latin en francois, par Octavien de Saint Gelais.

Paris, A. Verard, s. d., in-fol., 232 ff.

10 fr. La Vallière, n° 4628 (exempl. relié en veau); 40 fr. en 1839.

L'original latin a été imprimé à Milan en 1482.

SOUHAITS DES HOMMES (LES).

In-4°, s. d., 5 ff., avec la marque de J. Trepperel.

Opuscule en vers dont il existe plusieurs éditions (indiquées au *Manuel*) de la fin du quinzième siècle et du commencement du seizième. Une d'elles, où l'on retrouve les caractères qui ont servi à l'impression du *Livre des Quatre Choses*, exécuté à Lyon vers 1500, a été payée 170 fr. vente Cailhava (exempl. relié en maroquin).

Un exempl. d'une édition en 4 ff. est mis à 78 fr. sur un catalogue du libraire Techener; un autre 68 fr. vente Van Berghem, en 1838.

Cette édition comprend aussi *les Souhaits des femmes*; elle a été

---

1. Consulter Dacier, *Mémoires de l'Académie des inscriptions*, t. 41; Roquefort, *De la Poésie française dans les XIIe et XIIIe siècles*, p. 171-180.

reproduite dans le 3e volume du *Recueil de poésies françaises du XVe et du XVIe siècle*, publié par M. A. de Montaiglon, p. 138.

Les personnages qui prennent successivement la parole sont le pape, le roy, le duc, le conte (sic), le prince, le chevalier, l'archier, le page, le président, l'advocat, le marchand, le laboureur, le bergier.

Quelques-uns de ces *souhaits* sont inspirés par de fort bons sentiments, d'autres sont moins louables. Ceux du chanoine et du curé offrent une saveur pantagruélique prononcée. Nous transcrirons celui de *l'ivroigne* :

> Je souhaite moy bon beveur
> Toujours trois fois l'année vendanges,
> Et boire si bien du meilleur
> Tant que je cuide voir les anges.

Les *Souhaits des hommes* ont pour contre-partie ceux des femmes. L'auteur semble s'arrêter avec complaisance à l'égard des femmes de la condition la plus vile, et les souhaits qu'elles expriment sont peu édifiants.

SOUHAIZ (LES) ET BEAUTÉS DES DAMES, AUEC LA FILLE COMPARÉE A LA VIGNE.

Opuscule en vers que nous ne trouvons sur aucun catalogue de bibliothèque particulière, si ce n'est sur celui de La Vallière (n° 2907), où l'on adjugea pour 3 fr. un exempl. qu'on vendrait aujourd'hui bien au delà de 100 fr. Le *Manuel* indique une autre édition de 4 feuillets.

SONGE DE LA PUCELLE.

Brehan Lodéac, Robin Foucquet et Jehan Crez, 1484, in-4°, 8 ff.

Un exempl. à la Bibliothèque impériale.

SONGE DU VERGIER.

(Lyon), J. Maillet, 1491, in-fol.

6 liv. 12 sols La Vallière, n° 1080; 121 fr. Cailhava, n° 121 (veau, rel. de Kœhler); 159 fr. Coste, n° 256 (mar., rel. de Kœhler); 280 fr. Solar (mar.), n° 316; 70 fr. Giraud (v. tr. d.), n° 431.

Un exempl. cat. Hohendorf, n° 1563, à la Bibliothèque impériale de Vienne; un autre à la bibliothèque de l'Académie de Lyon, et un à celle de la ville de Genève.

— Paris, Le Petit Laurent (vers 1500), in-fol.

8 liv. (mar. jaune, lavé et réglé). La Vallière, n° 1082; 75 fr. Cailhava, n° 186; 90 fr. Giraud (mar. par Kœhler), n° 432.

Ouvrage important écrit vers 1374, et qui a pour but de défendre la juridiction royale contre les envahissements de la juridiction ecclésiastique. C'était chose hardie à cette époque. L'auteur n'est pas exactement connu. Voir ce qu'en dit le *Manuel;* consulter surtout les recherches de M. Paulin Paris (*Manuscrits françois,* t. 4, p. 299), et deux mémoires insérés dans le t. 15 du recueil de l'Académie des inscriptions. Une notice de M. Laboulaye insérée dans la *Revue de législation,* mérite d'être lue. Voir aussi M. Geruzez, *Histoire de la littérature française,* t. 1, p. 214. « C'est une œuvre de dialectique, d'érudition et de politique, où les arguments sur lesquels se fondent les prétentions du saint-siége à la souveraineté absolue sont habilement discutés et réfutés. » Les deux puissances sont représentées sous les personnages allégoriques de deux reines pour lesquelles un clerc et un chevalier plaident devant le roi.

Un manuscrit du XVe siècle, avec miniatures, ne dépassa pas 37 liv. à la vente La Vallière, n° 1078. La Bibliothèque impériale en possède un, n° 7058.

L'auteur du *Songe,* hardi à plus d'un titre, proclame hautement qu'on n'a pas le droit de convertir par force les infidèles : « Nul mescreant ne doibt estre contrainct par guerre ou aultrement pour croire a la foy catholique, et semble que contre les mescréants qui nous guerroient seulement deussions nous faire guerre, et non contre les aultres qui veulent estre en paix. » M. Littré se demande avec raison (*Revue des Deux-Mondes,* sept. 1864, p. 405) si l'auteur eût osé comprendre les hérétiques dans cette abstention pacifique qu'il recommande à l'égard des infidèles.

SONGE (LE) DORÉ DE LA PUCELLE.

In-4°, 14 ff.

Poëme en vers de huit syllabes, probablement imprimé à Lyon vers 1500; réimprimé dans le *Conservateur,* juin 1758, p. 81-99; il en existe une édition faite en 1831 à Paris, in-8, à cent exemplaires. Le sujet est le songe d'une jeune fille endoctrinée tour à tour par l'*Amour* et par la *Honte.* C'est écrit d'une façon très-sérieuse. La jeune fille se réveille et laisse le lecteur indécis sur le parti qu'elle prendra. Voici un échantillon de cette poésie :

> Si tost que je fus endormié
> Deux personnages vis venir
> Qui me dirent ma belle amye
> Il te faut aultre devenir.
> Reprens ung nouveau souvenir
> Car denfance tu es delivre.
> Laage enseigne com on doit vivre.

Cette pièce comprend soixante-huit stances de sept vers; M. de Montaiglon l'a reproduite dans son recueil d'*Anciennes poésies françoises,*

t. 7, p. 204. Il en signale deux éditions, celle de 14 ff. (à la Bibliothèque impériale) et une autre, petit in-8, qui se trouve dans la collection Cigongne (n° 1317).

Cette dernière présente des coupures nombreuses et des variantes.

SUFFRAGES (LES GRANDS).

Paris, Verard, s. d. (vers 1499), in-8°, 192 ff.

La Bibliothèque impériale possède un exempl. sur vélin, acquis en 1807 au prix fort modéré de 27 fr. Van-Praët le décrit, t. 1, p. 178.

SUFFRAGES (LES) ET ORAISONS DES SAINTS ET SAINTES.

S. l. n, d. (vers 1500), in-4° 54 ff.

L'ouvrage se termine par les vers suivants :

« En la parfin de lœuvre louer dieu
Chacun de nous doit pour avoir sa grace
A luy doncques pour ce quil luy a pleu
Me donner temps de ce faire et espace
Je rens grace luy priant quil efface
Tous nos meffaiz affin qua lexamen
Du grant iuge Sathan ne nous mefface
Pour nos pechez nous dirons tous Amen. »

Van-Praët décrit, t. 1, p. 179, l'exempl. sur vélin de la Bibliothèque impériale. Il est indiqué au catalogue imprimé (Théologie, t. 1, p. 263, n° 943) comme étant de 1490.

Il est vraisemblable que ce volume était destiné à faire partie de quelque édition des Heures.

SURSE DE PISTOYE. *Controuersie de noblesse plaidoyee entre Publius Cornelius Scipion dune part. Et Cayus Flaminius de autre part. Laquelle a este faicte et composee par vn notable docteur en loix et grant orateur nomme Surse de Pistoye.*

In-fol., 30 ff.

Cet ouvrage a été imprimé par Colard Mansion, à Bruges, vers 1475 ; les caractères sont ceux employés pour le *Jardin de devotion*, que nous avons déjà mentionné. A la suite de la *Controuserie* est *ung debat entre trois cheualeureux princes* (Alexandre, Scipion et Annibal), 9 ff. (Voir la *Notice* de Van-Praët sur Colard Mansion, p. 50).

La première de ces compositions débute ainsi : « Entre noz anciens maistres a este souvent dispute de noblesse. Car plusieurs ont cuidie quelle fust scituee en felicite de lignage. »

Le nom de l'auteur a été un peu défiguré par le traducteur français ;

il faudrait lire Bonacursius ; c'est ainsi que le désigne une édition latine du XVe siècle indiquée par Panzer. (Voir le *Manuel*, au mot SURSE.).

Le traducteur est Jean Mielot, de Saint-Pierre de Lille, et secrétaire du duc de Bourgogne, Philippe le Bon ; il a laissé un certain nombre de manuscrits, à l'égard desquels Van-Praët (*Notice sur Colard Mansion*, p. 106 et 117) entre dans des détails étendus. On peut consulter la même notice, p. 34, au sujet des exemplaires de la *Controversie;* elle en signale quatre, immobilisés aujourd'hui dans des dépôts publics : celui de la Bibliothèque impériale (provenant de Van der Cruyce, de Lille), celui de la bibliothèque de Bruges (Van-Praët l'y déposa en 1828), celui que possédait Van-Praët et qui avait appartenu au baron d'Heiss et qu'il a légué à la Bibliothèque impériale ; enfin celui de la bibliothèque Mazarine.

> Deux exempl., indiqués, l'un au catalogue Van Damme (1764), adjugé à 2 fl. 18 s. seulement, et l'autre qui figure au catalogue Van Asten Delft (La Haye, 1765), sont peut-être compris parmi ceux que nous venons de signaler.

Le *Debat entre trois valeureux princes* est encore plus rare que la *Controversie ;* Van-Praët n'en cite que trois exempl., celui de la Bibliothèque impériale, et deux qui lui ont appartenu, et dont il a également disposé de la manière que nous venons d'indiquer. La bibliothèque Mazarine n'a que la *Controversie,* le *Debat* lui manque.

SYDRACH. *La Fontaine de toutes les sciences.*

Paris, A. Verad (*sic*) 1486, in-fol, 22 et 161 ff.

C'est un des volumes les plus correctement exécutés qui soient sortis de la librairie de Verard.

> 425 fr. Bertin, n° 122, (rel. en mar. rouge par Trautz-Bauzonnet), revendu 410 fr. Solar, n° 470.

— Paris, Verard, s. d. (mais en 1499 au plus tard, lorsque le célèbre libraire demeurait encore sur le pont Notre-Dame).

> Van-Praët, t. 3, p. 22, décrit un exemplaire sur vélin que possède la Bibliothèque du Roi ; payé 200 fr. Gaignat et 300 fr. Mac-Carthy.

L'ouvrage commence ainsi : « Au temps du roy Boetus en Orient roy dune grande province qui est entre ynde et perse, qui est appelée Bectorienne. »

M. Paulin Paris (*Manuscrits françois*, t. VI, p. 24-31) parle avec détail de ce livre ; c'est une des compositions demi-philosophiques, demi-astrologiques faites en Espagne vers le XIIe siècle. Voir aussi le *Bulletin du Bibliophile*, 1836, p. 439 1846, p. 612, et l'*Analecta biblion* de M. Du Roure, t. 1, p. 231. Le cadre du livre est formé par les réponses que Sydrach fait aux demandes du roi Bocchus. L'ouvrage est indiqué comme ayant été écrit en chaldéen, et traduit en grec par un prêtre nommé Démétrius. On ajoute qu'un roi maure le fit passer en langue arabe. Toutes ces assertions sont supposées, mais il est difficile de bien préciser l'origine de cette singulière composition; les rédactions hollandaise (Leyde, 1495) et anglaise (s. l. n. d., in-4) paraissent dériver du texte français. Voir, à l'occasion de cette dernière, Warton, *History of english poetry*, édit. de 1824, t. 1, p. 147. Sydrach se montre aussi en langue allemande ; en Italie il devient un *famoso filosofo e astrologo de science*, et il s'entretient avec le roi Betusa.

Il y a tout lieu de supposer que le livre de Sydrach est d'origine espagnole et qu'il a pour auteur un médecin arabe converti au christianisme. Comme échantillon de sa science, il suffira de citer une des demandes qu'offre le livre dont il s'agit : « Qui vit plus que chose que soit ? L'aigle et le serpent. Le serpent vit plus de cent ans, et chacun cent ans luy naist une goutte en la teste du grand d'une lentille, et quant il a accompli les mille ans, il devient un fier dragon. »

Parmi beaucoup d'inepties il y a quelques passages remarquables. Le roi demande s'il faut juger les pauvres comme les riches. Sydrach répond que les riches doivent être jugés plus sévèrement, car leurs méfaits sont plus grands, puisqu'ils ont plus grand pouvoir de bien faire.

TAILLEVENT. *Cy apres sensuyt le viandier pour appareiller toutes manieres de viande.*

S. l. n. d., in-4, 38 ff.

> Cette édition, qui paraît avoir été faite à Paris vers 1495, est décrite au *Manuel;* un exempl., le seul qui semble avoir passé en vente publique, 16 fr. Baron; 81 fr. Huzard, n° 703 (relié en carton).

Le titre indique qu'il s'agit des procédés que Taillevent, queulx du roy, fit pour abiller et appareiller boully, rousty, poissons de mer et d'eau doulce; saulces, espices et aultres choses a ce convenables et necessaires.

— S. l. n. d., in-4, 26 ff., caractères de Pierre Schenck qui imprimait à Vienne en Dauphiné, vers 1490.

> Le *Manuel* décrit un exemplaire qui fut adjugé à 20 fr. à la vente Brienne, en 1797, et qui vaudrait aujourd'hui 250 fr. tout au moins.
>
> Une autre édition de 26 feuillets n'est connue que par un exemplaire imparfait du frontispice que possède la bibliothèque de l'Arsenal.

M. Péricaud (*Nouvelles Recherches sur les éditions lyonnaises du XVe siècle*, 1841, p. 24) signale une édition sans date, chez feu Barnabé Chaussard ; elle n'est pas du XVe siècle, puisque Chaussard travailla jusqu'en 1505. Nous trouvons au catalogue Coste, n° 539, un *Taillevent* imprimé chez feu Barnabé Chaussard en 1500, in-16, adjugé à

280 fr. (joli exempl., malgré un raccommodage au dernier feuillet, relié en mar. bleu par Bauzonnet). Il paraît que la véritable date est 1515, et il n'est pas douteux qu'il ne se trouve également une faute d'impression dans le catalogue Heber, qui indique sous la date de 1545 un Taillevent, Lyon, Barnabé Chaussard.

Consulter l'*Analecta biblion* de M. du Roure, t. 1, p. 167, et un article de M. le baron Jérôme Pichon dans le *Bulletin du Bibliophile*, 1843, p. 253.

Dans une édition de Taillevent, Lyon, 1604, on trouve le récit de divers *chapelets* (services) faits vers le milieu du XVIe siècle, et qui constatent à quel point le luxe de la table était porté à cette époque. Cette édition et plusieurs autres renferment de plus *le Livre de honneste volupté, contenant la maniere d'habiller toutes sortes de viandes.* Plus récent que l'écrit de Taillevent, ce *livre* est plus splendide ; on y trouve un menu ou écriteau de cent quatre-vingts mets divers, et la table générale en présente 378.

Quelques pâtisseries avaient alors des noms qui paraîtraient aujourd'hui fort inconvenants, mais qui ne choquaient personne au XVe siècle.

Ce n'est pas ici qu'il serait à propos d'entrer dans quelques détails bibliographiques sur les livres relatifs à ce que Montaigne appelle l'*art de la gueule;* nous nous bornerons à dire que les Chinois possèdent en ce genre un ouvrage en 742 volumes, dû à un artiste célèbre nommé Sobohok (*Bibliothèque universelle de Genève*, n° 42, p. 320). Signalons aussi les *Tablettes gastronomiques de Saint-Pétersbourg, rédigées par un amateur et précédées d'une liste d'ouvrages à consulter*, par le prince Labanoff; Saint-Pétersbourg, 1856-58, 2 vol. in-8. Nous n'avons pu rencontrer cet ouvrage, qui n'a été tiré qu'à cent exempl. non destinés au commerce, et nous ne le connaissons que par la mention qu'en fait le *Manuel*. On y trouve 320 menus servis à Saint-Pétersbourg de 1841 à 1857.

TARDIF (Guillaume). *Le Livre de lart de la fauconnerie.*

Paris, A. Verard, 1492, in-fol. 41 ff.

L'exempl. La Vallière ne fut vendu que 5 fr. (n° 2133). A la vente Huzard, en 1836, un autre fut adjugé à 300 fr., et ce prix serait sans doute bien dépassé aujourd'hui pour un bel exemplaire.

Van-Praët, t. 3, p. 59, décrit l'exempl. sur vélin que possède la Bibliothèque impériale.

— Paris, J. Trepperel, s. d. (vers 1500), in-4., 30 ff.

Un exempl., relié en maroquin, 1,000 fr. de Bure, en 1853, n° 413. C'est le seul dont nous connaissions une adjudication.

Dans son épître dédicatoire à Charles VIII, Tardif dit avoir composé son écrit avec des traductions des ouvrages du roi Danchus, de Moamas, de Guillinus et de Guicenus, personnages imaginaires ou dont les noms sont étrangement défigurés.

On connaît quatre réimpressions de *Lart de faulconnerie* dans les premières années du XVIe siècle ; elles démontrent que cet ouvrage répondait à l'attente d'un public nombreux. D'autres éditions se succédèrent au XVIIe siècle ; nous en avons vu une datée de 1628. Outre les ouvrages imprimés de Tardif, il en existe d'autres restés manuscrits (Voir Robert, *Fables inédites des XIIe et XIIIe siècles*, t. 1, p. CLXXVII, note 2). Nous nous garderons bien de parler de la *Basis grammaticæ*, et de divers autres écrits qui n'offrent aucun intérêt.

TEMPLE (LE) DE MARS (par J. Molinet).

S. l. n. d., in-fol. 7 ff. Livret imprimé en Belgique ou à Cogne, vers 1480.

> Un exempl. 101 fr. à la vente du fonds de la librairie de Bure (2e partie, n° 1741) ; 460 fr. Essling, n° 69 (rel. de Duru en mar. rouge) : cet exempl. figure au cat. Cigongne, n° 587.

Ce petit poëme de quarante stances de huit vers se termine par deux vers où, suivant un usage alors assez répandu, l'auteur fait un jeu de mots sur son nom :

> « S'il est trop obscur ou brunet,
> Chascun na pas son mollin net. »

> Une autre édition, publiée à Paris par Jehan Trepperel, s. d., in-4° de 8 ff., paraît remonter à 1499 tout au moins. Un exempl. s'est trouvé chez MM. de Bure et s'est payé 40 fr.
>
> Le *Manuel* décrit trois autres éditions imprimées à Paris, sans date, et qui sont de la fin du quinzième siècle ou du seizième.

Le style de ce poëme est parfois bizarre ; on en jugera par une citation fort courte :

> « Le chant de ce temple est allarme,
> Les cloches sont grosses bombardes,
> L'eau benoiste est sang et larmes,
> L'asperges un bout de guisarme,
> Les chappes sont harnas et bardes,
> Les processions avant-gardes. »

TESTAMENT DE TASTEVIN, ROY DES PIONS.

In-4, 4 ff.

> Pièce de vers composée de seize octaves et imprimée vers 1490. Un exempl. (relié en mar.) 126 fr. Coste, n° 789 ; il se retrouve au cat. Cigongne, n° 724.

Le *Manuel* signale deux autres éditions sans lieu ni date, l'une de 4 ff., in-4º, l'autre in-8º.

Cette facétie a été sans doute jugée piquante, car il en a été fait deux réimpressions modernes ; l'une en 1829, in-16, 4 ff.; l'autre fac-simile lithographique à 40 exempl. M. A. de Montaiglon l'a d'ailleurs insérée dans ses *Anciennes poésies françoises*, t. 3, p. 77-83.

Tastevin recommande de l'enterrer au fond d'une taverne et de planter sur sa cervelle un cep de la meilleure vigne; il lègue sa bourse vide aux quatre mendiants, et son pourpoint qui ne lui a servi que neuf ans, au roi des truands.

Voici la première strophe de cette facétie, plus spirituelle que bien d'autres de la même époque :

> « Au nom du pot au nom du verre
> Au nom de la grosse boteille
> A qui comme bien povez croire
> J'ay maintes fois tiré l'aureille
> J'ay une rage nompareille
> Quant mourir me fault maintenant
> Et mon confesseur me conseille
> De mettre à fin mon testament. »

TESTAMENT (LE NOUVEAU) *et la declaration dicelluy faicte et composee par Julien Macho et Pierre Farget.*

Lyon, Barthélemy Buyer, s. d., in-fol. à deux colonnes.

Le *Manuel* décrit cette édition précieuse; elle n'a été vendue que 100 fr. La Vallière (mar. rouge), nº 69, et 51 fr. Mac-Carthy, mais elle serait bien plus chère aujourd'hui ; déjà en 1829 un exempl. était monté à 9 liv. st. 9 sh. à la vente Hibbert.

Ce volume se trouve à l'Arsenal et à la bibliothèque Sainte-Geneviève. M. Coste ne parvint pas, malgré tous ses efforts, à s'en procurer un pour sa collection lyonnaise (1).

— Lyon, B. Buyer, in-fol., 301 ff.

On peut rapporter cette édition à l'an 1473, car on y retrouve les mêmes caractères que ceux qui ont servi à l'impression du *Lotharius*, mis au jour cette même année par cet imprimeur. Cette édition est à

---

1. Consignons aussi, d'après le *Bibliophile* de Londres, copié dans le *Journal de la Librairie* de 1863 (*Chronique*, p. 174), qu'il a été vendu cette année à Paris, à la salle Silvestre, un *Ancien Testament* publié à Lyon par Buyer en 1472. Un libraire anglais, M. Ellis, resta acquéreur de ce précieux volume au prix de 1850 fr. ; M. A. F. Didot avait soutenu l'enchère jusqu'à 1,800 fr. Ce serait le premier livre français imprimé à Lyon, et même en France.

longues lignes, et comme elle a des signatures, on peut la regarder comme venue après celle que nous avons déjà mentionnée.

 211 fr. Gaignat (bel exempl., mar. jaune), revendu 90 fr. seulement La Vallière, n° 70 ; 1,075 fr. Solar, n° 35, très-bel exempl. (relié en mar. bleu par Trautz-Bauzonnet), acheté par le duc d'Aumale.

 Une traduction du Nouveau Testament par Guyart des Moulins figure parmi les manuscrits de la Bibliothèque impériale, n° 6830.

THERAMO (JACQUES DE) (OU ANACHARO). *Proces de Belial alencontre de ihesus.*

 S. l., 1481, 164 ff. Volume probablement imprimé à Lyon.

 On n'en cite aucune adjudication.

 — 1482. In-fol., Autre impression lyonnaise; elle est également d'une extrême rareté.

 — Paris, in-fol., 163 ff.

 Un exempl. imparfait figure aux catalogues Gaignat et La Vallière, 9 fr. seulement, n° 648.

 — Lyon, Matthieu Husz, 1484, in-fol.

 Un exempl. à la bibliothèque de Genève.

 — Lyon, M. Husz, 1487, in-fol.

 42 fr. de Bure, en 1834 ; 72 fr. Coste, n° 97 (mar. rouge), exempl. piqué ; 6 liv. st. Libri, en 1839, n° 2633 (rel. par Derome, en maroquin).

 — Lyon, J. Fabri, 1485.

 Édition qui n'est signalée que par Maittaire et dont l'existence n'est pas bien constatée.

 — Lyon, J. Fabri, 1490, in-fol.

 Le *Manuel* décrit cette édition, dont il ne cite aucune vente.

 — Lyon, J. de Vingle, 1494, in-fol.

 Une édition de Paris, 1481, in-fol., mentionnée par d'anciens bibliographes, est fort douteuse.

Ces huit ou neuf impressions successives (sans parler de celles du commencement du XVIe siècle) démontrent combien un livre qui nous paraît aujourd'hui ridicule et bizarre s'empara de l'attention publique. Le sujet est « ung proces esmeu par une maniere de contemplacyon entre Moyse procureur de Ihesucrist dune part et Belial procureur denfer de lautre part. » Le frère Pierre Forget, de l'ordre des Augustins, le traduisit en français « pour la consolacion des pouvres pecheurs », et le livre porte aussi le titre de *Consolation*. L'auteur fut archevêque de Florence. Parmi les auteurs qui ont parlé avec quelques détails de son livre, citons M. Quérard, *Auteurs apocryphes*, etc. (t. 1, p. 36), qui reproduit une analyse extraite d'un feuilleton (aujourd'hui bien difficile à trouver sans doute) du *Journal des Défenseurs de la patrie*, 1er floréal an XI. Le *Belial* nous rappelle un curieux ouvrage du poëte dramatique allemand Ayrer : *Historischer processus juris* (Francfort, 1601, in-fol.), pièce qui roule sur un procès entre Jésus-Christ et le diable, lequel se plaint du tort que lui fait la destruction de l'enfer.

Dans les diverses traductions du *Belial*, le texte est accommodé aux formes judiciaires des différents pays. Ainsi la version française fait connaître la façon de procéder au XVe siècle. Les gravures en bois sont singulières, mais elles exposent toute la marche de la procédure. On voit les diables habillés en huissiers, en sergents, en procureurs, en greffiers, en avocats consultants de l'enfer.

Le diable plaide sa cause lui-même. On entend les témoins ; David, Isaïe, Ezéchiel, saint-Jean-Baptiste sont du nombre ; leur témoignage est favorable à Jésus-Christ. Satan en appelle au juge souverain, à Dieu le père : il y a là un cas de parenté qui justifierait une récusation, mais le diable ne la propose pas ; il offre un compromis et demande un arbitrage. Aristote est arbitre du côté de Jésus-Christ, Jérémie l'est du côté du diable ; Isaïe décide ; il va sans dire que Bélial est condamné.

C'est à une pensée semblable à celle de Theramo qu'est dû un poëme du XVe siècle, attribué à Jean Justice, chanoine de Bayeux ; l'*Advocacie Nostre Dame*; M. Chassant en a publié de longs extraits (Paris, Aubry. 1856). C'est dans la même classe que rentre une composition dramatique à vingt-quatre personnages et en vers, le *Proces qua faict Misericorde contre Justice pour la redemption humaine;* on n'en connaît qu'un seul exempl., celui de La Vallière, vendu 62 fr., n° 3385. Nous avons d'ailleurs déjà mentionné ce rarissime volume.

THÉRENCE, en françois, prose et rime, avec le latin.

Paris, Verard, s. d. (vers 1500), in-fol.

<small>21 fr. (mar.) La Vallière, n° 2584; 3 liv. st. 3 sh. Heber; 158 fr. Soleinne (mar., reliure de Bauzonnet), n° 124.</small>

<small>Un superbe exemplaire sur vélin, celui sans doute qui a été offert à Louis XII, est à la Bibliothèque impériale. Il est décrit dans Van-Praët, *Catalogue*, t. 4, p. 96.</small>

Il paraît qu'il a existé deux anciennes traductions de Térence, l'une faite en 1466 par Guillaume Rippe, secrétaire de Louis XI ; l'autre par Gilles Cybile (Goujet, *Bibliothèque*, t. 4, p. 399) ; l'une d'elles est très-probablement celle qui a été imprimée pour compte de Vérard, mais avec des rajeunissements pour la partie en prose. Les *rimes* sont attribuées à Octavien de Saint-Gelais.

Les figures sur bois qui ornent l'édition de Vérard méritent quelque attention. M. A. F. Didot, dans l'*Essai* que nous avons déjà cité, dit

(p. 127) que le dessin ne manque pas de mérite, et la gravure a une certaine finesse; elle ne peut cependant être comparée aux compositions qui décorent l'édition de Térence publiée par Treschel à Lyon en 1493. De son côté, M. Renouvier s'exprime en ces termes : « Si l'on consent « à ne pas chercher dans les personnages Dave, Dromo, Mysis et Pan- « phile de l'*Andrienne*, mais seulement Lambert, escuyer; Grossart, bour- « geois; Isabelle, damoiselle, et dame Sybille, ostelière d'un miracle de « Nostre-Dame, vous ne pouvez qu'être émerveillé des mines, des tour- « nures et des costumes des acteurs. »

TRAICTE DE LA PAIX FAICTE ENTRE LE ROY DE FRANCE ET LE ROY DANGLETERRE.

In-4, 6 ff.

La date de ce traité est du 30 novembre 1492. Un exemplaire dans un recueil de onze pièces relatives au règne de Charles VIII, adjugé à 2,099 fr. vente Coste, n° 1466 (relié en mar. par Bauzonnet). Ce volume provenait de la vente Heber, partie 2, n° 1362.

TRAICTE DE PAIX DARRAS *du 8 avril* 1483.

Gand, Arnauld de Keysere, in-fol., 12 ff.

Le *Manuel* nous apprend que cet opuscule, resté inconnu aux bibliographes, s'est trouvé chez un libraire de Cologne, et que M. F. Vanderhaeghen, auteur d'une *Bibliographie gantoise* justement appréciée, en est devenu propriétaire, moyennant le prix de 480 fr. C'est la plus ancienne production de la typographie à Gand.

TRAICTEZ DE LA PAIX ENTRE LE ROY LOYS XI ET LE DUC D'AUTRICHE, *faict le* 24 *decembre* 1482.

In-4, 26 ff.

Cet opuscule, imprimé sans doute au commencement de 1483, est décrit au *Manuel* (5° édition, t. 5, col. 921). Un exempl. est à la bibliothèque Sainte-Geneviève. Un autre 155 fr. Solar, n° 2655, acquis par la Bibliothèque impériale. Une autre édition, 17 feuillets, in-4°, figure dans un recueil que possède la bibliothèque de Nantes et dont nous avons déjà parlé.

TRAICTIE (UNG PETIT) DES EAUX ARTIFICIELLES *et les vertus et proprietes dicelles proufitans aux corps humains.*

Le *Manuel* indique des adjudications anciennes de 15 à 50 fr. Du Verdier mentionne une édition, Lyon, Guillaume Le Roy, 1483, qu'on ne retrouve plus.

TRAITÉ ENTRE CHARLES VIII ET LE ROY DES ROMAINS.

In-4, 12 ff., même recueil. Une autre édition de ce traité, in-4, 14 ff.

81 fr. (rel. en mar.) Coste, n° 1465, revendu 100 fr. Salmon.

TRAITTIE INTITULÉ LES INVECTIUES (sic) CONTRE LA SECTE DE VAUDERIE.

S. l. n. d., in-fol., 56 ff.

Ce volume, imprimé à Bruges par Colard Mansion, n'a point d'intitulé; on peut lui donner celui que nous transcrivons d'après la table des rubriques : c'est un écrit polémique très-violent contre les hérétiques qui s'étaient répandus dans les Flandres et dans l'Artois au XVe siècle, et qui furent poursuivis avec la plus grande rigueur. L'auteur est ignoré. L'ouvrage fut d'abord écrit en latin, « puis en françois par maniere de inuective. » Il débute ainsi : « Pour obvier detester et surtout extirper et destruire les sectes des ydollastres hereses... » (Voir la *Notice* de Van-Praët, p. 45.)

On ne connaît qu'un seul exemplaire, celui de la Bibliotheque impériale, acquis en 1725 pour 2 liv. 5 sols, à la vente Colbert, et qui aujourd'hui obtiendrait peut-être 2,000 fr.

TRESOR (LE) DES HUMAINS.

Paris, 1482, in-fol. (sans nom d'imprimeur), 4 et 66 ff.

Un exemplaire sur vélin se trouve à la bibliothèque Sainte-Geneviève; il est décrit dans le second catalogue de Van-Praët, t. 1, p. 189.

Le titre détaillé fait connaître que l'ouvrage « traite de la maniere
« dinstruire les enfants en la foy catholique et de leur desclairer toutes
« les lois tant chrestiennes que speculatives de tous estatz mestiers et
« marchandises, de l'estat de religion, des elemens et quatre complexions,
« de laduuement de antechrist, des quinze signes du iugement et de
« la fin du monde de la dessance et des peines des dannes. Et de plu-
« sieurs autres belles matieres et enseignemens tres utiles et proffitables
« pour le salut de toute creature. — Lequel liure a este veu et corrige
« a Paris par plusieurs grands clercs docteurs tant en theologie quen
« autre science. »

TRESPASSEMENT (LE) NOSTRE-DAME.

Brehant Lodéac, Robin Foucquet et Jehan Crez, 1484, in-4, 7 ff., opuscule en vers. Il commence ainsi :

« Benoiste soit leure et le iour. »

Un exemplaire existe à la Bibliothèque impériale.

TRISTAN DE LEONNOIS.

Rouen, Jehan Le Bourgeois, 1489, 2 t. in-fol.

28 liv. st. (le dernier feuillet manquant) Heber; 990 fr. Essling, n° 170 (relié en maroquin par Duru, et acquis par M. Payne, libraire à Londres); 3,100 fr. Solar, n° 1847 (relié en maroquin rouge par Bauzonnet, acquis par M. Giraud de Savines).

— Paris, Verard (vers 1496), 2 vol. in-fol.

37 fr. La Vallière (exemplaire piqué); 32 liv. st. 10 sh. Heber.

La Bibliothèque impériale possède un exemplaire sur vélin du premier volume; un exemplaire complet faisait partie de la bibliothèque du comte de Thott, léguée à la Bibliothèque royale de Copenhague; un autre exemplaire a successivement passé dans les bibliothèques Gaignat 193 liv., La Vallière 400 liv., Mac-Carthy 755 fr., 38 liv. st. 17 sh. Hibbert.

Voir Van-Praët, t. 4, p. 255-258.

Un exemplaire sur papier se trouve dans la bibliothèque de la ville de Lyon (voir le catalogue rédigé par Delandine, *Belles-Lettres*, t. 2, p. 37, n° 5068); un autre, porté au catalogue Hohendorf, n° 2558, est à la Bibliothèque impériale de Vienne.

L'auteur annonce qu'il a écrit « pour exciter et esmouvoir les cœurs des nobles a glorieusement et vertueusement vivre et soy conformer aux mœurs. »

La Bibliothèque impériale possède divers manuscrits du poëme qui a servi de base à ce roman, et qui fut l'œuvre de Luces de Gast.

Le comte de Tressan a donné une analyse de cette composition dans la *Bibliothèque des romans*, avril 1776, t. 1, p. 53-238; elle a reparu dans ses *Extraits des Romans de chevalerie*, 1782, t. 1, p. 5-183, et elle a été réimprimée à part avec Huon de Bordeaux, an VII, 3 vol. in-18. Signalons également un article de l'*Edinburg Review*, t. 4 (1804); un du *Foreign Review*, n° 7, juillet 1824; l'*Histoire littéraire de la France*, t. 19, p. 782; l'*Histoire de la littérature provençale*, par M. Fauriel, t. 2; un extrait rapide dans l'ouvrage de M. Delécluze, *la Chevalerie*.

Les *Mélanges tirés d'une grande bibliothèque*, t. 8, p. 174, parlent du roman de Tristan, mais le sujet est épuisé dans l'excellente édition publiée par M. Francisque-Michel des poëmes relatifs à ce paladin et composés en français, en anglo-normand et en grec dans les XIIe et XIIIe siècles (1835), 2 vol. pet. in-8 [1].

Une traduction allemande eut deux éditions en 1484 et en 1498; une en espagnol fut publiée à Valladolid en 1501, à Séville en 1528 et en 1534.

---

[1]. Voir la *Revue des Deux-Mondes*, 1er septembre 1836, le *London litterary Gazette*, n° du 9 avril 1836, et le *Foreign Quarterly Review*, mars 1836.

Les Anglais se sont occupés avec prédilection de Tristan ; ajoutons aux articles déjà signalés celui qui se trouve dans le *Foreign and continental Miscellany*, n° 7, July 1829, p. 141-169.

TRIUMPHE DES NEUF PREUX (LE LIURE INTITULE LE) AUEC LYSTOIRE DE BERTRAND DU GUESCLIN.

Abbeville, Pierre Gérard, 1487, in-fol.

> 40 fr. (relié en veau) Du Fay, n° 2392 ; 150 fr. La Vallière, n° 4062 ; 11 liv. st. 11 sh. Heber; 595 fr. Revoil, avec 4 ff. ms.; 330 fr. Essling, n° 237, avec 2 ff. ms. (les 3e et 4e, qui contiennent la dédicace à Louis XII), ancienne reliure en maroquin bleu.
>
> Le *Manuel* décrit cette édition très-rare. Un exemplaire catalogue de la Bibliothèque du Roi, t. 2, p. 156.

Les portraits en pied des preux (Josué, David, Judas Macchabée, Hector, Alexandre, César, Arthus, Charlemagne, Godefroy de Bouillon) leur donnent le costume qu'on a depuis adopté pour les cartes à jouer.

Une analyse de cette composition se trouve dans la *Bibliothèque des Romans* (juillet 1775, t. 1, p. 141). Elle était de nature à plaire en Espagne ; aussi fut-elle traduite par Rodriguez et imprimée à Lisbonne en 1530, à Barcelone en 1586.

TROIS (LES) MORTZ ET LES TROIS VIFZ (*avec la Complaynte de la Damoyselle*).

S. l. n. d. (Paris, vers 1495), in-4, 6 ff.

> Livret en vers fort rare. 34 fr. 50 vente B. D. G., en mai 1824 ; 2 liv. st. 8 sh. Heber.
>
> Cette édition est, nous le croyons, la seule qui donne séparément cet opuscule.

Un exemplaire au catalogue Cigongne, n° 729. C'est d'après lui, et en comparant le texte avec le manuscrit 7310 de la Bibliothèque impériale, que M. A. de Montaiglon l'a reproduit en vers, dans son recueil d'*Anciennes poésies françoises*, t. 5, p. 60. Le *Dit des trois Morts* figure dans les diverses éditions de la *Danse macabre*, et il est également inséré dans l'édition de l'*Alphabet de la mort* publiée en 1858 par M. Tross, libraire à Paris. La préface, qui est due à la plume de M. de Montaiglon, entre dans quelques détails bibliographiques au sujet de cette production, dont voici le début placé dans la bouche d'un mort :

> « Se ne vous aportons nouvelles
> Qui ne soient bonnes ou belles
> Ou plaisans ou a desplaisance
> Prendre vous fault en pacience
> Car ne peult estre aultrement
> Beaulx amis tout premierement. »

Un savant archéologue anglais, Francis Douce, a parlé avec détail des *Trois morts et des trois vifs* dans son curieux ouvrage sur les danses des morts, *The Dance of death* (London, Pickering, 1833, in-8.), p. 31-33 et 228-230. Il fait remarquer que ce récit est reproduit dans de nombreuses éditions des *Danses des morts* et dans un grand nombre d'*Heures* imprimées. En se bornant à celles qui se trouvent dans sa collection (1), Douce signale celles *ad usum Sarum*, 1495; Paris, Higman, 1506; *ad usum Traject.*, 1513; *Breviarium ad usum Sarum*, Paris, 1516, in-fol.; Paris, Kerver, 1522, 1525 et 1535; Paris, Regnault, 1531 et 1535; Paris, Hardouin, 1537, etc. Il y a de grandes différences dans la manière dont le sujet est représenté dans les gravures sur bois.

TROYS (LES) GRANS, *cestassauoir Alexandre Pompee et Charlemaigne*.

S. l. n. d. (vers 1500), in-4, 9 ff.

On ne connaît qu'un exemplaire de cet opuscule, qui faisait partie d'un recueil porté au catalogue Rothelin en 1754 (n° 3631), et qui, après avoir passé en Angleterre, est revenu en France, où il a été divisé; l'exemplaire dont il s'agit, et qui est décrit au *Manuel*, est entré dans la belle collection de M. Yémeniz, à Lyon.

Ce livre se compose de trois monologues ; chaque *grand* expose les principaux événements de sa vie.

VALENTIN ET ORSON.

Lyon, Jacques Maillet, 1489, in-fol., 136 ff.

Le *Manuel* décrit cette édition très-rare; il n'en cite aucune adjudication. Nous en trouvons deux dans nos notes; elle a été payée 591 fr. (reliée en mar. bleu par Bauzonnet) à la vente Cailhava, en 1825, n° 542 *bis*, et 18 liv. st. 18 sh. à Londres, en mai 1848. Un exemplaire est à la Bibliothèque impériale.

— Jacques Arnoullet, 1495, in-fol. Edition que l'on ne connaît que d'après le témoignage des *Annales typographici* de Maittaire.

On peut juger du prix qu'obtiendraient ces éditions, si elles venaient à se présenter en vente, en se rappelant qu'une autre édition lyonnaise de 1505 s'est élevée à 3,000 fr. à la vente Double, en mars 1863.

La *Bibliothèque des Romans* (mai 1777, p. 160 à 215) renferme une analyse de ce roman qui n'est qu'une grossière contrefaçon du poëme

---

1. La bibliothèque Douce, riche en manuscrits, en ouvrages du XVIe siècle, en livres curieux, en facéties devenues rares, a été léguée à la bibliothèque Bodléienne, à Oxford. Un catalogue, rédigé avec soin et imprimé avec luxe, forme un volume in-folio.

de Cleomades (par Adenès), analysé par M. Paulin Paris dans l'*Histoire littéraire de la France*, t. 20. Voir aussi une appréciation de M. Saint-Marc-Girardin, *Cours de littérature dramatique*, t. 3, p. 213. Ce récit jouit d'ailleurs dans toute l'Europe d'une grande popularité; il en existe des rédactions anglaises et allemandes souvent réimprimées; il pénétra jusqu'en Islande, et Lope de Vega le prit pour sujet d'une de ses *comedias*. Consulter également l'*Histoire des livres populaires*, t. 2, p. 472, par M. Ch. Nisard.

VALERE LE GRANT, translate en françois.

S. l. n. d., 2 vol. in-fol.

On ne connaît pas l'imprimeur de cette traduction qu'on suppose avoir été mise sous presse de 1476 à 1482. Selon Peignot, qui n'est pas une autorité bien imposante, la traduction a été faite en Belgique (*Catalogue de la bibliothèque des ducs de Bourgogne*, 1830, p. xviii). 150 fr. La Vallière, n° 5656; 280 fr. en 1826; 6 liv. st. Hibbert.

— Lyon, M. Husz, 1485, 2 vol. in-fol.

89 fr. Coste, n° 2574 (exemplaire relié en maroquin).

— Lyon, M. Husz, 1489, in-fol.

30 fr. La Vallière, n° 5656; 37 fr. Coulon, en 1827; 46 fr. Bignon, en 1836.

— Paris, Verard (vers 1500), 2 vol. in-fol., 179 et 172 ff.

Nous ne trouvons pas d'adjudication d'exemplaire sur papier.

Un exemplaire sur vélin, après avoir passé aux ventes Pâris, en 1792 (adjugé à 42 liv. st.), et Mac-Carthy (payé 1,400 fr.), est entré à la Bibliothèque impériale. Van-Praët le décrit, t. 4, p. 317.

On trouve dans le même dépôt une quinzaine de manuscrits de cette traduction, ou plutôt de cette paraphrase qui est l'œuvre (jusqu'au quatrième chapitre du septième livre) de Simon de Hesdin, de l'ordre de Saint-Jean de Jérusalem, et de Nicolas de Gonesse.

Une analyse de cette production dans les *Mélanges extraits d'une grande bibliothèque*, t. E, p. 357-375.

VALLE (LAURENT). *Apologues et fables*, translatees en françois.

Paris, Verard (vers 1490), in-fol.

Nous ne connaissons d'autre exemplaire ayant passé en vente que celui du duc de La Vallière (n° 3833), qui fut adjugé à 12 fr. et qui en vaudrait aujourd'hui 300 tout au moins. Un exemplaire sur vélin est à la Bibliothèque impériale. Van-Praët le décrit, t. 4, p. 156.

Cette traduction est de Guillaume Tardif, qui se nomme dans sa dédicace à Charles VIII. A la suite des apologues que Valla a empruntés à

Esope, on trouve les *Ditz des sages hommes* tirés de Pétrarque ; ils occupent les 14 derniers feuillets.

Nous transcrivons un de ces apologues, afin de donner une idée de ce livre fort peu connu :

« Le dixieme apologue est dung chien et dung bouchier. Et commence au latin. Canis quidam etc. Ung chien entra ung jor dedans la boucherie ou escorcherie dung bouchier lequel avoit ce mesme jor tue aucunes bestes. Cestui bouchier pour raison de certains affaires quil avoit pour le fait de sa boucherie sen alla en la ville et ne prit pas garde audit chien qui leans entre estoit. Lequel chien arracha le cueur dung beuf qui la estoit tout escorchie et sencourut auecqs sa proye. Le bouchier qui retournoit de ses affaires aduisa le chien qui emportoit ledit cueur et iouuoit des iambes pour le doubte de tripe de fagot de laquelle ledit bouchier lavoit autrefois desieune. Et tantost crya ledit bouchier. Maistre chien maistre chien. Souuiengne vous en chien. Vous me cuides auoir oste le cueur : mais certes vous le mavez donne. Car en quelque lieu que vous soies vous ne partirez point de mon cueur ains me souuiendra tousiours de vous pour vous rendre le plaisir quant je pourray.

Sens moral.

Le dessusdit apologue veult innuer et donner a entendre que tel cuide faire aucunefois domaige a autrui qui lui fait plaisir et prouffit. Car par ce que celui qui le domaige a eu se voit interesse il se donne de garde apres et euite le domaige advenir. »

VEGECE (LART DE CHEUALERIE SELON), *lequel traite de la maniere que les princes doiuent tenir au fait de leurs guerres et batailles.*

Paris, A. Verard, 1488, in-fol., 105 ff.

185 fr. (relié par Kœhler en mar.) Essling, n° 395.

C'est un traité sur l'art de la guerre ; il s'y trouve bien des choses sur la chevalerie que Végèce ne soupçonnait certainement pas.

Le *Manuel* ne cite qu'une seule vente, celle du duc de La Vallière (n° 2094). Ce livre précieux fut abandonné pour moins de 17 fr.

La rédaction de cet écrit a été attribuée à Jean de Meung, mais Caxton, dans la traduction anglaise de ce même livre publiée en 1489, l'attribue à Christine de Pisan, et telle est aussi l'opinion de M. Paulin Paris, si bon juge en fait de questions relatives à la littérature du moyen âge.

L'ouvrage débute en ces termes : « Icy sont declairees les douze ver-
« tus que ung noble homme et de noble couraige doibt auoir en son
« cueuer et en sa memoire et en vser. »

VENGEANCE DE IESU CHRIST PAR PERSONNAGES.

Paris, A. Verard, 1491, in-fol., 212 ff.

Un exemplaire (relié en maroquin bleu) 1,050 fr. vente Soleinne, n° 555; il a été acquis par la Bibliothèque impériale. L'ouvrage, partagé en quatre journées, comprend environ 22,000 vers.

— Paris, Verard, 1493, in-fol., 212 ff.

Un bel exemplaire sur vélin est à la Bibliothèque impériale; il fut acheté 500 livres à la vente La Vallière, n° 3358. Van-Praët le décrit, t. 4, p. 219. Un autre à la Bibliothèque de l'Arsenal.

— Paris, Le Petit-Laurent, s. d. (vers 1498), in-fol., 176 ff.

49 fr. Heiss, en 1787, le dernier feuillet manuscrit; 266 fr. Soleinne, supplément, n° 76.

L'ouvrage débute en ces termes :

« Pour presenter au plus noble vivant
Tres chrestien bien eure roy de France
A esté fait ce liure contenant
Le mystere come Dieu print vengence
Des traistres iuifz qui par leur arrogance
Firent mourir le benoist iesuchrist. »

Trois autres éditions du commencement du XVIe siècle attestent quelle fut la vogue longtemps acquise à ce mystère.

Cette production, dont l'auteur n'est pas bien connu (on a signalé P. Blanchet), doit être attribuée à Jean Michel, auteur du *Mystère de la Passion*, d'après M. L. Paris, lequel dans son ouvrage sur les *Toiles peintes et les tapisseries de la ville de Reims* (Paris, 1843, 2 vol. in-4°), entre, à l'égard du mystère de la *Vengeance*, dans des détails tellement étendus, qu'ils occupent 305 pages in-4. — La *Bibliothèque du Théâtre françois* (t. 1, p. 66) ne donne qu'une analyse très-succincte; celle qui se rencontre dans l'*Histoire du Théâtre françois*, par les frères Parfaict (t. 3, p. 362-365), a été reproduite dans le *Dictionnaire des Mystères*, par M. le comte de Douhet (col. 996 et suiv.), ouvrage que nous avons déjà eu l'occasion de mentionner.

Le mystère se termine par un épilogue ou une moralité que vient débiter *le meneur du jeu ou ung predicateur lequel que on veult*.

VENTES (LES) DAMOURS.

S. l. ni d., in-4, 8 ff.

Il existe deux autres éditions de cet opuscule en vers, à l'égard duquel le *Manuel* donne des détails. On l'a attribué à Christine de Pisan, ce qui est fort douteux. Il est difficile de déterminer si ces impressions sont du XVe siècle ou du commencement du XVIe. M. Monfalcon (*Nouveau Spon*, 1857, p. 200) signale l'édition de 10 ff. in-4° comme donnée à Lyon avant 1500.

Un exempl. au catalogue Cigongne, n° 551. Une réimpression à 50 exemplaires a été publiée en 1830, à Paris, par M. Techener, libraire.

VERGIER (LE) CÉLESTE.

S. l. ni d. (mais Paris, avec la marque de Verard), in-8, 30 ff.

La Bibliothèque impériale possède un exemplaire sur vélin de ce livret en prose, « fait et compose par maniere dune familiere collocution « de lame deuote espouse de nostre Saulueur iesuchrist parlant feable- « ment a son doulx espoux iesu (1). »

VERTU (LA) DES EAUES ET HERBES, *et aussi plusieurs bons remedes contre plusieurs grandes maladies.*

Lyon, P. Mareschal et B. Chaussard, s. d. (vers 1495), in-4, 12 ff.

15 fr. Coste, n° 417 (relié en veau).
Le *Manuel* signale plusieurs réimpressions exécutées vers le commencement du XVIe siècle.

VIE DE IESUCRIST (LE LIURE NOME LA).

Lodéac, Robin Foucquet et Jehan Cres, in-4.

Un exemplaire de ce livre rarissime se trouve à la Bibliothèque impériale.

— Lyon, 1488, in-4, 92 ff.

Un exemplaire à la bibliothèque de l'Académie de Lyon; il est décrit au *Manuel*, t. 5, col. 1185. Il ne paraît pas s'être jamais montré en vente publique.

— Lyon, Jaques Arnoullet, 1495, in-fol., 62 ff.

Édition également décrite au *Manuel*, t. 5, col. 1185. Un exemplaire à la bibliothèque de Wolfenbüttel.

— Deux autres éditions, Lyon, 1501 et 1510, sont très-rares.

VIE DE MONSEIGNEUR SAINT ALBAIN, ROY DE HONGRIE.

Lyon, 1483, in-4, 30 ff.

5 fr. Courtanvaux, en 1767, et jusqu'à 40 liv. st. Lang, à ce que dit le *Manuel* (4e édit., t. 4, p. 612, et 5e édit., t. 5, col. 1188); mais il y a

---

1. Le *Manuel* décrit sous le titre de *Vergier amoureux* un livret de 10 ff. in-folio, imprimé à Paris par Gaspard Philippe, et dont on ne connaît qu'un seul exemplaire conservé dans la bibliothèque de Saint-Pétersbourg. Nous ne nous y arrêterons point, parce que nous croyons qu'il a été imprimé après 1500. C'est d'ailleurs un livre de dévotion à l'égard duquel M. Paul Lacroix a donné d'amples détails dans le *Bulletin du Bibliophile*, 14e série, p. 1608-1612.

là une erreur d'impression. Notre exemplaire, avec prix, de la vente Lang indique ce volume (n° 161) comme adjugé à M. Payne au prix beaucoup plus vraisemblable de 2 liv. st. 4 sh.

VIE DE NOSTRE BENOIT SAUUEUR IHESUSCHRIST.

S. l. n. d., in-fol., caractères de Guillaume Le Roy de Lyon.

Un exemplaire à la Bibliothèque impériale.

— S. l. n. d., in-fol., 29 ff. (Lyon, vers 1496). *L'Enfance de Notre-Seigneur* est un extrait de l'ouvrage précédent.

Un exemplaire à la Bibliothèque impériale.

On trouve au dernier feuillet : « Comment lenfant Ihesus fit de petis oyseaulx (1). »

VIE DE SAINT FIACRE EN BRYE.

Paris, J. Trepperel, s. d., in-4, 20 ff.

Un exemplaire, 120 fr. Bertin. Le *Manuel* indique une autre édition, 18 ff., s. l. n. d., et il signale une vie du même saint en vers de huit syllabes, Paris, Trepperel, s. d., dont M. Yémeniz est possesseur. 12 fr. La Vallière.

Une autre édition, Paris, Denis Meslier, vers 1500, in-4, 18 ff., est à la Bibliothèque impériale.

Voir les *Acta Sanctorum*, aug., t. 6, p. 604-620, et la vie de ce saint, par Ansart, Paris, 1782.

VIE DE SAINT IEHAN BAPTISTE.

S. l. ni d. (vers 1498), in-4, 6 ff.

Le texte consiste en 45 quatrains.

75 fr. (relié en maroquin) Crozet, en 1841. Il existe d'autres éditions : une en 5 ff., avec la marque de Trepperel ; une de Paris, s. d., 4 ff., figure au catalogue Cigongne, n° 736, et le n° 735 indique une édition de 6 ff., Rouen, Jacques Le Forestier.

VIE DE SAINCTE MARGUERITE (en vers).

S. l. n. d. (Lyon, vers 1475), 18 ff. (On connaît deux autres éditions, in-4 : l'une, 12 ff., porte la marque de P. Le Caron de

---

1. Cet épisode est le récit puéril d'un prétendu miracle raconté au chapitre 36 de l'*Évangile de l'Enfance*, dont un texte arabe est venu jusqu'à nous. Voir les *Évangiles apocryphes*, traduits et annotés par G. Brunet, 2e édition, Paris, librairie A. Franck, 1862, in-12, p. 86, et le *Dictionnaire des Évangiles apocryphes*, pubié par M. l'abbé Migne, 1856, t. 1er, col. 1001.

Paris, l'autre est de 14 ff.) Voir Breghot du Lut, *Lettres lyonnaises*, p. 56.

Il existe d'autres éditions du commencement du XVIe siècle ; elles ont acquis une grande valeur. Le *Manuel* en décrit plusieurs, mais il ne signale pas, ce nous semble, celle publiée à Paris par Alain Lotrian et Denis Janot, petit in-8, 12 ff. ; elle figure au catalogue Cigongne, n° 734.

> Une édit. in-8, 12 ff., 50 fr. Nodier, n° 341, en 1844, revendu 19 fr. 50 Taylor, en 1848, n° 173 ; 87 fr. Libri, en 1847, n° 483. Un manuscrit sur vélin de la fin du XIVe siècle, vente Cailhava, en 1845, n° 294.

Le *Bulletin du Bibliophile belge* (t. 4, 1847, p. 2-23) reproduit une vie de sainte Marguerite en 56 strophes. Une autre vie de cette sainte en ancien idiome anglais a été publiée dans le *Thesaurus antiquitatum septentrionalium*, de Hickes (Oxford, 1705), t. 1, p. 224; M. E. du Méril en cite le premier et le dernier vers. (*Poésies populaires latines du moyen âge*, p. 22.)

Cette légende est devenue un livre populaire, à l'égard duquel on peut consulter l'*Essai* de M. Jannet *sur les livres populaires*, inséré dans le *Journal de l'Amateur de livres*, 1848, et l'*Histoire des livres populaires*, par M. Nisard, 1864, t. II, p. 166. Sa vogue est attestée par de nombreux témoignages ; nous nous bornerons à citer ce vers de l'*Espadon satyrique*, de d'Esternod, où il est question d'une femme hypocrite (p. 113, de l'édition de 1863) :

« De sainte Marguerite elle sait la legende. »

Voir sur cette sainte les *Acta Sanctorum*, sept., t. 1, p. 582-595.

VIE DE SAINCT MATHURIN DE LARCHANT HISTORIÉE.

Paris, s. d., in-4, 16 ff.

En vers de huit syllabes. L'auteur dit qu'il a traduit son livre du latin et il se nomme à la fin.

> « Lan quatre cens quatre vingt
> Et neuf que on cueillit peu de vins
> En nouembre fut la vie faicte
> Selon la legende parfaicte
> Par messire Jehan vostre prestre
> Au dit Larchant ou voulust naistre
> Le tres noble sainct Mathurin. »

Le *Manuel*, qui cite ces vers, relève l'erreur de Cailleau, qui, en copiant un catalogue, a lu Bestre au lieu de *prestre* et donné ainsi une place dans son *Dictionnaire* à un écrivain chimérique. Peut-être l'auteur était-il un prêtre nommé Jehan Vostre, et parent du libraire Simon Vostre, qui exerçait précisément à la même époque un commerce actif.

VIE DES TROIS ROYS, JASPAR, MELCHIOR ET BAL-THAZAR, translatee en françois.

(Paris), Jehan Trepperel, 1498, in-4.

Le *Manuel* indique, d'après le témoignage des *Annales typographici* de Maittaire, ce volume qui ne se retrouve plus.

C'est probablement le même ouvrage que la *Noble et tres excellente histoyre des trois rois*, Paris, Pierre Le Caron, in-4, indiquée au catalogue La Vallière, n° 4234.

Les légendes et les écrits relatifs aux rois mages pourraient donner lieu à de longs détails bibliographiques ; nous nous bornerons à mentionner un livre populaire allemand à cet égard, publié par K. Simrock en 1844. Au point de vue du rationalisme, voir A. Maury : *Essai sur les légendes pieuses*, p. 202, et J. Reynaud, art. *Zoroastre*, dans l'*Encyclopédie nouvelle*.

VIE ET LEGENDE DE MONSEIGNEUR SAINT ALEXIS.

S. l. ni d. (Paris, vers 1500), in-4, 4 ff.

Un exemplaire, relié en maroquin par Duru, 180 fr. Veinant, en 1863.

Voir sur ce saint les *Acta Sanctorum*, jul., t. 4, p. 251-267, et le livre de F. Massmann : *Alexius Leben*. (Quedlinburg, 1843, in-8. Des textes allemands, grecs et latins, sont réunis et précédés d'une introduction historique.)

Des vies de saint Andry, saint Antoine, saint Christophe, saint Étienne, saint Jacques, saint Laurent, saint Nicolas, saint Romain, opuscules de quelques feuillets, imprimés sans date à la fin du XVe siècle, sont indiqués au *Manuel*. M. Péricaud range parmi les éditions lyonnaises du XVe siècle une *Vie de saint Antoine*, in-4, 4 ff., caractères ressemblant à ceux qu'employait Guillaume Le Roy. Un exemplaire dans la collection de M. Gonod.

VIE ET MIRACLES DE MONSEIGNEUR SAINT MARTIN.

Tours, Jean du Liege, 1496, in-fol.

Un exemplaire, relié en maroquin, figure au catalogue La Vallière, n° 4740. Il ne dépassa pas 27 fr. ; le *Manuel* observe qu'il pourrait aujourd'hui être payé 1,000 fr.

La Bibliothèque impériale possède un exemplaire sur vélin ; il a appartenu à Charles VIII. Van-Praët le décrit, t. 5, p. 34.

C'est le premier livre qui ait été imprimé à Tours. Le catalogue Lang, n° 2308, indique une autre édition, Paris, Michel Le Noir, 1499, d'après un exemplaire imparfait au commencement ; il ne paraît pas qu'elle ait passé sous les yeux des bibliographes.

Une réimpression a vu le jour à Paris chez la veuve Trepperel, in-4,

110 ff., mais elle est presque aussi rare que l'édition originale. Le prologue annonce cette vie comme tirée d'un ouvrage de saint Sulpice; il y a là peut-être une ruse, plus vraisemblablement une preuve de l'ignorance de l'auteur, qui ignorait que Sulpice Sévère (rédacteur d'une *Vita Sancti Martini*) n'a point été mis au rang des saints. Le volume est terminé par un petit poëme en stances de huit vers qui remplit neuf pages. Un exemplaire, le seul qui paraisse avoir figuré dans les ventes, 250 fr. Bertin.

Le fond de cette composition est pris dans l'ouvrage en quatre livres de Grégoire de Tours sur les miracles de saint Martin, et dans l'ouvrage intitulé *Miracula post translationem an. 887 facta, auctore Hoberno* (sive Hoborno), archiep. Turon, inséré dans les *Miscellanea* édités par Baluze (VII, p. 169-195).

VIE MADAME SAINCTE BARBE ET PLUSIEURS BEAULX MIRACLES DE LADICTE SAINCTE.

Paris, J. Trepperel, 1499, in-4, 12 ff.

C'est une reproduction de la *Legenda sanctissimæ virginis Barbaræ*, Coloniæ (1490), in-4, dont il existe une rédaction en langue flamande, Delft, 1497, in-4.

VIE MA DAME SAINCTE GENEUIESUE.

In-4, 6 ff., avec la marque de J. Trepperel (vers 1498).

Une autre édition de 6 ff., s. d., avec la marque de Denis Meslier, adjugée au prix fort élevé de 135 fr. vente Bertin.

VIE MADAME SAINTE KATARINE DE SEINE (*sic*).

Paris (Trepperel), in-4, 61 ff.

VIE MIRACLES LÉGENDE ET ORAISONS DE MONSEIGNEUR SAINT ROCH.

Paris, Pierre Le Caron, s. d., in-4, 12 ff.

Le sommaire nous apprend que cette vie « a este translate du latin en francoys par frere iehan phelipes, *alias* daras liseur en theologie. » Nous ne connaissons pas d'adjudication de cet opuscule. Il existe une autre édition.

— Paris, J. Herouf, s. d. (vers 1500), in-4.

La vie latine de saint Roch, par F. Diedi, se trouve dans les *Acta Sanctorum*, aug., t. 3, p. 380-415. Un autre par L. Madura, dans le recueil de Surius.

VIE SAINTE KATHERINE.

Paris, J. Trepperel, in-4, 23 ff., en vers.

— Une autre édition, s. l. n. d., in-4, 27 ff., qui paraît imprimée à Lyon, vers la fin du XVe siècle, est indiquée au *Manuel*.

Une vie en vers de cette sainte, par Capgrave, mort en 1464, est insérée dans les *Rerum britannicarum medii ævi scriptores*, Londres, 1858, t. 1, p. 337-356. L'Abbotsford-Club (1) a publié en 1841 une *Legend of saint Katherine. An historical inquiry touching saint Katherine, of Alexandria*, 1849, in-4.

VIGILLES (LES) DES MORTS, translatees de latin en françoys.

Paris, pour A. Verard (vers 1497), in-4, 128 ff.

La traduction est en vers, le texte latin est en marge.

> Le *Manuel* ne signale aucun exemplaire sur papier ayant passé en vente.
>
> Un exemplaire sur vélin est à la Bibliothèque impériale. Van-Praët le décrit, t. 4, p. 180. Un second exemplaire, payé 180 fr. La Vallière et 200 fr. Mac-Carthy, a passé en Angleterre.

Le poëme est offert à Charles VIII par un prologue qui débute ainsi :

> « Trosne dhonneur couronne souveraine
> Tour de vertu haultier imperial
> Liz reginal : crestiente haultaine
> Tenant en main le hault titre royal. »

Dans une de ses notes sur la *Bibliothèque françoise* de Du Verdier (2), l'abbé Mercier de Saint-Léger attribue ces *Vigilles* à Pierre Gringore.

Une autre édition, vers 1500, Paris, J. Trepperel, in-4°, 6 ff., ne

---

1. On trouve dans l'*Appendice* au *Bibliographer's Manual* de Lowndes la liste des ouvrages rares reproduits par les soins de cette association littéraire qui avait demandé son nom au domaine de Walter Scott. Fondée en 1835 et composée de cinquante membres, elle a cessé d'exister.

2. L'exemplaire de la *Bibliothèque françoise* de La Croix du Maine et de Du Verdier, en 6 vol. in-4°, qui a appartenu à Mercier de Saint-Léger, est conservé à la Bibliothèque impériale. Nous en avons pris connaissance; presque à chaque page il y a de nombreuses annotations; d'autres sont écrites sur de petits morceaux de papier intercalés entre les feuillets. Il faudrait beaucoup de temps et de soins pour reconnaître ce qu'il peut y avoir de bon à extraire dans ce long travail d'un laborieux bibliographe, et la chose mériterait un examen sérieux.

paraît point avoir passé en vente publique. On n'y touve pas le prologue, mais à la fin il y a 160 vers de plus.

VILLENEUVE (ARNOULT DE). *Le regime tres utile et tres proufitable pour conserver la sante du corps humain.*

S. l. n. d., in-4°.

Volume fort rare, que le *Manuel* regarde comme ayant paru à la fin du XVe siècle et dont il ne cite pas d'adjudication.

Le titre détaillé annonce que ce livre a été *iadis fait et compille au reaulme dangleterre en luniversite de Salerne.* C'est la première traduction française du célèbre *Regimen sanitatis*, dont on compte plus de 150 éditions. Après avoir joui d'une immense autorité pendant plusieurs siècles, ce traité d'hygiène tomba dans l'oubli ; il en a été retiré de nos jours par suite de l'attention avec laquelle on étudie les anciennes productions de l'esprit humain. Un Anglais, sir A. Croke, l'a fait réimprimer à Oxford en 1830, avec une introduction, des notes, une vieille traduction anglaise et des gravures à l'eau-forte (Voir le *Bulletin* de M. de Férussac, *Sciences historiques*, t. 17, p. 125-128). Citons aussi *De praxi medica salernitana*, auctore J. Henschel, Breslau, 1850, in-4, et *Collectio salernitana, ossia documenti inediti e trattanti de medicina della scuola salernitana publicati a costa di S. Renzi*, Napoli, 1854, 3 vol. in-8. En 1861 M. Ch. Meaux Saint-Marc a mis au jour une traduction en vers français des préceptes des doctcurs de Salerne, en y joignant le texte latin et une introduction riche en aperçus nouveaux ; elle est due à un savant très-instruit en fait de bibliographie médicale, M. Daremberg. M. Littré a rendu compte de ce travail dans le *Journal des Savants* (mai 1852). M. Louis Dubois a consacré un article à ce vieux traité d'hygiène dans le *Bulletin du Bibliophile* (1842, p. 410-416). Transcrivons le jugement d'un médecin éclairé : « Si l'on se place dans la perspective du progrès accompli depuis cinq ou six cents ans pour apprécier ce livre qui résume l'esprit d'une école célèbre, on n'y verra qu'un fatras indigeste de médecine et de diététique, un lambeau de galénisme cousu aux recettes de la polypharmacie des Arabes. Mais ne jugeons pas les travaux antérieurs avec les connaissances d'aujourd'hui. L'école hellénique semble s'y réfléchir sur quelques pages, et plus d'un axiome de salubre hygiène vous y frappe comme une réminiscence hippocratique » (Lévy, *Traité d'hygiène*, 1844, t. 1, p. 38).

VILLENEUVE (F. TOUSSAINT DE). *Epistre enuoyee au duc de Bourbon intitulee la conscience.*

Lyon, 1488, in-fol. 31 ff.

Un exemplaire, le seul connu peut-être, à la Bibliothèque impériale.

L'auteur était évêque de Cavaillon. Il a écrit « pour bien ediffier omme qui a desir de bien vivre et bien mourir », et il discute dans son livre « plusieurs haultes et subtiles sentences », entre autres celle-ci : « Pourquoy les petits enfant mourans sans baptesme ont plus de ioye naturelle que tous les mortels vivans. »

VILLON. *Le grant Testament.*

Paris, 1489, in-4°, 58 ff.

Edition indiquée au catalogue Gluc Saint-Port, en 1749; peut-être est-ce celle dont il se trouve à la Bibliothèque impériale (Y, 4414) un exemplaire ayant le premier et le dernier feuillet refaits à la plume.

— Paris, 1489 (Pierre Levet), in-4°, 59 ff.

Deux exemplaires indiqués au catalogue imprimé de la Bibliothèque du Roi. On ne connaît aucune adjudication de ce très-précieux volume. Il porte la marque de Pierre Levet (marque insérée au *Manuel du Libraire*, à l'article Villon). Cette édition reproduit la précédente page pour page, mais les gravures sur bois et les caractères sont différents.

— Paris, 1490, Germain Binaut, in-4°, 58 ff.

Un exemplaire figure au catalogue Cigongne, n° 560. C'est le seul que nous connaissions.

— S. d., in-4, 57 ff.

Un exemplaire au catalogue imprimé de la Bibliothèque du Roi.

— Paris, J. Trepperel, 1497, in-4°.

3 liv. st. 15 sh. Lang, n° 2314 (mar. vert, adjugé à M. Techener); 250 fr. Bertin, n° 382 (reliure en mar. bleu de Bauzonnet), revendu 805 fr. Solar, n° 1058, et acquis par la Bibliothèque impériale. Cet exemplaire avait figuré, sans indication de prix, au catalogue Techener, 1855, n° 2504.

La bibliothèque de l'Arsenal possède un bel exemplaire (relié en veau) qui ne dépassa pas 9 fr., en 1765, à la vente de la marquise de Pompadour, n° 630, et qui, s'il pouvait se montrer aux enchères, trouverait peut-être amateur à 1,000 fr.

— Pierre Le Caron (vers 1498), in-4, 44 ff.

7 liv. st. 10 sh. Heber; cet exemplaire, apporté à Paris et relié en maroquin par Bauzonnet, 120 fr. en 1841; 98 fr. Nodier, n° 301 (rel. en mar. citron), payé 120 fr. vente Audenet, en 1840; 465 fr. Bertin, n° 381 (mar. vert, rel. de Niedrée), revendu 700 fr. Solar, n° 1059.

Nous laissons de côté quelques éditions du commencement du XVIe siècle; celle de Michel Le Noir, s. d., in-4°, figure au catalogue Cigongne, n° 561.

—— *Recueil des Histoires des repeues franches* (1).

S. l. n. d., in-4º (vers 1500).

Un exemplaire (relié par Bauzonnet en maroquin bleu) catalogue Cigongne, nº 564.

— Une autre édition, s. l. n. d., mais avec la marque de J. Trepperel, in-4, 21 ff.

Le *Manuel* signale encore deux éditions des *Repues franches* qu'on peut rapporter à la fin du XVe siècle, l'une de 23 ff., Lyon, P. Mareschal et B. Chaussard, s. d.; 206 fr. mar. rouge, vente Cailhava; l'autre a 17 ff., et l'identité de quelques ornements autorise à l'attribuer à Denis Meslier de Paris; elle figure au catalogue Cigongne, nº 560.

Voir du Cerceau, *Lettres sur la vie et les ouvrages de Villon*, dans l'édition de 1723, p. 1-65; le mémoire en tête de l'édition Prompsault, p. 15-61, Paris, 1832 (édition si vivement critiquée par M. Crapelet); un article de M. Théophile Gautier dans la *France littéraire*, janvier 1834; Nisard, *Histoire de la littérature française*, t. 1, p. 159-170; Géruzez, *Histoire de la littérature française*, t. 1, p. 285-294, etc. On doit à M. P. L. (Paul Lacroix) Jacob, bibliophile, une très-bonne édition revue et corrigée des œuvres de Villon, avec des notes historiques et littéraires; elle fait partie de la Bibliothèque elzevirienne, 1854, in-18. A la suite d'une préface de 17 pages, l'éditeur a placé la vie de Villon par Colletet, morceau de 33 pages jusqu'alors inédit, et extrait d'un manuscrit conservé à la Bibliothèque du Louvre.

Signalons surtout le livre de M. Campaux, *François Villon, sa vie et ses œuvres* (2), 1859, in-8º, et n'oublions ni une notice de M. H. Martin (*Mémoires de l'Académie de Caen*, 1840, p. 243-252), ni l'écrit de M. Profillet, *De la vie et des œuvres de Villon* (thèse présentée à la Faculté des lettres de Nancy), Châlons, 1856, in-8º.

VINCENT DE BEAUVAIS. *Le Miroir historial*.

Paris, pour A. Verard, 1495 et 1496, 5 vol. in-fol.

C'est l'ouvrage français le plus volumineux qui eût encore été mis sous presse, et, chose bien remarquable, « quoique ces cinq gros volumes « aient été imprimés dans le court espace de huit mois, ils sont d'un

---

1. Ces *Repues franches* ne sont autre chose, ainsi que l'observe M. Saint-Marc Girardin, que l'art de vivre aux dépens d'autrui; c'est ce qu'on appelle aujourd'hui l'art de faire des dettes et de ne pas les payer.

2. M. Sainte-Beuve en a rendu compte (*Causeries du lundi*, t. 14, p. 279-302). M. Campaux, concentrant sur Villon toute l'érudition et l'affection dont il est capable, a résumé, poussé à fond et comme épuisé les recherches à ce sujet.

« tirage si beau et si égal qu'ils ne pourraient être surpassés par les
« imprimeurs modernes les plus habiles. » (*Manuel du Libraire.*)

>La Bibliothèque impériale possède un exemplaire complet sur vélin, décrit par Van-Praët, t. 4, p. 298, et elle conserve le 4ᵉ volume d'un second exemplaire.
>
>Le Musée Britannique est possesseur d'un exemplaire ayant appartenu au roi Henri VII.
>
>Nous ne voyons pas de catalogue particulier où se rencontre cette importante publication.

La traduction est due à un moine, Jean de Vignay, qui l'entreprit d'après l'ordre de la reine Jeanne, femme de Philippe VI. Le prologue de l'auteur est adressé à Charles VIII. Les manuscrits du *Miroir* sont nombreux; les éditions latines laissent fort à désirer.

Vincent de Beauvais est un des écrivains les plus remarquables du moyen âge; nous n'avons pas d'ailleurs à nous occuper ici de ses productions; renvoyons à l'*Histoire littéraire de la France*, t. 19, p. 449-519 (notice de Daunou); à un mémoire de M. de Wailly inséré dans la *Bibliothèque de l'École des Chartes*, 2ᵉ section, t. 1, p. 389; au *Dictionnaire des Sciences philosophiques*, t. 6, p. 970.

Les *Études sur Vincent de Beauvais*, par l'abbé Bougeat, Paris, 1857, in-8º (230 p.), méritent d'être consultées. M. Libri (*Histoire des sciences mathématiques en Italie*, t. 4, p. 20) appelle le *Miroir* « un ouvrage prodigieux, le plus vaste recueil scientifique du moyen âge, riche en observations intéressantes et en renseignements précieux sur l'histoire des sciences. »

En juin 1863, l'Académie des inscriptions a décerné au mémoire de M. E. Boutaric sur le *Speculum historiale* le prix fondé par M. Bordin. — M. J.-J. Ampère a fait observer qu'un passage de Vincent de Beauvais que lui a signalé le docteur Raulin, indiquait une certaine connaissance de diverses sortes de gaz, et même de la présence de l'acide carbonique dans le corail.

VINCENT (SAINT) FERRIER. (*Sermons*), traduit en françoys.

Lyon, 1477, in-fol.

Ouvrage indiqué par Quetif (*Script. ord. Prædicatorum*, t. 1, p. 766), et par Panzer (*Annales typographici*, t. 1, p. 531). Nous ne le trouvons sur aucun catalogue.

Ces sermons latins ont été souvent imprimés avant 1500; La Monnoye en a cité, dans les notes jointes à ses *Noëls bourguignons*, un passage qui indique la naïveté d'une époque où les prédicateurs les plus graves débitaient du haut de la chaire ce qui passerait aujourd'hui pour des contes fort peu édifiants.

VIRGILE. *Le Livre des eneydes*, translaté de latin en françoys.
Lyon, Guillaume Le Roy, 1482, in-fol., 90 ff.

Un sommaire mis en tête du volume annonce que ce livre « fut com-
« pile par Virgille tres subtil et ingenieux orateur et poete » et qu'il « a
« ete translate en commun langaige auquel pourront tous valeureux princes
« et aultres nobles veoir moult de valeureux faictz darmes. »

Ce n'est cependant pas une traduction de l'Énéide ; c'est une sorte de
roman en prose dont l'Énéide a fourni le fond et quelques détails. L'auteur a soin d'ajouter que son livre « est fort necessaire pour instruire
« petits et grans pour chascun en son droit garder et deffendre, car chose
« plus noble est mourir que de villainement estre subjugue. » Il y a
des gravures en bois assez singulières dans ce volume.

Un exemplaire à la Bibliothèque impériale.

3 liv. st. 7 sh. vente Askew, en 1767 ; 300 fr. Coste, n° 646 (exemplaire relié en maroquin par Trautz-Bauzonnet).

L'*Eneydos* imprimé par Caxton, en 1490, in-fol., est également un
abrégé avec quelques parties paraphrasées ; la majeure portion des trois
premiers livres est fort abrégée, le cinquième est supprimé ; cette rédaction a été faite d'après l'ouvrage français (1).

Ce ne fut qu'en 1509 que Vérard mit au jour la traduction en vers
de l'Enéide par Octavien de Saint-Gelais. La Bibliothèque impériale
en possède un bel exemplaire sur vélin (Voir le catalogue dressé par
Van-Praët, t. 4, p. 83).

Cette traduction débute d'une façon qui n'inspire guère le désir de
la lire :

« Ie chante icy les horribles faictz d'armes
Ie chante icy le premier des gendarmes
Qui vint des fins de Troye ruinée
En Italie et qui par destinée
Fuyant errant portant peine infinie
Print (enfin) terre au port de Lavinie. »

Ces vers nous semblent aujourd'hui illisibles, mais au XVIe siècle

---

1. Ce volume est très-rare. On en trouve des exemplaires chez lord Spencer
(il est décrit *Bibliotheca Spenceriana*, tom. 4, p. 285-288), chez le duc de Devonshire, dans la Bodléienne à Oxford, et dans la bibliothèque de Cambridge.
Le Musée Britannique en a deux, dont l'un compris dans la *Bibliotheca Grenvilliana*. Dibdin (*Typographical Antiquities*, tom. I, p. 283-290) entre dans des
détails étendus au sujet de ce livre précieux. Le *Manuel*, 5e édition, ne cite
qu'une seule adjudication : 88 liv. st. 4 sh. White Knight. En voici quatre autres :
20 liv. st. Inglis (imparfait de 3 ff.) ; 21 liv. st. Dibdin (imparfait de 4 ff.) ;
42 liv. st. Hanrott ; 46 liv. st. 14 sh. Perry.

on en jugeait autrement ; l'œuvre de Saint-Gelais fut réimprimée plusieurs fois. Un an plus tard, Helisenne de Crenne (1) traduisit les quatre premiers livres de l'Énéide et les présenta à François Ier ; Joachim de Bellay s'exerça sur le quatrième et le sixième livre (Paris, 1561); mais dès 1547, Louis Desmazures avait publié en vers français divers livres du poëme latin. Ces vieilles traductions, devenues rares, sont recherchées ; on a pu s'en convaincre à la vente Solar.

VOCABULAIRE latin-françoys.

Genève, Loys Garbin, 1487, in-4, 114 ff.

Un exemplaire, incomplet du 1er feuillet, se trouve à la Bibliothèque Sainte-Geneviève.

Il ne paraît pas qu'il existe de dictionnaire latin-français antérieur à celui-ci. Nous connaissons bien un *Dictionnaire couche en vocables, latin, françois et allemand*, s. l. n. d., in-4, mais il faut l'attribuer aux premières années du XVIe siècle.

VORAGINE (JACQUES DE). *La Legende doree*, en françois, corrigee par maistre Jehan Batallier.

Lyon, B. Buyer, 1476, in-fol., 342 ff.

La Bibliothèque impériale possède divers manuscrits des deux traductions faites par J. Belet et J. de Vigny.

Un exemplaire, 200 fr. vente Filheul, en 1779. Il ne paraît pas que depuis il s'en soit montré aux enchères. Il s'en trouve un chez lord Spencer ; Dibdin le décrit, *Bibliotheca Spencer.*, t. 4, p. 526.

M. Péricaud observe que cet ouvrage, le second avec date publié à Lyon (le premier est le *Lotharii compendium* de 1473), est peut-être le premier livre mis au jour en langue française, Les *Chroniques de Saint-Denys* étant datées du 16 janvier 1476 (vieux style) ne furent publiées qu'en 1477, tandis que la *Légende* est datée du 18 avril.

— Lyon, Matth. Husz et Pierre Hongre, 1483, in-fol.

Un exemplaire complet à la bibliothèque de Lyon.

---

1. Ce nom cache-t-il une femme auteur ou bien un pseudonyme? Question difficile, mais peu importante. Voir une note du Rabelais *Variorum*, tom. 3, p. 148, et le *Manuel du Libraire*, 5e édition, tom. 2, col. 415, ainsi qu'un article de M. Guichard dans la *Revue du dix-neuvième siècle*, numéro du 2 avril 1840.

Quoi qu'il en soit, les volumes signés de ce nom sont de plus en plus recherchés. Des exemplaires reliés en maroquin des *Angoisses douloureuses*, s. l. n. d., ont été payés 4 liv. st. 10 sh. Libri, en 1862, n° 166, et 205 fr. Double.

— Lyon, M. Husz, 1484, in-fol.

Édition indiquée au *Manuel* d'après un exemplaire que possédait M. Potier, libraire.

— Lyon, N. Philippe et M. Regnaud, s. d. (1478 ?), in-fol.

— Lyon, N. Philippe, 1485, in-fol.

Édition indiquée au catalogue Guyon de Sardière.

— Paris, Verard, 1488, in-fol.

Un exemplaire sur vélin, 42 liv. st. Hibbert.

Verard a donné trois autres éditions de la *Légende dorée*, une en 1490, l'autre en 1493 (la Bibliothèque impériale possède de cette dernière un exemplaire sur vélin). L'éditeur parisien fit usage d'une traduction nouvelle faite par Jean de Vigny.

— Paris, 1490, in-fol.

20 fr., mar. rouge, La Vallière, n° 4705.

— Paris, J. Dupré, 1493, in-fol.

Deux exemplaires sur vélin à la Bibliothèque impériale; l'un est celui qui a été offert à Charles VIII. Voir Van-Praët, t. 5, p. 24.

— Lyon, J. de Vingle, 1497, in-fol.

Un bel exemplaire, 450 fr. Coste (une reliure en maroquin de Trautz-Bauzonnet entre pour beaucoup dans ce prix); un autre, 76 fr. De Bure, 4e vente. Cette édition, restée longtemps inconnue, se trouve à la bibliothèque Sainte-Geneviève.

Les dernières éditions de la *Légende dorée* contiennent quelques vies de plus que les anciennes. Après de nombreuses réimpressions au seizième siècle, la *Légende dorée* fut oubliée, mais l'étude des productions du moyen âge a rappelé l'attention sur elle; nous en avons donné, en 1843, une traduction (2 vol. gr. in-18) accompagnée d'une introduction à laquelle nous devons renvoyer. Depuis, nous avons entrepris sur les différences que présentent les vieilles éditions latines des recherches dont nous ferons peut-être connaître un jour les résultats.

VOYE (LA) DE PARADIS.

S. l. n. d., in-4, 6 ff.

Opuscule en vers réimprimé dans le recueil d'*Anciennes Poésies françoises* édité par M. A. de Montaiglon, t. 3.

Il en existe plusieurs éditions; une en 5 ff., 50 fr. Essling, n° 100, revendue 140 fr. Solar, n° 1976; une autre enfin, 4 ff., avec la marque de P. Mareschal et B. Chaussard, de Lyon, figure au catalogue Cigongne, n° 738.

Ce livret débute en ces termes :

« Qui veult en paradis aller
Cy en peult la voye trouver
Doubter Dieu souverainement
Et l'aymer tres parfaitement.
Obedience sans murmure
Pacience contre injure
Humilite qui nest pas fainte
Pourete sans nulle contrainte. »

FIN.

APPENDICE

Nous croyons devoir placer à la suite de notre travail :

1° Une note au sujet du seul livre xylographique en langue française que l'on connaisse, et qu'on peut regarder comme la plus ancienne composition en notre idiome qui ait été exécutée par un procédé mécanique. Elle sert de transition entre le manuscrit et le volume imprimé.

2° Les prix d'adjudication auxquels ont été portés dans quelques ventes toutes récentes des ouvrages français antérieurs à 1500.

3° Quelques indications complémentaires que nous avons recueillies pendant l'impression de notre livret.

I

L'ART AU MORIER, production xylographique du plus grand intérêt, est resté longtemps inconnu à tous les bibliographes ; on n'en connaît qu'un seul exemplaire, celui qui se trouve dans la possession d'un honorable habitant de Lille, M. Van der Cruysse, lequel le tient d'un de ses parents qui lui-même l'avait reçu d'un religieux dont le zèle avait, en 1793, arraché ce trésor à la destruction dont le menaçait la dispersion des communautés monastiques.

M. J.-Ch. Brunet a donné (*Manuel du Libraire*, tome I, col. 506) une description détaillée de ce volume ; nous ne la transcrirons pas, mais nous indiquerons une notice que M. le vicomte de Melun a insérée dans les *Mémoires de la Société impériale des sciences, de l'agriculture et des arts de Lille*, année 1863 (2ᵉ série, 10ᵉ volume, pag. 309-326). Chacune des estampes est l'objet d'une description attentive (1).

Le *Bulletin des Sociétés savantes* renferme sur ces *Mémoires* un rapport de M. Paul Lacroix.

Nous lui empruntons quelques considérations très-dignes de l'attention des bibliophiles.

« La notice de M. le comte de Melun ne laisse rien à désirer sous le rapport de l'exactitude et de l'abondance des renseignements ; un fac-simile habilement fait permet de constater que les planches des figures qui ont servi à l'édition française ne sont pas, comme l'ont cru d'éminents bibliographes, celles de la première édition latine de l'*Ars moriendi*, décrite par le baron de Heinecken dans son *Idée générale d'une collection complète d'estampes* (Leipzig, 1771, in-8º). La planche VI de cette édition ne ressemble pas, suivant M. de Melun, à la planche correspondante de l'*Art au morier* dont il a donné le fac-simile, et dont les figures bien drapées et faites avec goût contrastent avec le dessin lourd et la gravure grossière de l'édition latine. M. de Melun serait plutôt tenté de reconnaître dans les planches de l'*Art au morier* celles qui avaient servi à l'édition latine que Heinecken a décrite en troisième rang, édition dont il existe des exemplaires plus ou moins complets dans les bibliothèques d'Harlem et de Francfort-sur-Mein. Cette édition latine est généralement regardée comme sortie des presses de Laurent Coster.

« M. de Melun s'est abstenu de toute conjecture au sujet des origines typographiques de l'*Art au morier*; il s'est borné à décrire avec précision les figures et les pages de texte qui composent les vingt-quatre feuillets du livre imprimé d'un seul côté, avec une encre grise ou brune, à l'aide du frotton, comme on imprimait les cartes à jouer ; il s'est attaché à indiquer aussi fidèlement que possible les sujets des images qui, quoique grossières et très-imparfaites sous le rapport de la gravure en bois, accusent le crayon d'un artiste plein d'originalité et de sentiment. Dans les images, les scènes ne manquent ni de mouvement ni d'expression. Les figures des saints et des anges ont, en général, une pureté et un sentiment remarquables. Les démons sont terribles et expriment tour à tour l'ironie, l'orgueil du succès ou le désespoir de la défaite. Plusieurs figures de femmes sont gracieuses, et les draperies, quoiqu'un peu roides, sont bien dessinées. Le trait a généralement de la vigueur, et l'on entrevoit déjà le burin qu'illustrera plus tard Albert Durer. »

Ce n'est peut-être pas Albert Durer qu'il fallait nommer, mais plutôt Van Eyck ou Hemling, car le fac-simile qui accompagne le mémoire de

---

1. Nous remarquons dans cette notice quelques fautes d'impression regrettables: *Manuel de la Librairie*, Matthieu de Cracow.

M. de Melun a tous les caractères d'un dessin exécuté par un des prédécesseurs inconnus de ces deux maîtres.

Il ne serait pas impossible de rechercher à quelle époque et dans quel pays a été fabriqué l'*Art au morier*, ce précieux monument xylographique qui s'est conservé de père en fils dans la famille Van der Cruysse, de Lille, depuis un laps de temps assez reculé. Voilà ce que M. de Melun aurait pu faire pour ajouter une nouvelle découverte à l'histoire des commencements de l'imprimerie ou de la gravure. Nous essayerons de suppléer au silence qu'il a gardé sur ce point capital de la question.

Nous voudrions trouver quelque indication historique qui nous permît de supposer que l'imprimerie tabellaire, inventée à Harlem par Laurent Coster dès 1420, s'était déjà propagée dans les villes flamandes et wallones, par la seule puissance de l'imitation et de la concurrence, bien antérieurement aux essais infructueux de Guttenberg en 1440, dans la ville de Strasbourg, où il voulut remplacer l'impression en planches de bois par l'impression en caractères mobiles, et faire succéder à la routine du frotton l'emploi intelligent de la presse ; car, comme l'a dit le premier, comme l'a prouvé avec tant de sagacité M. le comte de La Borde, c'est de là seulement que date la véritable découverte de l'imprimerie.

Il est constant que vers la fin du XIVe siècle, on *taillait* des images de piété sur des planches de bois dans plusieurs villes des Pays-Bas, et que ces images étaient reproduites sur papier avec de l'encre à la détrempe, par le procédé de l'impression obtenue à l'aide du frotton. Ces images étaient dès lors expliquées par des légendes également taillées comme les figures elles-mêmes dans les planches de bois. Un iconophile distingué, M. Delbecq, de Gand, avait trouvé deux manuscrits datés de 1380 dans lesquels, à la place des miniatures, avaient été collées des images de cette espèce, et une de ces images portait, avec la date de 1380, le nom de la ville où elle avait été fabriquée : *Candavi*. L'invention de Laurent Coster devait donc être considérée comme un développement et un perfectionnement d'une découverte antérieure, car il ne fit qu'employer un procédé connu avant lui, en taillant sur des planches de bois des pages entières de livres, de la même manière qu'on taillait des légendes d'images. Les premiers livres fabriqués ainsi furent, on le comprend, des livres de piété et de grammaire pour l'usage du peuple. Tous les bibliographes s'accordent à dire que l'*Ars moriendi* était un de ces livres-là où l'imagerie avait été associée pour la première fois à un texte d'ouvrage reproduit et multiplié par l'impression tabellaire.

Ces faits établis, on admettra sans peine que Laurent Coster, après avoir fait différentes éditions latines de l'*Ars moriendi*, aura pensé tout naturellement à en faire une édition française destinée au pays wallon, qui lui offrait un nouveau marché pour la vente des livres *en molle* ou en moule. Il n'avait donc qu'à faire traduire l'*Ars moriendi* et à graver cette traduction sur des planches de bois pour accompagner les images avec légendes latines qui avaient servi aux éditions de l'*Ars moriendi*. On ne saurait expliquer autrement la publication de l'*Art au morier* dans la ville d'Harlem. C'est ainsi que les cartiers et les tailleurs d'images opéraient dans les Pays-Bas et même sur les bords du Rhin, en fabriquant des cartes à jouer et des estampes religieuses pour toute l'Europe et surtout pour l'Espagne et l'Italie.

Pour établir sur preuves que des livres écrits en langue française étaient *jetés en molle* et se vendaient communément dans les Flandres antérieurement à l'an 1440, il suffit de citer un document très-curieux que M. de la Fons de Mélicocq a extrait des comptes de la recette générale de la maison de Bourgogne conservés aux archives de Lille; mais ce savant a fait une erreur en rapportant à des manuscrits ce qui doit s'entendre de livres imprimés. Voici ce document, qui resterait enfoui dans le *Bulletin du Bouquiniste*, 2ᵉ année, 1858, p. 190, si nous n'avions pas l'occasion de l'en faire sortir avec éclat : « 1437-38. A frère Jehan de Rhodes et son compaignon, jacobins du couvent de Bruges, que monseigneur (*Philippe le Bon*) leur a ordonné estre baillé pour leur peine d'avoir apporté du dict Bruges à Douay deux livres en parchemin des *Révélations de Sainte Brigide*, de la *Règle de saint Sauueur* et des *Sermons des Angles*, XLVIII sols.

« A maistre George Fauilly, docteur en théologie, pour deux livres en parchemin *Révélations et Sermons des Angles* que monseigneur a fait prendre et acheter de luy pour diceulx faire son plaisir.

« A Loys de Buke qu'il a payé à deux Jacobins à Bruges pour deux livres des *Révélations de Sainte Brigite*, XLVIII sols. »

Ces trois mentions, que M. le comte de La Borde n'a pas insérées dans son important ouvrage, malheureusement resté inachevé (*les Ducs de Bourgogne*), concernent évidemment des impressions xylographiques aujourd'hui disparues. Un manuscrit aurait certainement coûté plus de 24 sols, et il s'agit de livres *jetés en molle*.

Observons en passant que le livre désigné sous le titre populaire de *Sermons des Angles* pourrait bien être l'*Art au morier*, car dans cet *Art* dont le titre réel est imprimé dans une banderole en tête de la première page, chaque *tentation du diable* est suivie de la *bonne inspiration* d'un ange. Ce sont des sermons ou discours dans lesquels les anges encouragent le mourant à se défendre contre les embûches du tentateur; on rencontre cinq de ces sermons des Anges ou Angles ou plutôt Angeles. Rien n'était plus ordinaire à cette époque que d'attribuer aux livres une qualification usuelle, à la portée de tous, qualification qui prenait la place du titre réel. Ainsi, le *Liber consolatorius ad instructionem devotorum* était devenu en latin *de Imitatione Christi*, et en français l'*Internelle consolation*.

L'image dont M. de Melun donne un fac-simile montre le moribond protégé par l'ange de la patience, près de lui Jésus-Christ portant les verges de sa flagellation et accompagné de plusieurs saints. On ne peut s'empêcher de penser à Laurent Coster en reconnaissant saint Laurent placé à côté de saint Étienne.

Le traducteur de l'*Ars moriendi* est certainement un Flamand ou un Wallon, les mots l'*Art au morier* en fournissent la preuve ; ce traducteur n'avait pas l'habitude de la langue française écrite ou parlée, car il a recours à des latinismes pour rendre des mots latins qui avaient alors des équivalents français. C'est ainsi qu'il forge le substantif *morier;* ailleurs il traduit *morituri* par *moriturs*, et *moribundus* par *morissants*. Il emploie une foule d'autres mots étrangers à la langue française du XVe et même du XIVe siècle : *fourvoiser* pour *fourvoyer*, *relinquer* pour *délaisser*, *intendaubles* pour *intelligible*. Il est toujours indécis sur le genre des mots qu'il emploie (*ceste miroir, choses célestiens*.) Une foule de phrases démontrent que cette version a été faite et par conséquent imprimée dans les Pays-Bas.

Quant aux fautes d'orthographe, il faut les mettre sur le compte du tailleur de lettres, qui très-probablement exécutait son travail sans comprendre le français.

CORDIAL (Le). *Cy commence la premiere partie des quatre dernieres choses qui sont a advenir.*
In-fol., sans lieu ni date, 71 ff.

Ce volume est imprimé avec les mêmes caractères que ceux qui ont servi à la traduction anglaise de ce même ouvrage due à lord Rivers, à la première édition des *Tales of Canterbury* de Chaucer, à la seconde édition du *Game of chess*, livres imprimés par William Caxton.

Le texte français est une traduction attribuée à Jean Mielot, secrétaire du duc de Bourgogne (nous avons déjà eu l'occasion d'en parler), d'un traité *de quatuor novissimis*. Ce livre latin a été attribué à Henri de Langerstein (ou de Hassia), mort en 1397. Quelques manuscrits portent le nom de Thomas Ebendorffer, d'Hasebach. Le succès de cette production ascétique est attesté par la multiplicité des éditions. Hain, dans son *Repertorium bibliographicum*, en indique vingt-six antérieures à 1500 ; vingt en latin, deux en anglais, quatre en allemand.

Le volume attribué à Caxton a trente et une lignes par page, comme dans d'autres éditions du même typographe. Son existence a été signalée pour la première fois, dans une lettre insérée dans l'*Archæologia* (1846, t. 31, p. 412-424)(1), qui est due à M. White Jones, employé du Musée britannique, lequel découvrit, au milieu d'une foule de vieux livres en-

---

1. *L'Archæologia, or Miscellaneous Tracts relating to Antiquity*, forme un recueil justement estimé dont il a paru 36 volumes in-4°, à Londres, de 1770 à 1856. On y joint 2 volumes de table : l'un pour les tomes 1 à 15, publié en 1809, l'autre se rapportant aux tomes 16 à 30, mis au jour en 1844.

tassés dans ce dépôt, ce très-précieux volume, ignoré jusqu'alors. Il est impossible de dire en quel lieu et à quelle époque il a été imprimé, mais on a tout lieu de croire qu'il a été mis sous presse lorsque Caxton, avant de commencer à travailler à Westminster, ce qui eut lieu en 1474, imprimait dans les Pays-Bas. Les détails donnés dans la lettre en question ont été reproduits dans le bel ouvrage de M. W. Blades : *The life and works of William Caxton*, London, 1861, 2 vol. in-4º (1); mais il faut observer que, selon ce bibliographe, c'est Colard Mansion qui, seul ou avec Caxton (question insoluble aujourd'hui), a imprimé le *Cordial* et les autres ouvrages qu'on a signalés d'habitude comme ayant été en Flandre les débuts de Caxton dans l'art typographique. L'ouvrage débute par une table des matières ; chacune des quatre parties est divisée en trois chapitres.

« La première partie principale est de la mort corporelle et contient en soy trois parties singulières.

« La première est comment memoire de la mort fait soy humilier.

« La seconde est comment memoire de la mort fait mespriser toutes choses.

« La tierce est comment memoire de la mort fait à lomme entreprendre penitence et laccepter de bon cuer sans contrainte. »

Le texte se termine ainsi :

« Or pleust a Dieu quilz fussent bien sages et bien entendus et quilz pourveissent aux choses dernieres dont la frequente memoire et recordacion rappelle des pechiez et culpe aux vertus et confirme en bonnes œuvres par quoy on parvient à la gloire eternelle. Amen. »

Le *Bibliographer's Manual* de Lowndes (2ᵉ édition, p. 523) indique ce volume d'après l'Archæologia ; M. Sotheby, dans son bel ouvrage : *Initia typographica* (Londres, 1855, 3 vol. in-fol.), t. 2, p. 87, en parle aussi.

MEDITACIONS SUR LES SEPT PSEAULMES PENITENCIAUX.

In-fol., s. l. n. d., 31 ff.

Ce volume, imprimé par Caxton, est décrit dans les mêmes ouvrages que ceux que nous venons d'indiquer ; il était également demeuré inconnu ; il s'est trouvé relié avec le *Cordial*. Il est signalé dans la dernière édition du *Manuel du Libraire*.

C'est un in-folio de 33 feuillets (voir Blades, t. 2, p. 19 à 22). La planche 6 du t. 1 offre un fac-simile des caractères employés dans ces deux écrits.

---

1. Cette savante monographie, fort étudiée et fort complète, présente de nombreux fac-simile, très-bien exécutés, des ouvrages imprimés par Caxton ; elle reproduit les prologues et les épilogues de ces éditions, morceaux utiles pour l'histoire littéraire.

Chaque psaume de la pénitence est l'objet d'une méditation ; le tout est précédé d'un prologue qui débute en ces termes :

« La vraye penitance est comme aucune eschielle par laquelle lomme pecheur qui selon la parabole de leuengille descendit de Iherusalem en Iherico monta derechef de Iherico à Iherusalem eust avision de paix. »

Le texte se termine ainsi :

« Puis encores s'il te plaist me donne que par ce septenaire de pseaulmes de penitence lesquelz correspondent aux sept effectz de lomme prises pour les sept degrez de leschielle de penitence Ie puisse monter et paruenir a toy en cette tant glorieuse cite de Iherusalem en laquelle tu habites et te offrir avec les sains et beneurez le sacrifice de loenge sans fin. Amen. »

Ces méditations sont une traduction des *Devote meditaciones per Petrum de Aylaco cardinalem* (1), livre dont il existe plusieurs éditions (nous nous bornerons à indiquer celle de Strasbourg, 1490) et qui a été reproduit dans le recueil intitulé *Orthodoxographa*, Bâle, 1555, in-fol.

II

Deux ventes importantes ont eu lieu au mois d'avril 1865. Quelques livres français antérieurs à 1500 ont obtenu, à la chaleur des enchères, des prix élevés que nous croyons devoir signaler. Nous passons sous silence divers volumes dont l'adjudication n'offre rien de remarquable.

BOUTILLIER (J.). *La Somme rurale*, Paris, 1488 : 340 fr. (mar. vert, Duru), Chedeau, n° 218.

CASTEL. *Le Specule des pecheurs*, Paris (vers 1483) : 300 fr., mar. br., Chedeau, n° 434.

Cent nouvelles (Les), Paris, J. Trepperel, s. d. : 500 fr., d.-rel., Techener, n° 1930.

Chroniques de Loys de Valois (Lyon, vers 1488) : 1,015 fr., riche rel. de Trautz-Bauzonnet, Chedeau, n° 1224.

FRANC (MARTIN). *Le Champion des Dames*, Lyon (vers 1485), riche reliure, exempl. Clinchamp et Solar : 1,550 fr., Techener, n° 1916, acheté par M. de Rothschild.

GUILLEVILLE. *Le Roman des Trois Pelerinaiges*, s. d. : 550 fr., ancienne rel. mar. br., Chedeau, n° 424 (exempl. Solar et Double).

---

1. Il est peu d'auteurs dont le nom ait subi autant de variations orthographiques. On trouve Petrus de Aillaco, Alliaco, Aliaco, Alyaco, Eliaco, Ayliaco, Haliaco, Ailliaco, Alciaco, Arliaco, etc.

Heures à l'usage de Rome. Paris, S. Vostre, 1496, in-8° : 205 fr., exempl. sur vélin, anc. rel. Chedeau, n° 49.

Hore beate Marie. Paris, Th. Kerver, 1499, in-8° : 327 fr., veau, Chedeau, n° 64.

JEAN D'ARRAS, *Melusine*, Paris, Th. du Guernier : 2,400 fr., riche reliure de Trautz-Bauzonnet, Techener, n° 1894. (exempl. de la vente Double).

Lancelot du Lac, Verard, s. d. : 3,415 fr., riche reliure de Duru, Techener, n° 1884 (exempl. de la vente Double).

LEFEBVRE (RAOUL). *Recueil des histoires de Troyes*, Lyon, 1494 : 910 fr., mar. r., Techener, n° 910.

Livre des faitz de Bertrand Duguesclin, s. l. n. d. (Lyon, vers 1497) : 855 fr., riche rel. de Bauzonnet, Techener, n° 1896 (exempl. A. Bertin).

Modus (*Livre du roy*), Chambéry, 1486, in-fol. : 2,790 fr., mar. Bauzonnet, Techener, n° 1908 (exempl. Solar et Cailhava).

MICHEL (JEAN), *Mystère de la Passion*, Verard, 1490 : 1,000 fr., mar. bl. Kœhler, Chedeau, n° 658.

Olivier de Castille, Genève (vers 1490), in-fol. : 3,605 fr., riche reliure de Trautz-Bauzonnet, Techener, n° 1897 (1).

Ovide moralise, Colard Mansion, 1484 (exempl. provenant du marquis Costa de Beauregard, qui avait fait reproduire un feuillet manquant, relié en mar. par Duru) : 2,900 fr., Techener, n° 1929, acheté par M. Boone, libraire anglais.

Quatre fils Aymon (*Les*), Lyon, 1493 : 500 fr., Chedeau, n° 800, anc. rel. mar. r. (un feuillet manuscrit), exemplaire La Vallière et Solar.

Roman de la Rose, s. l. n. d. (Lyon, Guill. Le Roy, vers 1485), mar. r. doublé de mar. bl., Trautz-Bauzonnet : 2,200 fr., Techener, n° 1914.

Tristan de Leonnois, Rouen, pour A. Verard, 1499, in-fol. : 1,250 fr., mar., rel. anglaise, Chedeau, n° 796 (exempl. Heber et Essling).

Peut-être ferons-nous chose agréable aux bibliophiles en plaçant ici l'indication des prix auxquels on a payé dans les deux ventes en question quelques romans de chevalerie, quelques volumes précieux imprimés après

---

1 Nous croyons que ce beau volume, ainsi que *les Faiz de Duguesclin* et le *Roman de la Rose*, sont venus augmenter les trésors réunis dans une des plus belles bibliothèques particulières qui existent à Paris. Formée avec un goût exquis et dans une pensée d'études sérieuses sur les développements de la typographie et de la gravure sur bois, elle ajoute, s'il est possible, un éclat réel au nom déjà illustre de M. Ambroise Firmin Didot.

1500. Nous donnons pour excuse à cette digression que bien peu d'amateurs possèdent des catalogues avec les prix de vente, et d'ailleurs nous ne parlons que de livres qui ont été payés plus de 1,000 fr. Ce sera un complément à un travail publié il y a longtemps par Gabriel Peignot, mais qui est aujourd'hui tout à fait incomplet et insuffisant.

Nous laissons de côté divers volumes qui se sont élevés à des prix fort considérables, mais qui doivent leur brillante fortune à ce qu'ils avaient appartenu à des amateurs célèbres ou à des rois.

Giglan, fils de Gauuain, Lyon, Cl. Nourry, in-4º, mar., riche reliure de Trautz-Bauzonnet : 1,100 fr., Techener, nº 1887.

Homme pêcheur par personnages, Paris, 1508, in-fol., mar., Bauzonnet : 3,000 fr., Techener, nº 1027.

Huon de Bordeaux, Paris, Michel Le Noir, 1516, in-fol. : 1,350 fr., Techener, nº 1891.

LABBÉ (LOUISE). *Œuvres*, Lyon, Jean de Tournes, 1556, in-8º, mar. Duru : 1,000 fr., Chedeau, nº 460.

Mer (la) des histoires, Paris, Galliot du Pré, 1517, 4 vol., mar. Bauzonnet : 1,020 fr., Chedeau, nº 1209.

Neuf Preux (les), Paris, Michel Le Noir, 1527, mar. ancienne reliure: 1450 fr., Techener, nº 1895. A la vente Solar ce volume avait été payé 1000 fr.

Parangon (le) des chansons (neuf livres), Lyon, 1538 à 1541, in-4º, anc. reliure en veau : 1,850 fr., Chedeau, nº 588. Exempl. payé 80 liv. st. vente Libri.

Perceval le Gallois, Paris, Jehan Longis, 1530, in-fol. : 3,500 fr., riche reliure de Trautz-Bauzonnet, Techener, nº 1886.

Quatre (les) fils Aymon, Lyon, Cl. Nourry, 1506, in-4º, riche reliure de Duru : 1,540 fr., Chedeau, nº 801. Édition non mentionnée jusqu'à présent par les bibliographes ; il en est de même de celle de Lyon, Cl. Nourry et Pierre de Vingle, 1526, in-4º : 1,455 fr., riche reliure de Duru, Chedeau, nº 802.

SAINGELAIS. *Œuvres*, Lyon, Pierre de Tournes, 1547, in-16, reliure de Trautz-Bauzonnet, seul exempl. connu : 1,900 fr., Techener, nº 1923. Ce volume, qui avait été adjugé 2,505 fr. à la vente L. Double, est entré, nous le croyons, dans la collection de M. J. de Rothschild. Il avait successivement été payé 258 fr. en 1853, 820 fr. en 1854 et 1,600 fr. vente Solar.

Sainct Greal (Histoire du), Paris, 1516, in-fol., mar., reliure anglaise : 4,010 fr., Chedeau, nº 792. (Exemplaire payé 1,000 fr. à la vente du prince d'Essling.)

Theseus de Cologne, Paris, 1534, in-fol., mar. Bauzonnet : 1,010 fr., Techener, n° 1892

Valentin et Orson, Lyon, 1505, in-fol., mar. Bauzonnet : 2,375 fr., Techener, n° 1893. (3,000 fr. vente Double, n° 185.)

Ysaie le triste, Paris, 1522, in-fol., mar. Thouvenin : 1,700 fr., Techener, n° 1890.

Ajoutons à ces indications relatives à des livres français celles qui concernent quelques incunables latins qui, dans les ventes dont nous parlons, ont dépassé 1,000 fr.

Biblia latina, Venetiis, T. de Hailbrun, 1480, in-4°, sur vélin : 3,000 fr., Techener, 1521.

BONIFACIUS PAPA. *Liber Decretalium*, Moguntiæ, 1470, sur vélin : 1,000 fr., Techener, 1522.

JANUA (J. DE). *Catholicon*, Moguntiæ, 1460, in-fol. sur vélin : 1,520 fr., mar. Techener, 1535. Exemplaire Giraud, adjugé à 1,950 fr.

Notons en passant qu'à la vente Chedeau, n° 77, un exemplaire des *Horæ virginis Mariæ*, publiées par Geofroy Tory, Paris, 1525, in-4°, a été payé 3,000 fr. (rel. du temps en veau). Il avait été adjugé 2,455 fr. chez M. L. Double, n° 77. Un exempl. d'une autre édition des mêmes *Horæ*, également publiées par G. Tory, 1,300 fr. même vente, n° 78 (1).

On voit que l'ardeur des bibliophiles ne subit aucune tiédeur, et il nous semble qu'à aucune époque on n'a payé aussi cher des livres précieux, si ce n'est à Londres en 1812 et 1813, lorsque l'Angleterre ne recevait rien du reste de l'Europe, et lorsque des amateurs en possession de revenus énormes se livraient dans les salles de vente des combats acharnés qui avaient un jour pour résultat de faire monter à 52,000 fr. un exemplaire d'une édition du *Decamerone* imprimée à Venise en 1472.

III

ALBERT. *Secretz*, p. 6. M. Jannet, l'intelligent éditeur de la *Bibliothèque elzévirienne*, avait commencé en 1847, dans un journal bi-mensuel qu'il faisait paraître sous le titre de *l'Amateur de livres*, un très-intéressant *Essai sur les livres populaires*. Il y parlait, p. 133, des *Secrets du grand Albert*, « le plus célèbre et peut-être le plus absurde et le plus dangereux

---

1. Voir, au sujet des Heures et des autres livres publiés par cet habile peintre et graveur, le très-curieux volume, fruit de longues et patientes recherches, que lui a consacré M. A. Bernard (Paris, Aubry, 1857), livre qui vient de reparaître avec des additions considérables (Paris, Tross).

des livres de cette classe. » On a souvent dit que l'illustre polygraphe était tout à fait étranger au recueil de sottises publié sous son nom. Ce n'est vrai que jusqu'à un certain point. Il est certain qu'un grand nombre des assertions contenues dans les *Secrets* se retrouvent dans les écrits d'Albert, mais on y a ajouté une masse d'extravagances magiques. Le catalogue Huzard indique onze éditions latines et plusieurs françaises : Cologne, 1715, Lyon (Hollande), 1743, 1753, 1758, etc. Le petit volume du colportage moderne est moins complet ; il ne comprend pas la première et scabreuse partie, qui traite de la génération. Parmi les livres populaires de l'Allemagne, il en existe un attribué à Albert et que Goerres a analysé, p. 27-30 de son ouvrage déjà cité.

ALEXIS (Guillaume), p. 7. Viollet Le Duc (*Bibliothèque poétique*, t. 1, p. 23) apprécie le *Blason des faulces amours*, et il en transcrit un assez long passage.

Antechrist (*Vie de l'*), p. 10. Ce livre a reparu, avec quelques légers changements, en latin, avec une traduction en vers français de huit syllabes, et avec une figure sur bois ornant chaque feuillet. C'est un petit in-4º de 23 feuillets, aujourd'hui d'une rareté extrême et dont il n'a peut-être pas passé d'exemplaire en vente publique depuis celle du duc de La Vallière, où un exemplaire en maroquin rouge ne fut payé que 25 fr., prix qui serait bien dépassé aujourd'hui. Un exemplaire, dont nous ignorons la provenance, figure au catalogue de M. Potier, libraire, 1863, nº 217.

Une des figures sur bois montre l'Antechrist se circoncisant de ses propres mains.

BOCCACE. *Les Cent Nouvelles*, p. 24. Laurent de Premierfait dut son nom à un village près de Troyes, où il était né ; il mourut en 1408, selon Martene (*Ampliss. collect.*, t. II, p. 1405). Quoique sa traduction ne conserve rien de la grâce du texte original, et quoique les faits soient souvent défigurés d'une façon étrange, elle eut un grand succès ; il est attesté par les nombreux manuscrits, la plupart élégamment ornés, que possèdent les bibliothèques publiques. Un autre traducteur, dont le nom est resté ignoré, s'exerça plus tard sur les récits du célèbre Florentin, et quinze nouvelles ont été insérées dans un recueil publié à Lyon en 1531, *Le Parangon des nouvelles honnestes*.

Cet ouvrage, qui fut réimprimé en 1532 et en 1533, a reparu à Paris en 1865 (in-18, XXI et 170 pages, à 106 exempl.), avec une curieuse notice bibliographique due à M. Emile Mabille. Très-recherchés aujourd'hui, les exemplaires des éditions originales du *Parangon* se payent des prix excessifs ; celui qui figurait à la vente Solar a été adjugé à 1,000 fr.

BOCCACE. *Ruyne des nobles hommes*, p. 25. L'exemplaire qui a figuré, en 1858, à la vente Borluut, a été acheté par le Musée britannique.

Book for travellers, p. 31.

L'ouvrage débute en ces termes :

> Cy commence la table
> De cest prouffytable doctrine
> Pour trouuer tout par ordene
> Ce que on vouldra aprendre.
> Premierement linvocacion de la Trinite
> Comment on doibt chascun saluer.

Voici les derniers vers :

> La grace du Sainct esperit
> Veul enluminer les cuers
> De ceulx qui la aprendront
> Et nous doinst perseuerance
> En bonnes operacions
> Et apres ceste vie transitorie
> La pardurable ioye et glorie.

M. Blades indique quatre exemplaires de ce volume : celui de la bibliothèque de la cathédrale de Ripon, complet et très-beau ; celui de lord Spencer, complet mais taché, acheté 105 liv. st. au libraire Miller ; celui du duc de Devonshire, incomplet de 5 feuillets et très-rogné, acheté à la vente des doubles de Spencer ; celui qui fait partie de la bibliothèque du château de Bamborough, complet. Un fragment de 2 ff. dans la collection Douce, léguée à la bibliothèque Bodléienne, à Oxford.

BOUTILLIER. *Somme rurale*, p. 31.
L'exemplaire de la vente Solar a été acheté par le Musée britannique.

CASTEL. *Specule des pecheurs*, p. 36. Il ne sera peut-être pas hors de propos de donner un échantillon du langage adopté par cet écrivain.

> O de iesus nostre doulx createur
> Et plasmateur miranda bonitas
> O de iesus nostre vray curateur
> Et redempteur maxima caritas
> O du sauveur dulcis benignitas
> Qui ses seruans de mort a vie a mis...

> Heu heu quam pauci sunt au monde
> Qui capiant de Dieu ceste sentence
> Ne qui tiennent leur conscience monde
> Ou qui portent de leurs maulx penitence
> Ne qui facent auchune resistance
> Saucuns le font ce nest pas a demy.

L'exemplaire sur vélin de la Bibliothèque impériale est décoré d'une miniature. La Mort présente un miroir à une femme qui tient un enfant par la main, et derrière elle est un homme ; ces figures sont coloriées.

Débat du corps et de l'âme, p. 64. Il y a de l'énergie et de la vigueur dans cette composition; mais l'impression est fort incorrecte, ainsi que celle du *Débat du vin et de l'eau*, que Viollet Le Duc (*Biblioth. poët.*, I, 20) signale comme assez piquante et fort bien écrite pour le temps.

Demandes joyeuses, p. 66. Des réimpressions avec quelques changements ont eu lieu au XVIe siècle. Quelques-unes de ces *joyeusetés* ont été insérées dans un livre facétieux où se montre une érudition qui aurait pu trouver un meilleur emploi (*Bibliotheca Scatologica*, 1850). Un savant anglais, M. J. Kemble, a reproduit les *Joyous demands* dans son édition des *Anglo-Saxon dialogues of Salomon and Saturn*, 1848, p. 287-292); il remarque que dans ce texte 27 questions sont empruntées à l'auteur français; les autres ont un caractère plus sérieux, et les libertés de l'original sont bien adoucies.

Dialogue des créatures, p. 66. Les éléments, les plantes, les métaux, les animaux, figurent comme interlocuteurs dans ces entretiens. Les diverses éditions latines antérieures à 1500 sont énumérées dans Hain, II, 249.

Dictz des douze Sibiles, petit in-fol. sans lieu ni date. G. Fischer (*Beschreibung einiger typographischen Seltenheiten*, Mayence, 1800, 1er cahier, p. 83) décrit ce livret, dont il ne connaissait d'ailleurs qu'un seul feuillet, et qui peut être attribué au XVe siècle. Ces *dictz* se retrouvent également dans plusieurs *Heures* publiées à Paris au commencement du XVIe siècle. Les gravures sur bois, que Fischer qualifie de chefs-d'œuvre, sont dues à un artiste inconnu. Les caractères rappellent par leurs formes gothiques ceux de Van der Hœrnen de Cologne. Les draperies sont jetées avec goût, les traits des visages ont de l'expression. Les figures sont dessinées sur un fond criblé parsemé d'étoiles. La première page, divisée en trois colonnes, est entourée d'une riche bordure représentant des fleurs, des oiseaux et des animaux.

Les vers mis au bas des figures sont dépourvus de tout mérite; on peut en juger par ceux qui accompagnent la sibylle Erythrée (*sibylla Erythræa*).

> Du ciel excelse triomphant habitacle
> Dieu a pourveu tous ses humbles servans;
> En vne vierge pour solennel miracle
> Ayant esleu entre tous les viuans
> Delle seront venus tous biens suyvans
> Car ung sainct ange par diuine ordonance
> La saluera en humble reuerence.

Ditz des philosophes, p. 67. Caxton traduisit cet ouvrage en anglais et le publia en 1477, in-folio. Son succès fut tel que deux réimpressions suivirent rapidement. Ces volumes sont d'un prix excessif en Angleterre.

Voir Lowndes, *Bibliographer's Manual*, p. 1859; Dibdin, *Typogr. antiq.*, I, 59-72, et *Biblioth. Spencer.*, IV, 210-218.

On trouve des détails sur ces *Ditz* dans l'*Introduction* placée en tête du *Livre des proverbes français*, de M. Le Roux de Lincy.

Tignonville mourut en 1414, à Paris, président de la Chambre des comptes.

Enfant sage, p. 71. Nodier possédait un exemplaire qui, relié par Kœhler, fut adjugé à 38 fr. Dans son catalogue de 1844, n° 103, il qualifie ainsi ce livret : « une de ces raretés trop multipliées dans les cabinets des amateurs, dont le seul mérite consiste à être des raretés. » Il a été fait une réimpression à Epinal, sans date. Voir Ch. Nisard, *Livres populaires*, t. II, p. 17. Cet ouvrage existe aussi en anglais : *A lyttel Treatyse called the wyse chylde of thre yere old demanded by Adrian Emperoure*; une réimpression, à 30 exemplaires seulement, faite d'après le seul exemplaire connu de l'édition de Wynkyn de Worde, a été mise au jour en 1830 par les soins de M. Halliwell.

ESOPE, p. 72. Sept fables de cette traduction ont été reproduites avec quelques rajeunissements de style dans *le Parangon des nouvelles honnestes*, que nous venons de signaler.

FRANC (MARTIN). *Le Champion des dames*, p. 80. Ce livre a été, en 1864, l'objet d'une brochure de M. Campeaux : *la Femme au quinzième siècle*. Le vieux poëte regrette qu'on ne donne pas la France à gouverner aux femmes, afin de réformer tant d'abus introduits par les hommes. Il se montre partisan résolu de ce qu'on appelle aujourd'hui l'émancipation du sexe féminin.

Galien Rethoré, p. 83. Dans le poëme de *Charlemagne*, le récit des *gabs* commence à la page 18 :

« Dès ore gabberent li cunte e li marchis. »

Il est fort long. C'est d'ailleurs, sauf quelques changements, le même sujet que l'épisode du roman de *Galien* : « Adonc le roy Charlemaigne
« dist qu'il commenceroit le premier à gabber, c'est à dire railler ou
« compter aucune chose pour rire et passer le temps ou à qui mentiroit
« le mieulx. » (Fol. XIIII, verso.)

Heures, p. 92. Une note du catalogue de la vente Chedeau (Potier, avril 1865), n° 60, décrit des *Heures* publiées par Verard, avec calendrier de 1488 à 1508, différentes de celles que M. J. Ch. Brunet a fait connaître dans sa *Notice sur les Heures gothiques*, sous les n°s 120, 121 et 122. Dans cet exemplaire, adjugé à 295 fr. (il avait quelques taches, et le frontispice, qui manquait, avait été refait par M. Pilinski), on comptait 17 grandes gravures et 37 petites dans le texte, indépendamment de celles qui forment les bordures et qui sont au nombre de 5 ou 6 par page. Les sujets des encadrements sont tirés de la Bible ou sont des portraits de saints. Beaucoup de prières sont en français, quelques-unes en vers.

LEFEBVRE (RAOUL). *Recueil des histoires de Troyes*, p. 106.

M. Blades, dans son ouvrage déjà cité sur Caxton (t. 2, p. 12 et suiv.), donne des détails étendus au sujet de ce volume. Le Musée britannique possède un bel exemplaire complet, acheté en 1844 200 liv. st. à M. Libri; il possède également le second livre, imparfait de 2 ff. L'exemplaire imparfait du duc de Roxburghe, après avoir été successivement adjugé à 73 liv. st. 10 sh. vente des doubles de lord Spencer, à 36 liv. st. 10 sh. vente Dent, et 27 liv. st. vente Hanrott, est entré chez lord Ashburnham. L'exemplaire que lord Spencer acheta en 1823 à la vente Wilson Taylor, et qu'il paya 206 liv. st. 10 sh., est complet et bien conservé. Il manque dans celui de la Bibliothèque impériale à Paris le 32ᵉ feuillet et une partie du 51ᵉ.

Jason. Voir Blades, t. 2, p. 16 et suiv.; le Musée britannique ne possède pas de manuscrit de cette composition. Il y en a un à Paris, à la Bibliothèque impériale, n° 6953. Voir Paulin Paris, *Manuscrits françois*, t. 2, p. 326.

Livre de consolacion, p. 115. Peu de personnes auront sans doute à leur disposition le *Bulletin*, auquel nous renvoyons; il nous semble donc opportun de transcrire ici ce qu'il dit au sujet du livre qui nous occupe. Cet ouvrage se compose de trois parties. La première est intitulée : « Dévote contemplacion et oraison laquelle quiconque la dira il pourra obtenir de Dieu consolacion en toutes tribulacions. » C'est un dialogue entre « le poure pecheur et le benoist Sauueur Jesus. » La seconde partie traite des « Sept pechez mortels et des filles ou branches d'iceulx, des dix commandements de la loy, des cinq sens de nature, des sept sacrements et des douze articles de la foy. » La troisième partie contient « une tres consolatoire contemplation par forme de dyalogue moult prouffitable à la personne pour vaincre toutes tribulations, composee par tres venerable docteur Isidor. Et sont introduis en ce present traictie deux personnaiges cest asauoir lhomme et rayson. » A la fin de cette dernière partie et avant la souscription, on lit : « Priez pour celuy qui a translate ce present traictie de latin en francoys et la fait mettre en moule pour le salut des âmes. » Le volume se termine par une pièce de 84 vers français de 8 syllabes, intitulée : « Sensuyt lart et science de bien vivre et de bien mourir. »

Nous citerons les vers suivants :

> De trop hault estat ne te chaille,
> Car le plus hault ne vaut pas paille...
> Le temps se change en peu d'heures,
> Tel rit au matin qui au soir pleure.

NESSON, p. 147. Son *Testament* en faveur de la Vierge Marie est imprimé à la suite de la *Danse aux aveugles* de Michault, édition de 1748. C'est un écrit inspiré par une extrême naïveté qui aujourd'hui ne paraîtrait plus édifiante.

ORESME. *Traittie des monnoies*, p. 154. M. Wolowski a établi le texte d'après un manuscrit de la Bibliothèque impériale, et il a donné les variantes de l'édition de Colard Mansion. L'ouvrage a été plusieurs fois imprimé durant le XVIe siècle, et on le trouve dans la *Bibliotheca maxima Patrum*, 1589, t. IX, p. 1291. On a pu dire avec raison que cette théorie de la monnoie est encore aujourd'hui parfaitement conforme aux principes posés par les maîtres et qu'elle est exposée avec une netteté lucide et concise qui établit combien Oresme était supérieur à son époque. On constate quelques suppressions dans l'imprimé; on n'y trouve pas cette belle pensée que donne le manuscrit : « Qui seroit doncques celluy qui en prince qui auroit diminué le prix ou bonté de la matière ainsi figuree de son propre signe auroit fiance ? » Voir, d'ailleurs, l'*Introduction* de LXIV pages qu'a tracée M. Wolowski.

POGGE, p. 165. On retrouve dans *le Parangon des nouvelles honnestes* (recueil dont nous venons de parler à l'article Esope, p. 238) vingt facéties ou contes extraits de l'ouvrage de Pogge, et avec de faibles corrections de style.

Purgatoire Saint Patrice, p. 170. Voir le *Dictionnaire des légendes du Christianisme*. Paris, Migne, 1855, col. 1303.

Quatre choses dernières, p. 172. Ces quatre choses sont: la mort, le jugement, l'enfer, le paradis. Il existe un grand nombre d'ouvrages latins sur ce sujet ; signalons les *Sermones* de saint Bonaventure, *De quatuor novissimis* ; le livre attribué à Leewin ou à Rickel le chartreux; le *Præclarissimum opus super quatuor novissimis* de Nicolas Denise; le traité de Jean de Carthenay, Anvers, 1573, et bien d'autres.

QUINZE JOIES, p. 174. M. Paul Lacroix consacre quelques pages (p. 3-7) d'un fort curieux volume sous presse au moment où nous écrivons (*Enigmes et problèmes bibliographiques*, in-12) à l'examen de la charade-logographe qui se trouve dans le manuscrit de Rouen et que M. André Potier a fait connaître. Le savant bibliographe y trouve le nom de Lemande, personnage fort inconnu, mais dont l'existence est constatée par un anagramme qui accompagne une autre pièce de vers : *le Jubilé de Milan*.

SURSE. *Controversie*, p. 194. Blades (t. 1, pl. 2) donne un fac-simil des types de ce volume. Il y en a un exemplaire au Musée britannique.

Vergier amoureux, p. 210. Ce que M. Lacroix a dit au sujet de cet ouvrage est reproduit dans le volume de cet écrivain : *Enigmes et problèmes bibliographiques*.

TABLES

Les quatre tables que nous joignons à notre travail exposent successivement les ouvrages français imprimés au XVe siècle, classés dans un ordre méthodique et alphabétique, les ouvrages datés classés chronologiquement, les noms des imprimeurs, les villes où l'impression a eu lieu. Un grand nombre de livres dépourvus d'indications ont dû être laissés de côté.

Un coup d'œil rapide jeté sur ces listes fournira quelques renseignements utiles. On verra quel genre d'ouvrages était alors le mieux accueilli du public, et quelles étaient les villes où la typographie avait le plus d'activité. L'aperçu des travaux des divers imprimeurs, à la tête desquels se place Antoine Verard, peut aussi offrir de l'intérêt.

Le classement des livres présentait parfois quelques difficultés. Nous nous sommes rapprochés de l'ordre suivi dans le *Manuel du Libraire*.

THÉOLOGIE.

ÉCRITURE-SAINTE.

Bible historyée en françois, 22.
Comestor. Bible hystoriée, 51.
Ecclésiastique, Psaultier, etc., 72.
Figures du Vieil Testament et du Nouveau, 79.
Lyra (*N. de*). Exposicion sur le Psaultier, 119.
Psaultier en françoys, 170.
Sept Psaulmes en françoys, 190.
Testament (Le Nouveau), 199.

PÈRES DE L'ÉGLISE.

Augustin. Cité de Dieu, 17.

Lamentacion sur les sept pseaulmes, 17.
Benoist (Règle de saint), 21.
Bernard. Belle doctrine, 21.
Sermon de la misère humaine, 21.
Bonaventure. Aguillon damour divine, 28.
Temptation de l'ennemi, 29.
Méditacions sur le *Salve Regina*, 92.
Ignace (Épistres de Saint), 95.
Jérôme. Règle de devocion, 99.
Psaultier Nostre-Dame, 100.
Vies des Pères, 100.

LITURGIE.

Heures, 92.
Livre de la confrairie du psaultier, 115.

MYSTICITÉ, CONTROVERSE, MORALE RELIGIEUSE.

Ailly (P. d'). Exposicion des sept pseaumes, 4.
Art de bien mourir, 14.
Art au morier, 225.
Art de bien vivre et de bien mourir, 15.
Antechrist (Avénement de l'), 9.
Antechrist (Vie de l'), 10.
Castel. Specule des pecheurs, 36.
Chapellet de virginité, 40.
Cordial (Le), 229.
Cuido de Monteregio. Manipulus curatorum, en françoys, 89.
Eguillon de crainte divine, 71.
Examen de conscience, 73.
Exemplaire de confession, 74.
Eximenez. Livre des saints anges, 74.
Exposicion des évangiles, 74.
Fleur des commandements de Dieu, 79.

Fleur de la Somme angélique, 80.
Gaguin. De la conception de la Vierge. 83.
Gerson. Coppie de deux grands tableaux, 83.
Opus tripartitum, 84.
Donat espirituel, 84.
Doctrine de bien vivre, 84.
Confession, 84.
Trésor de sapience, 84.
Traité du commandement, 84.
Mendicité spirituelle, 84.
Sermon, 85.
Imitation de Nostre Seigneur, 65.
Internelle consolacion, 95.
Jardin de devocion, 97.
Livret de consolacion, 115.
Lucidaire, 117.
Maillard. Histoire de la passion, 119.
Instruction de la vie contemplative, 119.
Confession, 119.
Sermon fait à Bruges, 120.
Manuel des dames, 125.
Marchandise spirituelle, 125.
Meditacions sur les pseaumes, 129.
Miroir de lame, 140.
— de lame pecheresse, 141.
— de la redemption de lhumain lignage, 141.
Missus est en françoys, 142.
Montfiquet. Exposicion de loraison, 146.
Myroir de vie, 146.
Ordinaire des chrestiens, 151.
Orloge de sapience, 154.
Pierre de Lucembourg. Diete de salut, 163.
Chemin de penitence, 163.
Proufit quon a douyr messe, 168.
Quatre choses, 172.
Quentin. Horloge de devocion, 174.
Examen de conscience, 174.

Manière de bien vivre, 174.
Reigle des marchands, 176.
Robert. Trésor de lame, 179.
Suffrages (grands) et dévotes oraisons, 94.
Theramo (J. de). Procès de Bélial, 200.
Traittie ipvective contre la Vauderie, 203.
Trésor des humains, 203.
Vergier céleste, 210.
Vie de Jhesucrist, 210.
Vie de nostre benoist Sauveur, 211.
Villeneuve (T. de). Épistre intitulée la Conscience.
Vincent-Ferrier (Saint). Sermons.

JURISPRUDENCE.

Boutillier. Somme rurale, 31.
Coustumes des pays d'Anjou, 56.
Coustumes de Normandie, 57.
Coustumier de Normandie, 57.
Coustumier de Poitou, 58.
Coustumes de Bretagne, 58.
Institutes en françois, 97.
Ordonnances de la preuoste de Paris, 153.
Ordonnances de Bourgogne, 153.
Ordonnances royaulx, 153.

SCIENCES ET ARTS.

MORALE, POLITIQUE.

Aristote. Livre de Politique, 14.
Boccace. Livre de la Louenge des dames, 24.
Boëce. Consolacion de philosophie, 27.
Cathon, en françoys, 37.
Chemin de l'hospital, 45.

Christine de Pisan. Trésor de la cité des dames, 45.
Ciceron. Les Offices, 48.
Dits moraux des philosophes, 67.
Ditz des philosophes, 68.
Dupin. Livre de bonne vie, 70.
Enfant saige à trois ans, 71.
Enseignements moraulx, 71.
Gouvernement des princes, 87.
Guidon et gouvernement du monde, 89.
Legrant (Jacques). Livre des bonnes meurs, 109.
Livre des quatre choses, 112.
Livre de consolacion, 115.
Oresme. Traitie des monnoyes, 154.
Roye. Livre de sapience, 184.
Seneque (Œuvres de), 189.

SCIENCES MÉDICALES.

Aldebrandin. Livre pour la santé du corps, 6.
Aristote. Le secret des secretz, 14.
Chauliac. Cyrurgie, 45.
Gordon. Pratique de medecine, 86.
Jardin de santé, 98.
Lanfranc. Cyrurgie, 106.
Regime pour conserver la santé, 176.
Salicet. Cyrurgie, 186.
Villanova (Arnauld de). Régime très-utile, 216.

HISTOIRE NATURELLE, AGRICULTURE.

Albert (Le grand). Secretz des herbes.
Arbolaire, vertus des herbes et des plantes, 13.
Calendrier en français, 36.
Compost et kalendrier des bergers, 32.
— des bergières, 53.

Cuba (J. de). Le Jardin de santé, 60.
Crescences (P. de). Livre des prouffitz champestres, 58.
Glanville. Le Propriétaire des choses, 85.
Kalendrier des bergers, 103.
Livre nommé les Merveilles du monde, 115.
Lunaire en françoys, 119.
Sydrach, Fontaine de toutes sciences, 195.
Vertu des eaues et herbes, 210.

CHASSE, CUISINE.

Livre de la chasse du bon chien Souillart, 115.
Modus (Le roy), 143.
Tardif. Art de la fauconnerie, 197.
Taillevent. Le Viandier, 196.

BELLES-LETTRES.

RHÉTORIQUE, GRAMMAIRE.

Auffret, le Catholicon en troys langues, 16.
Book for travellers, 31.
Catholicon abbreviatum, 37.
Croy (H. de). Lart et science de rhetorique, 60.
Jardin de plaisance et fleur de rhetorique, 98.
Vocabulaire latin françoys, 221.

POÈTES ANCIENS.

Lucain, 117.
Ovide. Metamorphose moralisiee, 156.
Therence en françoys, 201.
Virgile. Livre des Eneydes, 220.

POÉSIE FRANÇAISE.

Abusé (L') en court, 1.

Alain. Paraboles, 2.
Alexis (G.). Le Grand Blason, 7.
Débat de l'homme, 7.
Le Passe-temps de tout homme, 8.
Declamacion sur levangile, 8.
Amant (L') rendu cordelier, 8.
Aventurier rendu à dangier, 16.
Banquet du boys, 18.
Beaunay (J. de). Doctrinal des prudes femmes, 20.
Belle dame qui eust mercy, 20.
Bestiaire damours, 21
Bade. La Nef des Folles, 17.
Brandt. La Nef des Folz, 33.
Les Regnars traversans, 34.
Chapellet Nostre-Dame, 40.
Chartier (Alain). Les Faiz, 41.
La Belle Dame, 42.
Complainte de l'amoureux, 44.
Chastelain. Chanchons georgines, 49.
Cocquillart. Enqueste, 49.
Playdoyé, 49.
Commandements de Dieu, 51.
Complainte de France, 52.
Complainte de Nostre-Dame, 52.
Complainte de dame Chrestienté, 52.
Congie pris du siecle, 53.
Contenances de la table, 56.
Dance macabre, 61.
Debat de la dame, 63.
— des deux serviteurs, 64.
— du corps et de l'ame, 64.
— du jeune et du vieulx, 64.
— du religieux, 65.
— du vin et de l'eau, 65.
Dialogue du fol et du sage, 67.
Dict du pays, 67.
Dictz des bestes, 67.
Ditz ioyeulx des oyseaulx, 68.
Doctrinal des bons serviteurs, 68.
— des femmes mariées, 68.
— des filles, 69.

Doctrinal des nouveaulx mariés, 69.
— des nouvelles mariées, 69.
Épitaphe de J. Trotier, 71.
Épitaphes de Loys onziesme et Charles son fils, 72.
Faulceté damours, 76.
Floret en françoys, 80.
Franc (Martin). Le Champion des dames, 80.
L'Estrif de fortune, 81.
Gaguin. Le Passe-temps doisyveté, 82.
Giroufflier aux dames, 85.
Gobin. Confession en rimes.
Grans faitz du seigneur Nemo, 87.
Gringore. Le chasteau de labour, 87.
Lettres de Milan, 88.
Faintises du monde, 88.
Guerin. Complainte, 88.
Guilleville. Roman des pelerinages, 90.
Joyes et douleurs de la vierge Marie, 132.
La Marche. Debat de cuydier, 103.
Lamentacion du jugement, 105.
Lay de paix, 106.
Livre de clergie, 113.
Livre des prestres, 113.
Livre du faulcon, 114.
Louange des dames. 116.
Louange et beaulté des dames, 116.
Mal (Le) récompensé, 121.
Marguerite des vertus, 125.
Martial de Paris. Louenges de la Vierge, 123.
Vigilles de la mort, 128.
Martilloge des faulses langues, 126.
Matheolus (Livre de), 126.
Menus Propos, 130.
Meschinot. Les Lunettes des princes, 133.
Messagier damour, 135.
Meung (Jean de), 135.

Michault. Le Doctrinal du temps présent, 136.
La Danse des aveugles, 137.
Molinet. Complainte, 145.
Naissance de Charles d'Austriche, 145.
Ressource du petit peuple, 145.
Nesson. Supplicacion à Nostre-Dame, 147.
Vigilles des morts, 147.
Pronostication nouvelle, 167.
Psaultier au villain, 169.
Rebours de Matheolus, 175.
Regrets du roi Alphonse, 176.
Remembrance de la mort, 176.
Remembrance du maulvais riche, 177.
Renoncement damours, 177.
Rescription des femmes de Paris, 177.
Resolucion damours, 178.
Roman de la Rose, 181.
Saint-Gelais. Le Vergier dhonneur, 185.
Complainte du feu roy Charles, 186.
Salomon et Marcon, 187.
Salve Regina en françoys, 188.
Souhaits des hommes, 190.
Souhaits et beautés des dames, 191.
Songe de la pucelle, 192.
Songe doré, 193.
Suffrages et oraison des saints, 194.
Temple de Mars, 198.
Testament de Tastevin, 198.
Trespassement Nostre-Dame, 203.
Trois (Les) morts et les trois vifz, 205.
Vigilles des morts, 216.
Villon. Grand Testament, 217.
Repeues franches, 217.
Voye de paradis, 223.

THÉATRE.

Bien avisé, mal avisé, 23.

Homme pêcheur, 94.
Michel. Mystère de la passion, 138.
Millet. Destruction de Troyes, 139.
Mystère de la passion, 142.
Mystère de l'institution des Frères prêcheurs, 146.
Nativité de Nostre-Seigneur, 147.
Pathelin (Farce de), 159.
Procès que a faict Misericorde contre Iustice, 167.
Vengeance de Jhesucrist par personnages, 208.

ROMANS DE CHEVALERIE.

Appollyn, roy de Thyre, 11.
Arthus (Le roy), 16.
Baudouyn, comte de Flandres, 19.
Beufves de Hantoune, 22.
Clamades, 48.
Cleriadus, 49.
Fier à bras, 77.
Galien Rhetoré, 83.
Gyron le Courtois, 91.
Hercule (Les prouesses du preux), 92.
Jean d'Arras. Mélusine, 98.
Lancelot du Lac, 105.
Lefeuvre. Jason et Médée, 116.
Merlin, 131.
Ogier, 150.
Olivier de Castille, 151.
Paris (Le chevalier), 157.
Pierre de Provence, 163.
Quatre fils Aymon, 172.
Pontus, 166.
Richard-sans-peur, 178.
Robert-le-Diable, 179.
Triumphe des neuf Preux, 205.
Tristan de Leonnois, 204.
Valentin et Orson, 206.

ROMANS DE DIVERS GENRES.

Christine de Pisan. Trésor de la cité des dames, 45.
Colomna. Histoire de la destruction de Troye, 50.
Jouvencel (Le), 101.
Le Feuvre. Recueil des histoires de Troyes, 106.

MYTHOLOGIE.

Boccace. Généalogie des dieux, 27.

CONTES ET NOUVELLES, FACÉTIES.

Advineaux amoureux, 3.
Arétin (Léonard). Guisgardus et Sigismonde, 13.
Boccace. Decameron, 24.
Cent Nouvelles nouvelles, 38.
Conoilles (Livre des), 54.
Conqueste du chasteau damours, 55.
Demandes damours, 65.
Demandes ioyeuses, 66.
Faitz de Virgile, 74.
Martial de Paris. Les cinquante et ung arrests damour, 129.
Mauritianus. Livre damours, 129.
Mélibée et Prudence, 130.
Nouvelles admirables, 148.
Nouvelles de la terre de Prestre Jehan, 148.
Petrarque. Patience de Grisclidis, 160.
Pie. Euryalus et Lucrèce, 162.
Pogge. Facéties, 165.
Purgatoire des mauvais maris, 170.
Quinze joyes de mariage, 174.
Sept sages de Rome, 190.

APOLOGUES, PROVERBES.

Cent nouveaulx proverbes, 38.

Dialogue des créatures, 66.
Esope, 72.
Valle (*Laurent*). Apologues, 207.
Proverbes comuns, 168.

HISTOIRE.

HISTOIRE UNIVERSELLE.

Colonna (Jean). Mer des histoires, 50.
Fardelet des faitz, 75.
Fardelet historial, 76.
Mer des histoires, 131.
Orose. Histoire, 155.
Vincent de Beauvais. Miroir historial, 218.

HISTOIRE ANCIENNE.

Cesar. Commentaires, 39.
Curce (*Quinte-*), 61.
Josèphe. Bataille judaïque, 101.
Live (*Tite-*), 112.
Lucain, 117.
Troys (Les) Grands, 205.

HAGIOGRAPHIE, LÉGENDES.

Légende des saintz nouveaulx, 109.
Martyrologe des saints, 128.
Simoneta. Livre de persécution des chrétiens, 191.
Purgatoire Saint-Patrice, 170.
Voragine. Légende dorée, 221.

HISTOIRE DE FRANCE.

Archeueschez, eueschez, etc., de France, 13.
Chronique de Louys de Valois, 47.
Chronique des roys de France, 46.
Chartier (*Alain*). Le quadrilogue, 42.
Chroniques de Saint-Denys, 46.
Chroniques des roys, ducs et comtes de Bourgoigne, 47.

Cry des monnoyes faict à Paris, 60.
Entree du roy à Rome, 71.
Froissart, 82.
Joustes faictes à Paris, 101.
Livre des faitz de Duguesclin, 70 (pourrait être classé parmi les romans de chevalerie).
Monstrelet, 145.
Ordre gardé à Tours, 154.
Prologue de lentrée du roy à Rouen, 168.
Rues et églises de Paris, 185.
Sacre de la royne de France, 185.
Sacre de Louys douziesme, 185.
Traictés de paix, 202, 203.

HISTOIRE DE DIVERS PAYS.

Dupuis. Defense de Rhodes contre les Turcs, 70.
Merveilles de Rome, 133.
Prise de la cité de Grenade, 167.

VOYAGES.

Breydenbach. Voyage et pelerinage doultremer, 35.
Mandeville (Livre de), 122.

BLASON, CHEVALERIE.

Blason de toutes armes et escutz, 24.
Bonnor. Arbre des batailles, 29.
Debat des heraulz darmes, 64.
Instruction de chevalerie, 96.
Pas des armes de Sandricourt, 158.
Surse de Pistoie. Controversie de noblesse, 194.
Vegece. Lart de chevalerie, 208.

MÉLANGES HISTORIQUES.

Boccace. De la ruyne des nobles hommes, 25.
Valère le Grant, 207.

LISTE CHRONOLOGIQUE

DES OUVRAGES EN LANGUE FRANÇAISE

PUBLIÉS AVEC DATE AU XVᵉ SIÈCLE.

1474.
Eximenez. Livre des Saints Anges, 74.

1476.
Boccace. De la ruyne des nobles hommes, 25.
Voragine. Légende dorée, 221.

1477.
Légende des Saints, 109.
Rodorique. Le Miroir de vie humaine, 181.
Vincent Ferrier (Saint). Sermons, 219.

1478.
Baudoyn (Le Livre de), 19.
Chauliac. Cyrurgie, 45.
Jean d'Arras. Mélusine, 99.
Legrant. Livre des bonnes mœurs, 109.
Mirouer de la rédempcion, 141.
Roye. Livre de sapience, 184.

1479.
Boutillier. La Somme rurale, 31.
Miroer historial, 140.
Mirouer de la redempcion, 141.

1480.
Gaguin. De la concepcion de la Vierge (date douteuse), 83.

Livre de la confrairie, 115.
Mandeville (deux éditions), 122.

1481.
Bonnor. L'Arbre des batailles, 29.
Ecclésiastique (l'), le Psaultier, etc., 72.
Maillard. Confession, 119.
Olivier de Castille, 151.
Theramo. Proces de Belial, 200.
Tresor des humains, 203.

1482.
Dialogue des créatures, 66.
Glanville. Le Propriétaire des choses, 85.
Mirouer de la redempcion, 141.
Roye. Livre de sapience, 184.
Rodorique. Le Miroir de vie humaine, 181.
Virgile. Livre des Eneydes, 220.

1483.
Boccace. De la ruyne des nobles hommes (3 edit.), 26.
Coustumes de Normandie, 57.
Fardelet des faits, 75.
Ordre gardé aux estats de Tours, 154.
Vie de saint Albain, 210.
Voragine. Légende dorée, 221.

1484.

Abuzé (L') en court, 2.
Baudouyn (Le Livre de), 19.
Coutumes de Bretagne, 58.
Esope, 72.
Lefebvre. Histoire de Troyes, 107.
Millet. Destruction de Troyes, 139.
Ovide moralisé, 156.
Roye. Livre de sapience, 184.
Songe de la pucelle, 191.
Théramo. Procès de Bélial, 200.
Voragine. Légende dorée, 220.

1485.

Alexis. Déclamacion faite sur l'Évangile, 8.
Baudouyn (Le Livre de), 20.
Boccace. Les Cent Nouvelles, 24.
Coutumes de Bretagne, 58.
Danse macabre, 61.
Dupin. Livre de bonne vie, 70.
Floret, 80.
Glanville. Le Propriétaire des choses, 85.
Guilleville. Pelerinage de vie humaine, 90.
Millet. Destruction de Troyes (2 édit.), 139.
Montfiquet. Exposicion de l'oraison, 146.
Roye. Livre de sapience, 184.
Valère le grant, 207.
Voragine. Légende dorée, 222.

1486.

Augustin (*Saint*). Cité de Dieu, 17.
Boutillier. La Somme rurale, 31.
Cent Nouvelles, 42.
Coustumes du pays d'Anjou, 56.
Chronicques de Saint-Denys, 48.
Crescence. Livre des prouffits champestres (2 édit.), 58.
Danse macabre, 61.
Dits des philosophes, 68.
Eximenez. Livre des Saints Anges, 74.
Jérome (*Saint*). Vies des Peres, 100.
Legrant. Livre des bonnes meurs, 109.
Live (*Tite-*). 132.
Modus (Livre du roy), 143.
Sydrach. La Fontaine de science, 195.

1487.

Chroniques de Normandie (2 éditions), 59.
Glanville. Le Propriétaire des choses, 85.
Legrant. Livre des bonnes mœurs, 109.
Ludolphe. Le grant Vita Christi, 118.
Mandeville (Le livre appellé), 122.
Paris (Histoire du chevalier), 157.
Theramo. Procès de Bélial, 200.
Triumphe des neuf preux, 205.
Vocabulaire latin-francoys, 221.

1488.

Alexis. Le Grant Blason, 7.
Boutillier. La Somme rurale, 31.
Clamades (Livre de), 48.
Colonna. La Mer des histoires, 50.
Fier à bras, 77.
Guido de Monteregio. Manipulus curatorum, 89.
La Marche. Le Chevalier délibéré, 103.
Lancelot du Lac, 105.
Martyrologe des Saints, 126.
Mer des histoires, 131.
Roye. Livre de sapience, 184.
Végèce, 298.
Vie de Jhesucrist, 210.
Villeneuve (*T. de*). Epistre au duc de Bourbon, 216.
Voragine. Légende dorée, 222.

1489.

Aristote. Livre de Politique, 14.
Breydenbach. Voyage d'oultremer, 35.
Fier à bras, 77.
Tristan de Leonnois, 204.
Valentin et Orson, 206.
Valère le grant, 207.
Villon. Le Grand Testament, 217.

1490.

Amant (L') rendu cordelier, 8.
Chauliac. Guidon de la cyrurgie, 44.
Chronicque des roys de France, 46.
Danse macabre, 62.
Lefeuvre. Histoire de Troyes (2 éditions), 10.
Lucain, 107.
Millet. Destruction de Troyes, 139.
Mystère de la passion, 142.
Ordonnances de Bourgogne, 153.
Pathelin (Farce de), 139.
Theramo. Procès de Bélial, 200.
Villon. Le Grant Testament, 217.
Voragine. Légende dorée, 222.

1491.

Colonna. La Mer des histoires, 51.
Danse macabre, 62.
Débat du religieux, 65.
Doctrinal des nouvelles mariées, 69.
Glanville. Le Propriétaire des choses, 85.
Lefebvre. Le Roman de Jason, 111.
Mer des histoires, 131.
Millet. Destruction de Troyes, 139.
Orose, 155.
Songe du Vergier, 192.
Vengeance de Nostre Seigneur, 208.

1492.

Alain. Les Paraboles, 4.
Antechrist (Avenement de l'), 9.
Art de bien vivre, 15.
Cathon, 37.
Danse macabre, 62.
Josèphe, 101.
Martial de Paris. Dévotes louenges (2 éditions), 126.
Matheolus (Livre de), 126.
Ordinaire des chrestiens, 152.
Pathelin (La Farce de), 164.
Postilles sur les évangiles, 167.
Salicet. Cyrurgie, 186.
Sept Sages de Rome (2ᵉ édition), 190.
Tardif. Art de fauconnerie, 19.

1493.

Alexis. Le Grant Blason, 7.
Débat de l'homme et de la femme, 7.
Aretin. Traicté de l'amour parfaite (2 éditions), 14.
Art de bien vivre, 15.
Boccace. Le Livre de la louenge des dames, 24.
Bonnor. L'Arbre des batailles, 29.
Chronicques de saint Denys, 46.
Cicero. Livre des Offices, 48.
Compost des bergiers (2ᵉ édition), 52.
Conoilles (Livre des), 54.
Croy. Art de rhétorique, 60.
Débat de la dame, 63.
Exemplaire de confession, 73.
Imitation de Nostre Seigneur, 95.
La Marche. Chevalier délibéré, 103.
Ludolphe. Le grant Vita Christi, 118.
Maillard. Histoire de la Passion, 119.
Martilloge des faulces langues, 126.

Martial. Vigilles de la mort de Charles VII, 128.
Meschinot. Les Lunettes des princes, 133.
Orloge de sapience, 154.
Ovide. Métamorphose, 156.
Pas des armes de Sandricourt, 158.
Pierre de Provence, 164.
Quatre fils Aymon, 172.
Roye. Livre de sapience, 184.
Sept Sages, 190.
Theramo. Procès de Bélial, 200.
Voragine. Légende dorée, 222.

1494.

Artus (Roman d'), 16.
Boèce. Consolacion, 28.
Bonaventure (Saint). Aguillon d'amour divine, 28.
Boutillier. La Somme rurale, 31.
Jérôme (Saint). Vies des Pères, 100.
Lancelot du Lac (2 éditions), 105.
Lefeuvre. Histoire de Troyes, 108.
Martial. Devotes louenges, 126.
Mauritianus. Livre damours, 129.
Mirouer de l'ame pecheresse, 141.
Ordinaire des chrestiens, 152.

1495.

Blason de toutes armes, 24.
Fardelet historial, 76.
Froissart, 82.
Gordon. La Pratique de medecine, 88.
Guérin. Complainte, 88.
Jérome (Saint). Vies des Pères, 100.
Meschinot. Lunettes des princes, 234.
Ordinaire des chrestiens, 112.
Quatre fils Aymon, 173.
Valentin et Orson (édition douteuse), 206.

Vie de Jhesucrist, 210.
Vincent de Beauvais. Miroir historial, 218.

1496.

Art de bien vivre, 15.
Cicero. Le Livre des Offices, 48.
Cleriadus (Livre de), 49.
Compost des bergiers, 52.
Fier a bras, 77.
Fleur des commandements de Dieu, 79.
Reigle des marchands, 176.
Robert-le-Diable, 179.
Vie et miracles de saint Martin, 213.

1497.

Alexis. Le Grant Blason, 7.
Brandt. La Nef des folz du monde, 33.
Chartier. Quadrilogue, 40.
Christine de Pisan. Trésor de la cité des dames, 45.
Fier à bras, 77.
Froissart, 82.
Gouvernement des princes, 87.
Postilles sur les évangiles, 167.
Robert-le-diable, 179.
Roye. Livre de sapience, 184.
Voragine. Légende dorée, 222.

1498.

Art de bien vivre, 15.
Boccace. La Généalogie des dieux, 27.
Brandt. La Nef des folz du monde, 33.
Chauliac. Cyrurgie, 44.
Chapelet des vertus, 40.
Cry des monnoies, 60.
Internelle consolacion, 96.
Joustes faictes à Paris, 101.
Martial. Dévotes louenges, 126.
Merlin (Roman de), 132.

Millet. Destruction de Troyes, 139.
Roye. Livre de sapience, 184.
Sept Sages, 190.
Vie des trois roys, 213.

1499.

Auffret. Catholicon, 16.
Antechrist (Vie de l'), 10.
Brandt. La Nef des folz, 33.
Compost des bergières, 53.
Croy. Art de rhétorique, 60.
Danse macabre, 62.
Esope, 72.
Gringore. Le Chasteau de labour, 87.
Legrant. Livre des bonnes meurs, 109.
Meschinot. Lunettes des princes, 134.

Mystère de la Passion, 153.
Ordonnances royaulx, 153.

1500.

Benoist (Règle de saint), 21.
Compost des bergiers (3 éditions), 32.
Galien rethoré, 83.
Gerson. La Mendicité spirituelle, 84.
Glanville. Le Propriétaire des choses, 85.
Gringore. Le Chasteau de labour (3 éditions), 87.
Hercule (le Preux), 92.
Ignace (Saint). Epistres, 95.
Internelle consolacion, 96.
La Marche. Le Chevalier délibéré, 101.
Lucain, 117.
Mystère de la Passion, 143.

LISTE DES TYPOGRAPHES

QUI ONT IMPRIMÉ DES LIVRES FRANÇAIS AU XVe SIÈCLE (1).

Arnoullet (Olivier), 20, 175.
Arnoullet (Jacques), 210.
Auzoult (Richard), 64.
Balsarin, 53.
Beneaulx (Germain), 8, 159.
Bellot (Jean), 52.
Bonhomme (Jean), 58, 139.
Bonhomme (Pasquier), 46.
Bouchier (R.), 128.
Buyer (Barthélemy), 19, 23, 44, 109, 122, 140, 163, 181, 199, 221.
Buyer et Husz, 119.
Cailliaud, 109.
Carcain (J.), 115.
Caxton (W.), 31, 130.
Chaussart (B.), 38, 67, 122, 125, 168.
Courtiault (G.) et J. Menart, 62.
Crès (J.), 169, 190.
Cyber (Jean), 85.
Daygue (Claude), 48, 184.
Desprez (Nicolas), 141, 183.
Driard (Jean), 140.
Dupré (Jean), 26, 30, 33, 100, 126, 128, 131, 183, 222.
Dupré (J.) et P. Giraud, 17.
Dyamantier (Jean), 85.
Fabri (Jean), 44, 200.
Foucquet (Robin) et J. Crès, 14, 135, 141, 160, 192, 210, 213.

Garbin (Louis), 11, 184, 190, 221.
Gering (Ulric), 181.
Guarnier (Thomas du), 99.
Harsy (Noel de), 59, 151.
Havard (Martin), 104.
Herouf (J.), 215.
Husz (Matthieu), 73, 85, 90, 99, 118, 139, 141, 186, 207, 222.
Husz et Schabeler, 26, 66.
Husz et Pierre Hongre, 221.
Johannot, 96, 173.
Keysère (Arnault de), 172, 202.
La Barre (Nicolas de), 179, 189.
Lambert (J.), 63, 95, 103, 119, 121.
Larcher (Étienne), 133.
Le Bourgeois (Jean), 73, 79, 105, 204.
Le Caron (Pierre), 7, 14, 23, 24, 28, 41, 42, 99, 128, 133, 159, 178, 215, 217.
Le Feuvre (Guillaume), 58.
La Fontaine (Jean de), 48, 106.
Le Forestier (Jacques), 57, 73.
Le Noir (Michel), 85, 86, 92, 96, 103, 146, 184.
Le Rouge (Pierre), 50, 117, 119, 126, 131.
Le Rouge (Guillaume), 167.
Le Roy (Guillaume), 40, 74, 77,

---

1. A l'égard des imprimeurs lyonnais, nombreux sur cette liste, on trouvera dans l'ouvrage de M. Monfalcon, *le Nouveau Spon*, 1856, des détails qu'il est inutile de reproduire ici.

99, 117, 139, 163, 166, 181, 184, 190, 211, 220.
Le Talleur (Guillaume), 59.
Leeu (Gérard), 66, 157.
Levet (Pierre), 7, 56, 109, 146, 217.
Levet et Alissot, 8.
Levet et Bineault, 46.
Liege (Jean de), 46, 103, 145, 213.
Macé (Robin), 65.
Maillet (Jacques), 32, 77, 108, 111, 192, 206.
Mansion (Colard), 1, 3, 14, 25, 27, 31, 42, 54, 67, 84, 97, 136, 154, 156, 194, 203.
Marchant (Guyot), 52, 61.
Maréchal (Pierre) et Barnabé Chaussard, 7, 20, 52, 56, 64, 65, 69, 77, 137, 176, 178, 179, 210.
Mareschal (Pierre), 54.
Marnef (Geoffroy), 21, 99.
Mayer (Henri), 95.
Meslier, 157.
Metlinger (P.), 156.
Mignart (G.), 88.
Murault, 167.
Neyret, 19, 20, 70, 74, 84.
Ortuin (Gaspard), 166.
Petit (Jean), 143.
Petit (Le) Laurens, 17, 65, 128, 137, 143, 192, 209.

Philippe (Jean), 33, 53, 222.
Philippe (J.) et J. Dupré, 100.
Philippe (J.) et Reynard, 181, 222.
Pigouchet, 134.
Saint-Denys (Jean), 8.
Schenck, 2, 53, 160, 190, 196
Steinschaber, 99, 184.
Tavernier (G.), 176.
Topie (Michel), 47.
Topie (M.) et J. Heremberck, 35, 107.
Trepperel (Jean), 13, 21, 23, 40, 60, 61, 63, 74, 104, 109, 126, 130, 134, 146, 159, 160, 164, 165, 167, 168, 170, 175, 177, 197, 205, 211, 213, 217.
Verard (Antoine), 4, 8, 9, 10, 14, 15, 17, 22, 23, 25, 26, 27, 28, 29, 32, 34, 38, 45, 46, 49, 51, 58, 60, 62, 68, 71, 73, 79, 80, 82, 83, 85, 87, 91, 93, 94, 98, 100, 101, 103, 108, 117, 119, 120, 125, 126, 132, 139, 142, 143, 145, 150, 152, 154, 155, 156, 167, 179, 182, 183, 185, 189, 191, 194, 195, 197, 201, 204, 207, 208, 209, 210, 214, 218, 222.
Vingle (J. de), 172, 200, 222.
Vivian (Matthieu), 89.
Vostre (Simon), 67, 87, 95, 126.

VILLES OU IL A ÉTÉ IMPRIMÉ AU XVᵉ SIÈCLE

DES OUVRAGES EN LANGUE FRANÇAISE.

Abbeville, p. 17, 205.
Anvers, 157.
Brehan Lodeac, 14, 135, 141, 160, 192, 203, 210.
Bruges, 1, 3, 14, 25, 27, 31, 42, 54, 67, 84, 97, 136, 154, 156, 194, 213.
Chablis, 109.
Chambery, 19, 20, 32, 70, 74, 84.
Dole, 153.
Gand, 202.
Genève, 11, 21, 52, 74, 76, 77, 99, 109, 112, 158, 184, 190, 221.
Gouda, 66.
Lantenac, 69, 190.
Lantreguier, 16.
Lyon, 7, 8, 9, 19, 20, 23, 26, 29, 32, 35, 37, 38, 40, 41, 44, 47, 48, 52, 62, 63, 64, 65, 66, 67, 69, 72, 74, 75, 77, 85, 90, 99, 100, 104, 106, 107, 109, 111, 115, 117, 118, 122, 125, 131, 134, 137, 139, 140, 141, 166, 168, 172, 173, 175, 176, 177, 178, 179, 181, 182, 184, 186, 190, 192, 199, 200, 206, 207, 210, 215, 216, 219, 220, 221, 222.
Nantes, 133.
Orléans, 89.
Paris, 7, 8, 9, 13, 15, 17, 21, 22, 23, 26, 27, 28, 29, 33, 34, 38, 40, 42, 45, 46, 49, 50, 51, 53, 56, 58, 60, 61, 62, 64, 65, 68, 71, 73, 74, 79, 80, 82, 83, 84, 85, 86, 87, 88, 89, 90, 91, 92, 93, 94, 95, 96, 98, 99, 100, 101, 103, 108, 109, 112, 117, 119, 121, 125, 126, 129, 130, 131, 132, 133, 137, 139, 140, 141, 142, 143, 145, 146, 150, 152, 154, 155, 156, 157, 158, 159, 160, 163, 164, 165, 167, 172, 175, 177, 179, 182, 183, 185, 189, 191, 192, 194, 195, 197, 200, 201, 204, 207, 208, 209, 210, 211, 212, 213, 214, 215, 217, 218, 222.
Proumentoir, 184.
Provins, 176.

Rennes, 58, 80.
Rouen, 57, 59, 64, 65, 73, 79, 96, 105, 151, 204.
Schiedam, 104.
Tholose, 95.

Troyes, 167.
Tours, 213.
Valenciennes, 44, 103, 145.
Vienne, 2, 53, 105, 190, 196.
Westmestre, 31.

www.ingramcontent.com/pod-product-compliance
Lightning Source LLC
Chambersburg PA
CBHW062011180426
43199CB00034B/2391